日本経済の新しい見方

会田卓司
榊原可人
著

一般社団法人金融財政事情研究会

まえがき

経済といえば、この本を手にとってみた皆さんの日常と切っても切れない、非常に身近な話題だといえるでしょう。学生にとっては、就活にかかわる労働市場の求人需要や失業率の状況など、これからの人生を大きく左右する要因。仕事をされている方々にとっては、会社の売上げや雇用の安定にかかわり、給与などの所得に影響を及ぼす景気についての話だし、家計に戻れば支出金額を決定する物価の動き、ローンを組む際の金利水準の話であり、海外旅行をするときの為替レートにも関係してきます。また、金利は貯めて預金したお金についてくる利子で、加えて債券や株式を保有している人なら、それらもあわせた金融商品の動向は自分や家族の将来の備えとして資産形成をしていくうえで欠かせない項目です。

このように生活と密接なかかわりがあるわけですから、少しでも良い判断をしてより良く生活するために、経済の動き方を理解しておくのは当然大きな助けになります。そこに、経済学という学問があり、学者によって経済をどう理解するべきかが整理・研究されてきました。これまでのさまざまな分析・研究の蓄積から定着してきた、一般論として経済はどう動くかを示す原則が、教科書などの書籍に記述されているわけです。より良い生活にするための判断をしようと、大学に行かれている方は経済学の授業を履修し、そうでない方でも経済学の基礎的な本や新聞・

雑誌等の経済記事、そして最近はブログなどで経済学の理論を使いながら説明するコメントを読んだりされているはずです。そのようなブログのなかにも、素晴らしい内容のものがあるように見受けられます。

しかし、経済系の雑誌で折に触れて「経済学は役に立つのか?」といったテーマの特集が組まれることがあるのはなぜでしょうか。役に立つはずの経済学の知識が、なぜかしっくりこない、あるいは、よくわからないということが多いから、そのような疑問が生じるに違いありません。それはなぜでしょう。経済が身近な話題であるだけに、経済学は自然にそれがわかるためのツールだとしてとらえられ、常に「役に立つのか?」という問いかけがなされる構図だというのも事実でしょう。

経済学者に聞けば、彼らが自身の専門領域を「役に立たない」ということはありえず、結論は常に「役に立つ」になります。経済を分析する際に、複雑極まりない多種多様な要因を一度に考えてもわかるわけがなく、理科の実験と同じように諸条件を一定にして目的とする項目の動きや変化の背景を調べるというのは常とう手段です。具体的には、さまざまな前提を置いて全体の状況を単純化し、ある変数を動かすことで結果がどう変わるかをみます。そうして、ある経済現象が生じる仕組みや動きの背景を説明する仮説が提示されるという具合になされる研究の意義が否定されることはありえません。それが経済学です。

「経済学は役に立つのか？」という問いかけには、「何だかむずかしくてよくわからない」という思いが絡んでいるかもしれません。高度な数学を使うことも、むずかしさの理由の一つとしてしばしば聞かれます。そもそも「学問」としての経済学は、ほかの学問と同じく、研究者が時間をかけて検討した成果を積み上げたものであり、簡単であるはずはありません。特に複雑な数式や数学的な考え方を応用した研究は、非常にむずかしいといわざるをえないでしょう。しかし、経済学がわたしたちの目の前に生じる経済現象を対象にした研究であるとすれば、そのエッセンスを簡単に抜き出せば、わたしたちにも経済の動きがある程度は理解できるようになるのだという期待が生じるのも当然のこと。高度な数学を駆使した「学問」としての経済学は、往々にして一般の人々が期待する、経済をわかるための「ツール」としての経済学には程遠いのではないでしょうか。そこに「経済学」に対する期待と実際の経済学とのギャップが生まれてしまうのだと考えます。

別のむずかしさとして、経済学には茶道や華道のように、異なる〝流派〟がいくつも存在する点があるかもしれません。「芸術」ならば、人によって美しいと感じたり、素晴らしいと感動したりする対象に差異があるのも納得しやすく、その好みの系統が違うことから流派が生まれるということもうなずけます。しかし、真理を追究する学問において流派が存在するとはどういうことかと不思議なのではないでしょうか。もちろん単なる好みではなく考え方の違いなのですが、現実の経済社会は考え方に対する好みに左右されるものではないはずで、経済学のわかりにくさの原因になっているように感じられます。

筆者らはずっと金融業に身を置き、金融経済を分析することを職業にしています。つまり、金融市場や経済が先行きどのように動くのかを予想する業務です。われわれは雇用主（会社）から任務遂行の評価を受ける際、金融経済の動きをできるだけ正しく見極め、それが顧客や同僚の業務の役に立っているかという問いかけから逃れることはできません。つまり、金融経済の動きを適切にとらえるために経済学という羅針盤に照らし合わせながら航海しているので、必然的に役に立つか立たないかを肌で感じることになります。すると、筆者らの結論も当然のように「役に立つ」です。ただし、そのまま役に立つというよりは、役に立つように使うという言い方が適切かもしれません。実は、ここが重要なのです。

役に立つように使うとはどういうことでしょうか。どうしたら役に立つように使えるのでしょうか。筆者らが日々行っている金融経済分析においては、常に複雑な数学を使ったり、〝流派〟の違いを強く意識したりしているわけではまったくありません。現実は一つだし、多くの人々や組織の複雑な行動を数学・数式できれいに説明し切ることができるものでもないでしょう。われわれは数学的に綿密に説明しようとする経済学こそ、現実への応用において不適切さを引き起こしている面があると理解しています。現実の実践的な金融市場・経済分析では、経済学を「使えない」「わかりにくい」ものにしてしまっている原因を取り除き、そこからエッセンスを抜き出して柔軟に使っているのです。

筆者らは職務の実践のなかで、経済理論を現実に「直接当てはめて考えることは適切でない」という感覚や、「現実の動きやデータに基づいて理論を修正しながら応用する」手法を習得してきました。世の中には、経済の大雑把な仕組みのとらえ方や経済学の基礎的な用語と概念を一通り簡単に身につけるための書籍が数多くあります。しかし、そうした教科書などで初級知識を学んだ後、いざそれらの知識を使い、現実の世界をどのように理解すればいいのか、現実に当てはめるにあたってどのような点に注意しなければならないかを解説してくれる「次」の本はあまり見かけません。

「いろいろな社会現象や人々の行動は、経済学の概念をこう当てはめるとうまく説明できます」的な内容の本もいくつか出されています。ところが、経済学の概念がわかっても、そして、それらを応用して個々の事象はこう説明できると示されても、現実の経済全体の状況や金融市場の動向に照らし合わせて考えると、「なぜそうなのか」というわからない思いがたくさん出てくるでしょう。初級ではなく、中・上級の教科書をみれば書いてあるのかと探してみると、むずかしい数式やモデルといった話に飛んでしまいます。それでは実践的に使える経済知識の習得がなかなかできません。

また、経済や金融市場に関する議論やコメントをみてみると、ある事象の見方が人によって一八〇度逆になっているケースとか、長らく主張されている「大変なこと」がまったく実現しないことが多々あります。それらは、「いったいどっちなんだ?」とか、「現実とまったく異なるじゃないか!」という思いを生じさせ、経済学について「これじゃ、使えないでしょ」とか、「これでは勉強しても意味がない」という印象をもたせる原因になっているのではないでしょうか。たとえば、次のようなことです。

・「アベノミクスは正しいことを目指していて、この道しかない」という意見と「アベノミクスは大失敗」という意見があるのは、安倍政権に対する支持と不支持の反映にすぎないのか。アベノミクスはどう評価されるべきなのか。

・「円安になる」という見方と「円高になる」という見方があるなど、経済見通しがまったくバラバラなことが多いのはなぜか。

・「円安は望ましい」という意見と「円高が望ましい」という意見があって、どちらが本当に望ましいのか。

・「財政支出を増やすべき」という意見と「財政支出を減らすべき」という意見があって、いったいどちらが正しいのか。

・「日本政府は多額の債務を抱え、近いうちに金利が暴騰して国は破綻する」と長らくいわれ続けているが、金利は暴騰するどころか低位安定から変わらず、むしろ低下傾向が残っているのはどうしてなのか。

本書では、なぜこのようなことが生じているのかを考え、経済学の使いにくさが少しでも緩和されることをねらいます。なぜ「役に立たない」という印象を生じさせてしまうのかを紐解きながら、実践者として経済や金融の動きをどうとらえるのが適切なのかを本書で示していこうと意図しています。そう、「経済学は使えない」感を減らすために、いわば〝経済学のトリセツ〟のようなものがあれば便利だろうと思いました。経済学の使い勝手が良くなり、今後の経済や金融の動きを考えるうえで指針として役に立ち、多少なりとも経済知識のリテラシー（習熟して使いこなすことができる能力）向上に寄与できれば筆者らの望外の喜びです。そして、わかりにくい部分を解消して適切に分析すると、筆者らからはいまの日本経済がこうみえるという見解を示せると思っています。

ここ数年、グローバルな金融経済環境が大きく変貌を遂げ、それに対応して経済政策議論をリードする最新の考え方も変わってきたようすがあります。これから本書でみていくのは、まず経済学をより実践的に使う（つまり、現実の経済のニュースを経済学の知識を用いて、より適切に理解できるようになる）ための、筆者らの手法や考え方の紹介です。そこでは、いろいろな経済についてのコメントに対する反応として実際によく聞かれる「どうして？」や「どっち？」という疑問に答え、「どうみればいいの？」という質問へのヒントを提示していきます。そして次に、それらを紹介した手法に基づき、変化する現実の世界情勢のもとで展開している日本経済の動向や話題を実践的なマクロ金融経済分析の視点からどうみるべきなのかを紐解いていく作業が続きます。

経済の語源は、経世済民（「世を経（おさ）め、民を済（すく）う」）です。経済学は、二〇二〇年の東京オリンピックまでは何とかなりそうといわれる一方で、財政問題や少子高齢化（人口オーナス）などから悲観視される二〇二一年以降の日本経済を、明るい方向へ転じさせる術を見出すことができないのでしょうか。いえいえ、筆者らにとっては、学問において中心的な位置にある主流派的な理論やそれをふまえた通説に縛られず、実践的に経済データや金融市場が示している状況を分析することでみえてくる日本経済の姿は違ったものになると感じられます。そして、悲観シナリオで危機感をあおる必要はなく、楽観的なシナリオの実現に必要な処方箋を示すことができると考えています。内外からいろいろな意見が出されていますが、われわれが提供する視点によって交錯する議論が整理され、より良い政策評価・提案につながっていくことを期待しています。

ご存知のとおり、金融市場（特に金融商品を取引する証券市場）は証券の発行を引き受け、または組成し、市場に提供し、投資を勧めるセルサイド（主に証券会社）と、資金の最終的な出し手

（個人や年金基金などのアセットオーナー）から資金を預かり、その預かった資金をどの金融商品に投資するかを任されるバイサイド（アセットマネジメントファンドなどの運用会社）の二グループから成り立っています。個人投資家やヘッジファンドが自己資金をそのまま自身で運用するかたちもありますが、この場合も金融商品の買い手になるわけですから後者に含められます。

金融商品への投資を勧める際に判断資料として必要になる経済や金融市場の見通しを提供するのは、主にセルサイドに属している人々であることが一般的です。最近はバイサイドの人がそうした見通しを広く公表するケースもみられるようになりましたが、バイサイドによる情報提供は資金を預けている顧客向けに限定されるのが基本です。セルサイドによる見通しの提示は、投資に対して興味をもってもらったり、状況を理解してもらったりすることを目的としており、少し意地悪な言い方をすれば、見通しが本当に正しいかどうかは二次的な重要性しかない面さえなきにしもあらずです。

一方、バイサイドでは同じように情報提供が目的の場合もありますが、投資判断に直接使われる際には見通しの正誤が投資パフォーマンスに対して決定的に重要な役割を果たすことになります。セルサイドはバイサイドが高く評価する情報を提供するように努め、バイサイドはセルサイドが提供する情報の適切さを見極めて利用する。そのようにして経済・投資環境についての見方が戦わされ、金融取引が成立するというプロセスを踏んで金融市場は形成されています。

本書は、金融業界でセルサイド（会田）とバイサイド（榊原）に分かれてそれぞれ長年、職務を経験している筆者らが、異なる立場からの視点を突き合わせて融合させることを通じ、現実の金融市場に向き合うマクロ分析の実践論として、日本経済の適切な見方に一石を投じる異例の共作になったと思います。

二〇一七年九月

会田　卓司
榊原　可人

なお、本書に記載されている統計データは特に言及がなければ原則として二〇一七年八月末時点での実績で表示してあり、関連する論点もその結果に基づいている。

目次

第一章　実践的な金融市場・経済の分析とマクロ経済学

金融市場エコノミストの仕事……3
実践的な分析のための準備体操……6
マクロ経済学で重要な二つの概念……8
(1)　GDPの三面等価……8
(2)　貯蓄投資バランス……9
ミクロ経済とマクロ経済の決定的な差異……14
マクロ経済における波及効果・フィードバック効果……18
風が吹いたら、桶屋はどうなるのか……20
経済分析と数学モデル……23
因果関係と疑似相関、そして単なる偶然……27
前提は正しく置かれているのか……31

エコノミストの経済見通しは当たらない⁉…… 37
アートかサイエンスか…… 41
ポジショントーク？…… 44
■補遺：マンデルフレミング・モデル…… 47

第二章　日本経済の最優先課題は何か

デフレ脱却を日本経済の評価軸に据える…… 56
経済成長は必要ない⁉…… 64
人口一人当りで成長すれば問題ない？…… 67
成長しないのは人口減少のせいか…… 70
で、アベノミクスはどう評価できる？…… 75

第三章　日本の財政問題は「問題」なのか

日本の財政悪化は放漫財政の結果なのか…… 80

政府が支出を増やすとマクロ経済はどうなるのか……90
財政のデータを対GDP比でみることの意味……96
政府の債務は国の資産⁉……101
60年償還ルールという「日本基準」……106
政府債務残高は経済にネガティブな影響を与えるか……109
正しい基準でみれば日本の財政はついに改善へ⁉……114

第四章　財政政策に効果はないのか

財政支出は無駄遣いで効果も期待されない？……118
民間企業部門における投資超過という大前提……122
企業部門の資金需要とインフレ率のただならぬ関係！……124
「非ケインズ効果」の現実と幻想……128
インフレとデフレにおける因果関係……134
財政が景気の自動安定化装置という仕事をしている……138
財政赤字、それも十分な赤字が必要……141

財政収支、企業貯蓄率、インフレ率、長期金利の関係性……142
すでに政府が独占的な借り手という異常な経済……144
投資家にとっては名目金利ではなく実質金利が重要……147
海外の識者はマクロ政策論に修正が必要だとわかってきた……149

第五章　貯蓄投資バランスでみる日本経済の現状

貯蓄投資バランスの正しいトリセツ……156
「財政終末論」のここがおかしい!……158
「ネットの資金需要（＝トータルレバレッジ）」という概念……161
景気中立的な財政収支!?……166
より多く利用されている需給ギャップという指標……172
そもそもGDPというデータでさえ信頼性は「?」……176
需給ギャップvsネットの資金需要……182
日本の長期金利はどのように形成されているのか……185
ネットの資金需要は財政の政策変数……191

マイナス金利政策はどれほど長期金利を追加的に押し下げたのか……192
政府負債残高膨張の長期金利への影響は皆無……195
総合的リフレ政策再強化へ向けて財政政策の拡大を！……197

第六章　財政に絡む議論のゆがみ

財政の議論を経済の現状にあわせる……202
財政出動で何に使うか……204
機動的な財政政策の障害となる「税収中立」……207
国の借金のスマイルカーブ！……211
内閣府財政試算の結果は何を意味するか……216
経済成長率と長期金利の間の整合性が問題！……218
プライマリー・バランスの追求は財政の景気自動安定化機能を破壊する……223

第七章　高齢化論や人口動態論と経済情勢

歳出削減は社会保障分野でといわれるが……232
将来世代へのツケを考える……238
高齢化問題への適切な視点……240
高齢化と家計の貯蓄率の関係……243
国富の拡大の停滞は高齢化が原因か……249
日本の社会保障支出は過小だという現実……254
少子化対策としての社会保障支出……257
いまの日本に適切な社会保障への姿勢……263

第八章　金融政策の現状と中央銀行の独立性

金利は低いほど良いのか……267
再び「名目成長率VS長期金利」……270
ポリシーミックスの意義……273

金融政策の光と影、そして過信……279
中央銀行の独立性が必要とされるワケ……286
〝万能感〟を失っている日本の金融政策……290
ヘリコプターマネー!?……293
マイナス金利政策の影響は?……296
資金需要が強くなくても貸出態度は重要……299
潜在成長率の低下で低金利時代は致し方ない?……302
金融政策の効果を実践的に測るためには?……304
▩補遺:新たに注目される「物価水準の財政理論（FTPL）」……310

第九章　為替レートや貿易収支をどうみるか

通貨安・通貨高がもたらす影響……318
通貨安が望ましくない三つの環境……322
貿易収支で企業収益を考えるのは大きな間違い!……324
グローバルの貯蓄投資バランスと〝金余り〟……329

日本企業の輸出競争力は失われたか……334
財政拡張は円高を招くか、円安か……338
■補遺：貿易・経常収支赤字と財政赤字……341

第十章　日本の生産性は低いのか

生産性のパラドックス——これもミクロの延長がマクロでない現実……347
デフレ環境下で生産性をあげる困難……352
構造改革と成長戦略の相違……355
日本は本当に生産性が低い国か……358
日本企業の生産性は低いのか……360
企業の利益はインフレ率の関数……362
企業の〝稼ぐ力〟はかなり改善した……364
生産性と潜在成長率……371

終章　マクロ分析とデフレ脱却の道筋

本書で紹介した日本経済の「観察」「判断」「基準」……376
ネットの資金需要が総賃金を支える……380
二%の物価安定目標は達成されうるのか……384
マクロ事象間の関係性という肝……390

あとがき……393
著者紹介……399
事項索引……405

第一章

実践的な金融市場・経済の分析とマクロ経済学

この章のまとめ

・現実の金融市場を相手にした経済分析は、学問としてのマクロ経済学が追究するものとは異なる面があります。

・実践的な分析・検討に必要なのは、むずかしい学問的要素ではなく、①基礎知識のなかで特に重要な二つの概念を正しく押さえること、②ツールとして使うにあたって三つの留意点を常に念頭に置くこと、③分析のための考え方（アプローチの仕方）として三段階の手法を基本とすることで十分でしょう。これらの大切な点を準備体操としてしっかりと把握してください。

・最重要な概念は「GDPの三面等価」と「貯蓄投資バランス」の二つに集約され、留意点はマクロ経済とミクロ経済の差につながる「波及効果やフィードバック効果」「数学的な経済モデルの使い道と相関や因果関係といった事象間の関係性」「分析における前提条件の適切さ」の三つです。そして、基本とする手法は「観察」「判断」「基準」の三段階になります。

金融市場エコノミストの仕事

筆者らは金融機関で現実の金融市場・経済の動向を分析するエコノミスト（注1－1）であり、学問としての経済学を追求していません。現実の経済や金融市場を扱うのは、やはり現状の経済学における研究とはおおいに異なる面があると考えています。学問としての経済学には、「まえがき」で触れたように重要な役割があります。経済学者（注1－2）のなかにも、現実の経済や金融市場への応用を強く意識して研究している方がいないわけではありません。しかし、学問的な理論に基づいた分析を現実の経済や金融市場に当てはめるとき、客観的にみて現実から離れた見解になってしまうことが往々にしてみられます。それでは本当に役に立つものとはいえないのです。

（注1－1）　金融機関にはエコノミストという職務とは別に、ストラテジストという職務がある。エコノミストとストラテジストの線引きはあいまいで重なる面も小さくないが、一般的にストラテジストのほうがより個別の金融資産クラスに特化して市場の動きを分析する。日本株ストラテジスト、新興国株ストラテジスト、金利／債券ストラテジスト、クレジット・ストラテジスト、為替ストラテジストといった具合だ。エコノミストによるマクロ分析よりも個別資産に近いレベルで市場の細部まで見極め、個別銘柄の価値を追求するために企業のミクロ行動をカバーの対象とすることもあり、具体的な投資戦略を検討・策定する役割だといえよう。ただ

し、両方の役割を同時に担うケースもある。

(注1—2) 経済学者とエコノミストの区別もあまり重要ではないかもしれないし、定義もあいまいだが、前者が学問の世界に活動の軸足を置いて経済研究や経済学教育に従事している人で、後者がそれ以外の世界で経済分析を仕事にしている人というイメージだろうか。経済学の博士号を取得しているか否かもまったく無関係ではないかもしれないが、それだけでは必ずしも特徴的な傾向の差は出ないように思われる。

金融市場を相手にするエコノミストとしての仕事のやり方において、重要な手続が少なくとも三段階あると筆者らは考えています。実践的な考え方・分析を紹介する本書の内容を吸収しやすくするために、まずはそのために必要なアプローチを解説しましょう。

一つ目は、データの「観察」です。データを「観察」して何をするのかというと、データ間の関係を発見することです。特にきちんとした相関関係を見つけることを目指します。そして、その相関関係の重要性をマクロのロジックで裏付けます。経済指標同士、経済指標と金利などマーケット指標の間の相関関係の分析をもとにして、経済やマーケットの動きへの理解を深めることができます。最終的には、そのようなアプローチによって、予測を行ったり、政策評価や投資戦略のアイデアに落とし込んだりしていくことになります。

二つ目は「判断」です。何を「判断」するかというと、経済データ間の相関関係における因果関係の向きということになります。一つ目の重要な仕事は、データ間の相関関係の発見という「観察」だと指摘しました。しかし、問題なのは、相関関係を「観察」してもその両者間の因果関係の向きはわからず、その因果関係の向きによって同じ相関関係をみながら、真逆の結論を導くこともできてしまうことです。この因果関係をデータと整合的に、客観的に事実をふまえたロジックとして正しく説明することができるか否かが、説得力や予測のパフォーマンスを大きく左右するといえるでしょう。

そして、三つ目は「基準」です。データ間にある相関関係の「観察」から因果関係の方向性の「判断」を経て、最後に政策評価や投資戦略を決定するうえでの適切な「基準」をつくって持つことが重要になります。マクロ経済や金融市場の展開を見極める際、打ち出される政策をどう評価するか。つまり、このようなポジティブな効果が見込まれるとか、こういうネガティブな影響があるというような判断をしなければなりません。その時に評価の軸があいまいでは、正しく、かつ、一貫性のある判断はできません。客観的で納得性のある判断基準をしっかりと持っている必要があります。時には新たな概念を導入して、わかりやすくする工夫も大切でしょう。また、何かを評価したり比較したりする際の「ものさし」が同じなのかを確認することも大事な手続になります。特に日本のデータを海外のデータと比べる際は、その点が落とし穴になりかねません。

筆者らはこれら三段階の手続を重視して、分析作業を行っています。もちろん、同様の業務に携わるほかの人々が同じようにしているとは限りませんし、筆者らより優れた仕事をしているとすでに広く認知されている人でもまったく異なる考え方をしているかもしれません。筆者らの考える業務の品質について表現するとこうなるということです。本書では、常にこの視点からスタートして現実の経済や金融市場をとらえていきます。そして、このようなアプローチで職務を遂行してきたなかでそれなりの成果・評価を得てきたと思っています。本書を通じて、筆者らの業務の品質がどうであるか、皆さんにも評価していただけるでしょう。

実践的な分析のための準備体操

経済学を学ぶ際、入門としては三種類の教科書があります。単に「経済学」とあるもの、「ミクロ経済学」、そして「マクロ経済学」です。最初の「経済学」はミクロとマクロをあわせた全体ということですが、ミクロは個々の家計や企業の行動を対象にし、マクロは国レベルの大きな経済の動きを対象にしているということくらいは皆さん当然ご存知でしょう。本書が対象にするのは日本の経済情勢や日本を取り巻く世界の金融市場ですから、マクロ経済学が対応する分野になります。

マクロ経済学のテキストを思い浮かべれば、初級者向けでも非常に分厚く、膨大な量の基礎知識をカバーしているのが一目瞭然です。しかし、本書の目的は、そうした初級テキストに示されているマクロ経済学の多くの基礎知識をおさらいすることではありません。まず現実の経済や金融市場をみていくための準備体操として、最も必要とされる重要な概念と、そうした基本概念を利用して実践的な分析をする際に注意すべき点を押さえておきましょう。

実際の金融市場、経済を適切にとらえるために理解しておくことが必須なマクロ経済学のポイントは、大胆な切り方ですが、「三面等価」と「貯蓄投資バランス」の二つに集約できると考えられます。さらに、これらの基礎知識を使って現実の経済や金融市場の動きを適切にとらえた分析をするために、三つの留意点があります。実はこれこそがテキストに必ずしも明確に記載されていませんが、学問的な研究と実践的な分析の境目だといえるでしょう。その留意点とは、まずマクロ経済とミクロ経済の差につながる波及効果やフィードバック効果について、二つ目が数学的な経済モデルの使い道と相関や因果関係といった事象間の関係性について、そして、三つ目が分析における前提条件の適切さについてです。

マクロ経済学で重要な二つの概念

(1) GDPの三面等価

最重要概念の第一は、三面等価です。三面等価はマクロ経済学の根幹ともいえるGDPの性質を表現した言葉です。経済活動とは価値あるもの（財やサービス）を交換する行為だといえますが、経済学はその結果として生み出される付加価値を分析の対象とします。その付加価値を国のような大きな単位で合計したものがGDPとして表され、その場合の付加価値の足し合わせ方において何を基準にしてみるかで三通りのとらえ方があるというわけです。つまり、支出、生産、分配（あるいは所得）という三つの面になります。この三つのどれを基準にしても同じGDPの値になるので三面等価です。

支出面は投資や消費などの項目で、一般的によく使われるGDPはこの面で示されることが多いでしょう。だれかが投資や消費の目的で購入した「支出」は、だれかが生産した財やサービスのはずです。また生産したものが購入されれば、その対価を受けるかたちでだれかの所得になっています。それぞれ、国内総支出（GDE）、国内総生産（GDP）、国内総所得（GDI）と表現されます。国内で生み出された付加価値を合計した値は、もれなく・重複ない（mutually exclusive and collectively exhaustive：MECE、ミーシーといわれる）やり方によって足し合わせれば、どの面でみても同じになるのは当然のことです。

この構造自体についてはこれ以上説明する必要がなさそうですが、経済活動における一つの行為はその裏に同じだけの価値をもつ別の行為があるという二面性（GDPは三面性ですが、支出と所得などそのうち二つを取り上げれば二面性）にはもっと重要な意義があります。だれかの支出は別のだれかの所得になる、あるいは、その逆も真なり、という点です。支出や所得というのはフローの概念（年間など一定期間内の資金の動きを示す値）ですが、ストックの概念（期末など一時点の残高）でも同じことが当てはまります。たとえば、だれかの金融資産は別のだれかの金融負債ということです。こうした着眼を簿記の用語で、「複式」といいます。

こうした二面性はいわれてみれば当たり前のことのように感じられるかもしれませんが、マクロ的に金融市場、経済を分析したり議論したりする際に忘れてはいけない観点です。というのも、それが意外としっかりと意識されずに議論されていることが多いからです。支出の増加だけに着目して所得も増えることが意識されないとか、負債の増加は意識するけれども資産の動きは無視しているケースが少なくありません。

(2) 貯蓄投資バランス

次に、もう一つの最重要概念として貯蓄投資バランス（注1－3）を取り上げます。現実の金融市場を実践的に分析する際にこのデータが欠かせないのは、この値がそれぞれの部門は他の部門に対して資金を借りている側か貸している側かを示す指標だからです。部門とは、家計、企業、政府、海外という経済活動の主体となる四つの大きな括りを指します。金融という経済活動はお金を融通し合うことですから、各部門が貸す側と借りる側のどちらにいて、どのような傾向が続いていて、それはどの程度なのかなどを確認することにより、金融市場や経済の動きの基本的な方向性がみえてくるわけです。

（注1－3）ここで「バランス」とは差額を意味する。少し後には、同じバランスという言葉を「均衡」という意味で使っている。バランスには釣り合うという意味に加え、収支の差額勘定とか残高という意味もある。また、この貯蓄投資バランス（差額）は、後のほうでは対GDPでの比率にして、「貯蓄率」としても出てくる。一般的に貯蓄率といえば普通は貯蓄÷収入だが、恒等式という性質のもとで他の部門との関係を示しつつ部門間の比較をするため、分母を共通のGDPにして率で表示するのはわかりやすく便利な方法である。

では、その貯蓄投資バランスを示す図式を書き表してみましょう。GDPの項目分解に使われるマクロ・アイデンティティーの恒等式から、民間部門と公的部門を区別した貯蓄投資バランスを導き出せます。一般的なマクロ・アイデンティティーとしては、所得（＝GDP）をY（Yield）、消費をC（Consumption）、設備投資をI（Investment）、政府支出をG（Government）、輸出をEX（Export）、輸入をIM（Import）、貯蓄をS（Saving）、財政収入（≒税収）をT

（Tax）と置きます（注1－4）。これで必要な項目全部になりますが、いかがですか。

Y（所得）＝C（消費）＋I（投資）＋G（政府支出）＋EX（輸出）－IM（輸入）

Y＝C＋S（貯蓄）＋T（税収）

（注1－4）　テキスト等で輸出はX、輸入はMと置かれることも多い。一方、通貨供給量（マネーサプライ：Money Supply）もアルファベットでの表記はよくMが使われる。本書にはマネーサプライも登場し、ともにMとなって混同しやすいため輸入をIM、マネーサプライをMSと表記する。輸入を二文字で表記するので、輸出も二文字のEXとした。

これは、先にみたGDPの三面等価を少し変形させた状況を表していて、右の式が支出面を意味し、左の式は分配された所得の行き先を示しているということになります。支出面では、その合計が民間消費と民間投資、そして政府支出（消費と投資）と、輸出（海外勢による消費や投資）から輸入を引いたもので、〝ミーシー（MECE）〟になる式です。輸入は国内のだれかがそれを購入することで支出になるわけですが、国内所得（GDP）の線引きでは国内で生み出された価値ではないため除外されなければなりません。第二の式が表す所得の行き先としては、消費されるか貯蓄されるか、あるいは税金として公的部門に吸い上げられるかのどれかになって〝ミーシー〟が成立します。

この二つの式が出てくれば二面等価から右辺同士をイコールでつなぎ、項を置き換えることによって、

$$(S-I)+(T-G)=(EX-IM)$$

と、ここで求めていた答えのかたちになります。できましたか。左辺の第一項にある（S－I）が民間の貯蓄投資バランス、第二項の（T－G）が公的部門のそれに当たり、第二項は一般的な言い方として財政収支のことです。この国内の両部門の貯蓄投資バランスを足し合わせると、右辺の輸出から輸入を差し引いたものになり、厳密には異なるのですが、国際収支における経常収支に概念上ほぼ相当する構造になります。民間部門の貯蓄投資バランスを、さらに家計部門（$_H$）と企業部門（$_C$）に分け、$(S_H-I_H)+(S_C-I_C)$としておけば完璧です。これらは「金額」の表現ですが、たとえば名目ＧＤＰで割れば、それぞれ家計と企業の貯蓄率のことだといってもいいでしょう。

これは恒等式ですから、事後的には常に成立していることになります。では、実践的な分析にかかわる頭の体操を一つしましょう。上の貯蓄投資バランスの式に基づき、ここで政府支出Ｇを増やすとどうなるでしょうか。

当然、（T－G）の財政収支が悪化し、恒等式の関係から右辺の経常収支（ＥＸ－ＩＭ）も悪化

する。たとえば、二〇一六年の日本を例にとると、経常収支は黒字で、財政収支は赤字。恒等式が成立しているということは、民間部門の貯蓄投資バランスの絶対値が、公的部門の財政収支の絶対値より大きい、―(S－I)―＞―(T－G)―という関係になっているはずです。ここからGが増えて財政収支がさらに悪化し、仮に経常収支の黒字が大幅に減ったり、さらには収支が赤字に転じたりするような状況になるなら、民間の貯蓄で財政赤字をまかなえなく(ファイナンスできなく)なり、国債が国内市中で消化できずに、金利が高騰するという非常に危険な状況になる。そう読めるのではないでしょうか。答えは以上……ですか。

ここで解答をやめるなら、筆者らからすると分析不十分という採点になります。現実の世界では、おそらくかなり異なる展開になっていることでしょう。でも実は、経済学者やエコノミストのなかにも、以上のような考えで政府支出を増やすことの意味をとらえてしまう方が意外に少なくないように思われるのです。何が不十分なのか。本書では、こういったことを解説していきます。これから貯蓄投資バランスに関することが何度も出てきますし、企業の貯蓄率は本書におけるキーワードの一つといえます。

この概念がいかに重要か、シンプルな例を示すと図表1－1のグラフになります。長期金利の話をする際に、よく財政の話で持ちきりになる感じがしますが、このグラフをみてその状況が適切だと思いますか。長期金利の動向にどういう要因が重要かを間違いなく示しているグラフだと

図表１－１　企業部門の貯蓄率と長期金利の推移

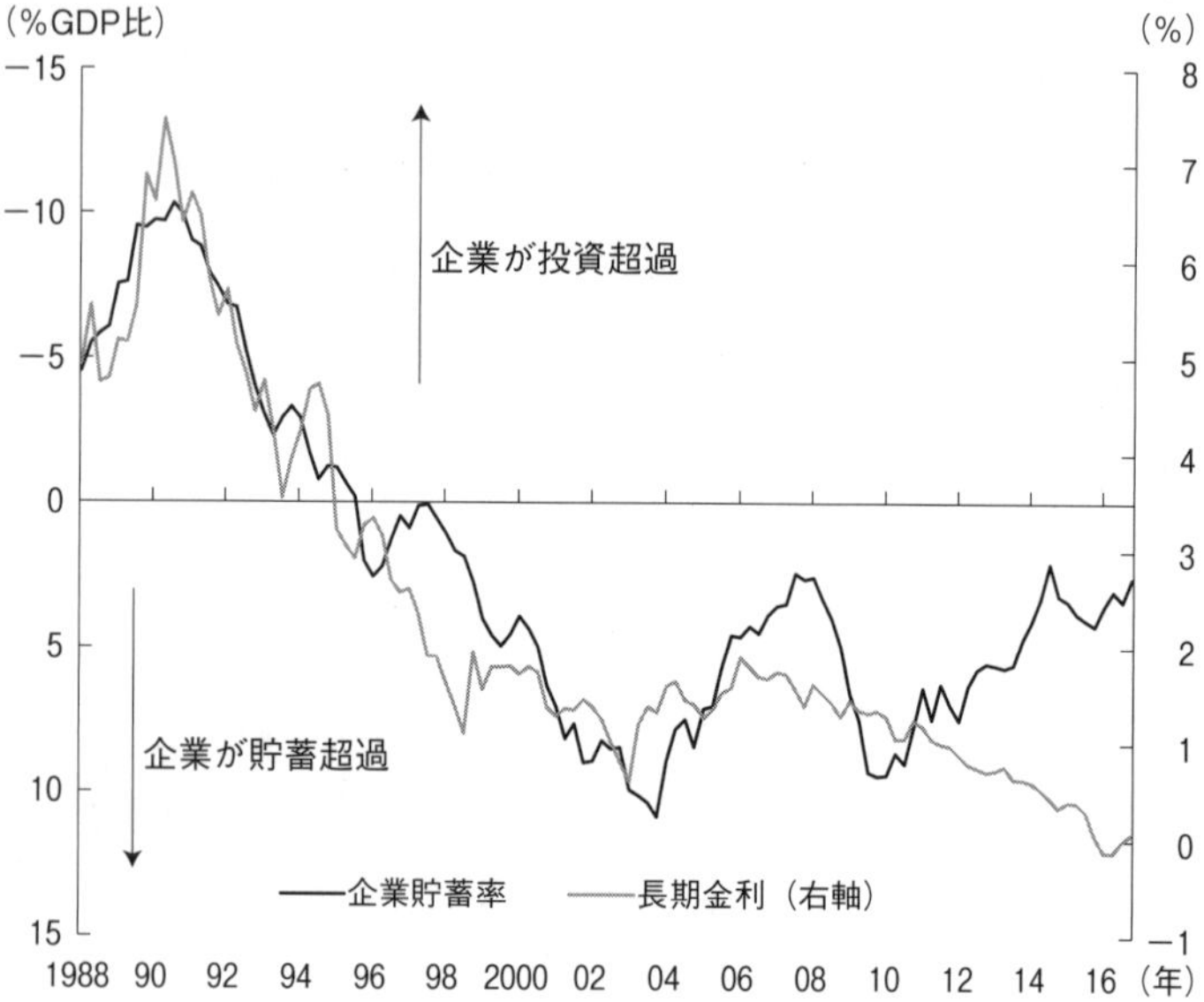

出所：日本銀行、内閣府、Bloomberg

いえます（ここを含めて本書で長期金利として利用するデータは代表的な一〇年金利です）。そう、企業の貯蓄率です。もちろん日本国債の運用に携わっている投資家は肌で感じていることだとは思いますが……。

ミクロ経済とマクロ経済の決定的な差異

経済学を多少履修した方なら、マクロ経済学もミクロ経済学の理論的な基礎の上に立つものと習ったのではないでしょうか。このマクロ経済学がミクロ的な基礎をもつべきだという考え方は、現代の主流派経済学の根幹をなす大切なアプローチだと理解されています。「ルーカス批判」という言葉を聞いたことがある人も少なくないでしょう。合理的期待仮説の理論を発展・応用した功績で一九九六年にノーベル経済学賞を受賞したロバート・ルーカスが、一九七六年の論文で指摘したことを指しており、これによって経済学は大きく転換しました。

一九七〇年代の初め頃までは、家計（消費者）の需要と企業（生産者）の供給から市場の構造を一般化するという帰納法によるミクロ経済学の考え方と、ジョン・メイナード・ケインズが主に唱えて広まった国の経済を国民所得や失業率、インフレ率などから演繹法によって検討するマクロ経済学の考え方が分離していました。ルーカスは経済の動きについてミクロもマクロも同じように説明されるべきだと考え、その基本は人々の合理的な期待によって経済全体の動きが形成されるという点にあり、マクロ現象の分析もミクロ的基礎の上に立脚していなければ適切ではないと主張したのです。

「ルーカス批判」自体は、「人々は経済政策の動きを見て行動を修正するため、過去のデータに基づいて推計された行動を表現したモデルを不変なものと仮定して政策評価を行うことはできない」という内容です。しかし、その批判を引き出すことになった考え方として、マクロ情勢の分析にミクロ的基礎づけが必要であると訴えたことが、その後の経済学の進む方向を決めるうえで決定的に重要だったといえましょう。ここから経済学におけるマクロ分析では、個々の経済主体の最適化（つまり合理的な期待を反映したベストな行動）を明示的に考慮するモデルを使った考察が重視され、この条件を満たしていない（つまりミクロ的基礎づけのない）マクロ経済学の理論はどんどん評価されなくなっていきました。

たしかに、マクロ経済学とミクロ経済学の間で経済の動きを違った視点から分析するというと、理屈的におかしいという感覚になるのは自然なことかもしれません。特に「学問」という専門分野の体系を意識すれば、同じ理論が適用できてしかるべきという考え方の説得性は否定しえないでしょう。

しかし、筆者らは現実の国の経済の動きや金融市場を考える際には、逆にそこが問題になってしまったと強く感じています。実はミクロ経済（学）とマクロ経済（学）には決定的な一つの違いがあり、マクロがミクロの延長であるという考え方にはどうしても違和感があるのです。その決定的な違いとは、ミクロ経済（学）は個人や企業という最小単位の経済参加者が、与えられた環境のなかでどう行動するかを決めるという総じて自己完結的な状況を対象とするのに対し、マクロ経済（学）は全体像、つまり、いろいろなことがあらゆる方向からさまざまな影響を受ける不安定で不確実な状況を対象とするということです（注1－5）。

（注1－5）現実の世の中の動きを的確にとらえようとすると、マクロの動きは複雑で不確実なもの

だととらえざるをえない。特に、グローバル化や新しい情報テクノロジーの広がりが経済社会に参加するプレーヤーの相互依存をさらに緊密に、高頻度にしたことで、複雑化・不確実性はますます増しているといえるだろう。それもあって、最近は現代世界の現実にどう対応するかという視点から、そうしたミクロの積上げでマクロを計算することはできない点を指摘した本が増えているように感じられる。フィリップ・テトロックほか（土方奈美訳）『超予測力』（早川書房、二〇一六年一〇月）やスタンリー・マクリスタルほか（吉川南、尼丁千津子、高取芳彦訳）『TEAM　OF　TEAMS』（日経BP社、二〇一六年四月）などはその例だ。また、長沼伸一郎『経済数学の直観的方法』（講談社、「マクロ経済学編」二〇一六年九月および「確率・統計編」二〇一六年一一月）は、このことを数学的な観点から説明している。これらは「複雑系」の考え方につながる。

もちろん、経済学の理論的発展において、ミクロ的基礎づけのあるモデルによってマクロ（全体）をとらえることが可能になるようなアプローチもどんどん研究されていて、この違いを克服するための努力が続けられています。学問の学問たるゆえんといえるのかもしれません。ただ、まさにそのことが、学問的な理論の追究が現実の世の中から離れていってしまう原因になっている面もあると思われます。

その現実からの乖離という違和感につながる要因が、現代的なマクロ経済学における数学的な整合性の追求と、世の中で生じるすべての波及効果やフィードバック効果を完全に把握するモデルという相互に関連する二つの特徴です。前者は、高度な数学がわからないと中級以上の経済学を語れない現代の経済学の特徴という言い方をした方がピンとくるでしょうか。これら二つが三つの留意点の最初の二つで、これからその解説を加えていきますが、順序を入れ替えて波及効果・フィードバック効果から先に記述します。

マクロ経済における波及効果・フィードバック効果

波及効果もフィードバック効果（注1－6）も、ある一つの動きがほかの動きを引き起こす現象の連鎖ですが、マクロ経済分析はまさにこれらの効果が複雑に交錯した結果としての全体像をみることにほかなりません。よく使われる乗数効果という概念は、投資や消費が所得を生み出すことにより新たな投資や消費が引き出される動きが繰り返されて生じる全体の結果を指すものですが、波及効果の一種といえ、波及効果のなかで生じる特定の状況を切り出したものです。また、銀行が人々によって預けられた預金を他の人々や企業に貸し出し、借りた人々や企業のお金が再び預金となってさらに貸し出されるという繰り返しがなされる信用創造のメカニズムも、貨幣経済の面における乗数効果（準備預金制度のもとで信用乗数を通じ信用貨幣が創造される）ということになります。

（注1−6）　フィードバック効果というのはもともと「入力と出力のあるシステムで、出力に応じて入力を変化させる」という制御工学の用語であり、それが転じて「ある反応が原因となって生じた事象が、もとの反応に影響をもたらす」という一般的な相互作用を指す言葉となった。経済学においては、ポジティブ・フィードバックとして収穫逓増、ネガティブ・フィードバックとして収穫逓減という概念がある。

金融の話（金融論）は、個人や企業による預金や投資、そして借入れなどの意思決定、さらに銀行の融資に関する額や金利の設定といった個々の行動がどう決まってくるかというミクロ面から広がっていきますが、金融市場ということになると、その動きは最初からマクロになります。つまり、一国の経済や世界経済、そしてグローバル金融市場における一つの動きは他のなんらかの反応を引き起こすことになり、それだけで自己完結しえないのです。それこそがマクロ経済の動きであり、金融市場の本質だといえます。

たとえば、「合成の誤謬」という概念を聞いたことがある人は少なくないでしょう。「望ましい個々の現象もそれをすべて足し合わせると、意図しない別の望ましくない結果になる」というような意味で使われます。よく、皆が節約してお金を貯めようとすると経済全体では貯蓄額が減ることになるという例が示されます。個々人としては、節約して支出を減らし、お金を貯めれば当然貯蓄額が増えるという結果を想像できます。しかし、皆がそれをすると、個人レベルではうまくやって貯蓄を増やす人もいるでしょうが、経済全体では合計の消費支出が減ることで景気が悪くなり、企業の売上高が悪化して給与所得の合計（総雇用者所得、総賃金などといいます）が減り、貯められる金額の合計が減るという流れが想定されるわけです。

つまり、ある行動には全体のなかで、ほかの人の行動との相互作用が働くため、個別事象を積み上げても全体像にはならないのです。企業行動においても、個別企業のリストラによるコスト削減は利益改善の望ましい手段であると考えられますが、たくさんの企業が同時に実施すると景気の足を引っ張る可能性が高くなるという同様の状況を考えることができます。また、増税して税収を増やそうとしたら、結果として税収が減るという状況も同じ範疇に入るといえます。

風が吹いたら、桶屋はどうなるのか

合成の誤謬と類似した考え方の例として、国の経済や金融市場をみる際には、「風が吹けば、桶屋が儲かる」的な見極めも欠かせない発想です。「ある事象の発生により、一見するとまったく関係がないと思われる場所・物事に影響が及ぶこと」を示すことわざですが、複雑な波及効果やフィードバック効果が重なることで始まる、別の展開を予想することはむずかしい作業です。乗数効果は順に足し合わせていくというマクロ的なモデルで測定（推計）が可能だといえますが、波及効果やフィードバック効果は「何が何にどう波及していくか、どう反作用を引き起こすか」という因果関係の特定が必要になり、それは容易ではありません。それがマクロ分析の神髄です。初期値鋭敏性や予測不可能性を示す複雑系のバタフライ効果も、同様の考え方を含んでいます。

ミクロの世界では、個人や企業が自己の利益を最大化できるように、あるいは自社のコストパフォーマンスが最も高まるように生産量を決めるなど、自己完結的な「解」を想定できます。しかし、マクロの世界では、ある一つの動きは必ずほかの動きに影響を与える全体をみていくのです。つまり、風が吹いたときには埃が舞うという見方では不十分であり、風→埃→盲人→三味線→猫→鼠→桶屋というような流れを考えなければならないケースが往々にしてあります。「風→埃」という箇所だけみる作業を「静的」な観察といいます。これに対して、「風→埃→盲人→三味線→猫→鼠→桶屋」という全体の流れは「動的」な観察です。「静学」と「動学」の違いは、「時間的な要素や原因・結果の関係など」を含めずにみるか（前者）、含めてみるか（後者）です。この差は、部分をみているか全体をみているかの違いともいえます。ある事象が発生するときに、その直接的な意味合いという部分だけで静的に語るのか、その事象が引き起こすさまざまな効果まで含めた全体を動的に考察するかにより、それに基づく判断や結論は当然ながらまったく異なったものになるでしょう。

とりあえず非常に簡単な例を紹介しておくと、「日本経済が弱体化することによって円がどんどん暴落したら、経済は大変なことになる」という主張が聞かれることもあります。まず、「どんどん暴落したら」という点がどのくらいの水準まで下落するイメージなのかわからないため、そもそも議論しにくいコメントですが、はたして円が下がる過程でどのようなことが生じるのかを考慮したコメントなのかに疑問が生じます。もちろん、円が明日一ドル一〇〇円から二〇〇円に下がるような事態なら（そういうことが本当に起こるのであれば）、相当な混乱が予想されます。しかし、ジワジワと下げていく過程で、おそらく輸出業者の利益が大幅に増え、そこから良い循環が生じている可能性も十分に考えられるのではないでしょうか。

すでに準備体操で紹介した三面等価のような関係性や貯蓄投資バランスに関する認識も、実はこのようなことなのです。つまり、一つの経済行動はその裏で別の行動としてもとらえられなければならず、波及効果やフィードバック効果のような動的な作用・反作用を常に考慮しなければマクロ分析になりません。Gを増やしたときに、G増↓（EX－IM）減という直接的な箇所しかみないか、ほかの影響もみるのかで、G増の影響についての解答に大きな差が出てきます。Gという支出の増大は、だれかの所得の増大になっているため、マクロの動きとしては、G増↓（EX－IM）減ではまったく終わらないのです。

このような複雑な話でなくとも、単純な「複式」的な状況が見落とされてしまっているケースがよくあります。たとえば、AさんがBさんの店で買い物をするという「支出」は、Bさんの「所得」になるということです。Aさんの支出のみを対象にして考えると、実はBさんの所得が増えたという事実を見逃してしまいます。そして、Bさんの所得が増えたことにより、その後の動きがいろいろと引き出されるのです。Aさんの行動のみを検討しているミクロ的な分析であれば話は別ですが、マクロ的にみるなら、経済全体ではBさんの所得が増加したという点もあわせて考える必要があるのは当然でしょう。

金融負債と金融資産の関係も同様です。だれかの債務（負債）は、別のだれかの債権（資産）です。債務の側だけみて、債務の話ばかりしているのは、その分だけどこかに資産が蓄積されていて別の効果をもたらしているという点をまったく見落としていて、全体をみていません。「当たり前でしょ」と思われるかもしれませんが、こうした観点が意外に経済論議で適切に扱われていない現状があると感じています。

経済分析と数学モデル

このような波及効果やフィードバック効果の展開、つまり全体の動的な動きを読むことや、一つの事象が起こったときには必ずといっていいほどその裏で別の事象が生じているという点を考えることが、一国の経済や国際経済、あるいは金融市場の先行きを考えるマクロ分析には欠かせない視点だといえます。マクロ経済学では、現代の主流派的な考え方を動学的確率的一般均衡(Dynamic Stochastic General Equilibrium：DSGE)モデルと呼ばれる理論的フレームワークに基づく分析・予測だとしています。たしかに、この名前のとおりに時間的な要素や原因・結果の関係などを含め、なんらかのショックに対する反応を確率的に変動する動きととらえ、部分でなく全体がバランスされる経済の構造や仕組みを考えるモデルという設定の仕方は、理に適っているようにも思われます。

ところが、そういったＤＳＧＥモデルのようなフレームワークによる分析がフィードバック効果をすべて適切に反映し、現実の経済の動きを的確にとらえることができているかと問えば、必ずしもそうではないという結論になるでしょう。昨今の経済学では、数学を駆使できることがほとんど必要不可欠になっています。特にミクロ経済学では、自己完結的な最適化という「均衡」の「解」を求めるのに数式が非常にストレートな表現となり、使わない手はないということでしょう。これがミクロ的基礎づけとしてマクロ経済学でも重視され、数式によるモデル化でマクロ経済の構造や仕組みを表現するという流れが定着しました。ＤＳＧＥモデルは、そうした手法の究極的な表現だといえましょう。

たしかに数学が便利なのは事実です。たとえば何かを説明するのに、どのような要因がどれくらいの影響度で重要かという構造や仕組みを回帰式などでモデル化して表現できれば、要因のうちの一つが動いたら何かにどれくらいの影響が出るかを一目でみるというようなことができるのです。

また、波及効果やフィードバック効果の話で、そうした連鎖がどこまで展開し、最終的な結果がどうなるか、つまり、経済学的にいえば全体の均衡はどうなるのかを見通すのは非常にむずかしいことです。われわれは金融市場のマクロ分析をする際、なんらかの最初に生じた事象について、それがもたらす最初の影響、次の影響、さらに次の影響くらいまで考えることが多いと思います。これをどこまで検討すればだいたいの全体像がわかるかというのは、なかなか悩ましい問題です。

このようなところでも数学が活躍します。高校数学を覚えている方なら、等比級数（もしくは等比数列の和）の公式をご存知でしょう（注1－7）。等比数列を無限に足し合わせると一定の値になる（収束する）という事実があります。この公式を使えば、波及効果を無限に足し合わせると、全体の効果が一定の値として求められます。こういう考え方をすれば、どこまで検討するかという問題から解放されるでしょう。

（注1－7） 等比数列とは、$1, 3, 9, 27, \cdots$のように数列$a_1, a_2, a_3, \cdots, a_n, \cdots$において、各数$a_n$が、そのすぐ

前の数a_{n-1}に一定数rを掛けること（$a_n = a_{n-1} \times r$）によって得られる数列のこと。そして、初項a_1、公比rの等比数列a_nにおいて、$-1<r<1$のとき、無限に続く等比数列の和について、

$$\sum_{n=1}^{\infty} a_n = \frac{a_1}{1-r}$$

という公式が成り立つ。この式のことを等比級数という。

筆者らも当然ながら、数式を使ったモデル分析をします。何本もの数式で経済全体を体系的に表現する大きなマクロモデルを利用するケースもありますが、普通は回帰式で一つの事象をいくつかの変数で表すというモデルを使うことが多いといえます。常とう手段であり、それを使わないと、場合によっては経済状況を説明しても抽象的なわかりにくさから抜け出せません。数式化、数値化することで、具体的な議論が可能になるのはマクロ分析も一緒です。

筆者らはこうした数学がもたらしてくれる便利さを意識しながら、その一方で数学的な証明を追求しすぎることの危うさも感じています。だから、ある事象による全体への影響として数学的にはこういう結果になるでしょう……というような観点（たとえば、足し合わせると一定の値になるというような数式を利用したモデルによる推計結果）は参考程度にとどめるべきだと考えます。

複雑な波及効果やフィードバック効果の全体像を数式によるモデルでもって完全に掌握するこ

とがそもそも可能なのでしょうか。あるいは逆に、数学的にきちんとモデル化された分析結果として示されなければ正しい理論にはなれないのでしょうか。どちらも答えは否だと思われますが、近年は数学モデルに基づく経済理論の現実への万能的な適用可能性を過信しているきらいがあるように感じます。

ニューヨークタイムズ紙のコラムでおなじみの二〇〇八年にノーベル経済学賞を受賞したポール・クルーグマン教授（ニューヨーク市立大学大学院センター）は、リーマン・ブラザーズ破綻（〝リーマン・ショック〟）後の経済危機に対応するための経済学者らの議論について、二〇〇九年に寄稿した“How Did Economists Get So Wrong?”（なぜ経済学者はこっぴどく間違えたのか？）という記事の第一章を“Mistaking beauty for truth”（美しさと真実を取り違える）という見出しにして、数学による精緻なモデルの問題点を指摘しています。つまり、経済の構造や仕組みを表現するモデルの精緻化を追求するあまり、現実の世界への適合性よりも、数学的整合性の美しさを重視するようになってしまったという指摘でした。

因果関係と疑似相関、そして単なる偶然

波及効果やフィードバック効果の分析に絡む別の問題は、どこまでが本当にある事象の影響に

よる結果として生じたものなのかの見極めがむずかしいということです。マクロ経済の動きは、さまざまな要因がいろいろなかたちで波及したり、相互に影響し合ったりしながら引き起こされ、さらに複雑に次に展開していくという流れになっているため、何が何にどういう影響を及ぼしているのか、本当のところはなかなかわかりません。そのため、できるだけ枝葉末節を捨象し、単純化したモデルで表現することが重要になります。それでも全体をモデル化するには何本もの数式が必要になるでしょう。すると複雑な「経済学の話」になってしまうため、やはり言葉で「この要因がこう動いた影響でこちらがこう動いた」というような説明がある程度は必要とされざるをえません。そこに突飛な見解が入る余地が生じます。

「風が吹けば……」のことわざについて、ウィキペディアには「現代では、その論証に用いられる例が突飛であるゆえに、〝可能性の低い因果関係を無理矢理つなげてできたこじつけの理論・言いぐさ〟を指すことがある」とあります。いわゆるトンデモ理論のことです。本当は関係がないのに、あたかも関係があるように指摘されると、場合によっては「なるほど、本当はそうなのか」と思ってしまうことがあるかもしれません。意図的にだれかを騙すということではなくても、ある二つの事象がデータでみたら同じように動いているとみえ、一方が他方に影響を及ぼしているように思われることもあるでしょう。でも、その二つの事象の間に本当は因果関係がないのであれば、これらは単なる偶然であり、見た目の似た姿に騙されているわけです。「風が吹けば……」は、アンサイクロペディア（注1－8）によると本書執筆の二〇一七年八月時点で四五〇二の事象がつながった物語になっています！

（注1－8）つまらないウェブサイトばかりが溢れているこのインターネットに、もっとおもしろみを与えるために登場した、真実に嘘を混ぜてどれだけ愉快に、ユーモラスに書けるかを研究している八百科事典サイト（嘘八百からそう呼ばれる）。

統計的にきちんと因果関係がないことを棄却（否定）する手続を踏めば別ですが、普通に経済動向の見方を議論している際にだれかが複数の事象を関連づけて説明した場合、なかなかそれが因果関係なのか、単なる偶然をもっともらしく取り上げた「こじつけ」なのか、すぐには判断が下せないかもしれません。また、二つの事象は単なる偶然で似たように動いているわけではなく、三つ目の事象が最初の二つの事象に同時に影響を及ぼしているためにそうなっているという可能性もあります。これを疑似相関といいます。この場合は、三つ目の事象を分析することで真の要因を考えなければなりません。

先に示した「金融市場エコノミストの仕事」における二つ目で書いたように、経済データ間の関係しているように思われる動きが単なる偶然なのか、疑似相関なのか、そして相関関係といえるならばその因果関係の向きはどちらかといった判断の正しさもマクロ分析のおもしろさであり、現実の経済や金融市場をみている筆者らのようなエコノミストたちのセンスが問われるところです。

逆に経済学者などが時々、別の経済学者やいわゆる民間エコノミストを含めた金融市場参加者の意見に対し、「モデルできちんと説明できないトンデモ理論だ」というような批判をすることがあります。これに関して、筆者らは痛し痒しの感を禁じえません。単なる偶然である二つの事象を無理に関連づけた突飛な説が正しくないことを示すには、実際のデータを使って、現実を説明することができるモデルを構築できるか否かがたしかにポイントでしょう。ですが、そうしたモデルできちんと説明できない分析はすべてトンデモ理論だと頭から否定することの危うさもあると思うからです。

よく経済学の論文で、現実の経済データを使って分析し、理論的に検討したモデルが示唆する結果と整合的な状況が示されたとして、「このモデルが正しいことが証明された」というような主張をみることがあります。一セットのデータを使った結果がモデルの示すところと整合的だったからといって、何かが証明されたとまで言い切るのはいかがなものかと感じることが少なくありません。慣習的にそのような文言を使うようになっているだけかもしれませんが、自然科学系の実験論文ではありえず、違和感が残ります。単に「正しい可能性があると示された」くらいのレベルでしょう。現実の世界において、経済や金融市場の動きはモデルで完全に説明できるほど単純ではないと思います。

前提は正しく置かれているのか

モデル分析にしても、シンプルな因果関係に基づく見方にしても、複雑な波及効果やフィードバック効果を解きほぐす議論にしても、金融経済を分析する際には前提の置き方がきわめて重要になります。これが三つ目の留意点であり、経済学のわかりにくさ、使いにくさの究極の原因は、この前提の問題がとても大きいと思われます。

先にも触れましたが、経済学という共通のツールを皆が使っているはずなのに、なぜ経済学者やエコノミストたちの経済予想や政策評価が、普通にいつもバラバラ、時にはまったく逆の意見になるのでしょうか。すでにみたように、全体のなかの一部分しかみていないのと、全体のフィードバック効果を考慮してみている場合では、当然、予想や評価は異なるでしょう。また逆に、フィードバック効果を読み過ぎたり、因果関係の判断を誤って筋違いの影響まで考えてしまったりする場合にも、正しい見方とは異なるものが出てきます。それに加え、経済の構造や仕組みを考えるにあたって、置いている前提がそもそも同じでないというケースが多いといえます。

しかも、この前提は常に明示されているものではなく、それぞれの経済学者やエコノミストが暗黙の裡に自らの基準にしているだけのことが多いのです。経済の議論をする際に前提をあわせる作業などしないのが普通であるため、話がかみ合わないケースも往々にして生じます。経済学の発展の経緯を学んだことがある方なら、ケインジアンとか新古典派、ニューケインジアンといった経済学内の「派閥」をご存知でしょう。それぞれの派閥の考え方や他の派閥との違いなどの詳細は他の資料に譲りますが、予想や意見の相違をもたらす非常に大きな原因の一つはここにあります。

つまり、前提が違えば、経済問題に関する見方や意見、望ましい政策対応などが違ってくるということです。本当は「経済の構造や仕組みをこうとらえているから、この先の展開はこうなることが見込まれる」とか、「経済の現状をこう認識しているので、この問題を改善する方法としてはこの選択が良い」などの主張なのですが、後者のところに注目が集まるため、予想や意見が異なるという不思議な結果をみることになります。実のところ、カギになってくるのは前者です。

「まえがき」で〝流派〟（ここでいう派閥）の違いが経済学のわかりにくさや使いにくさの原因という点に触れましたが、その時に「好みの差」といったのは、本質的には「前提の差」になります。たとえば、需要と供給の関係が大きく動いたときに価格の調整がすみやかに起こるので経済は均衡状態をスムーズに達成できると考える合理的な経済を前提とする考え方がある一方、価格には粘着性があってすみやかな調整が生じないので経済は不均衡な状態がしばらく続く状況に陥る可能性が高いという見方を前提とする考え方もあります。経済の議論をしている人々の間に、そもそもこうした前提とする考え方の違いがあれば、結論としての先行きの予想や望ましい政策の答えは違ってきて当然です。話がかみ合うわけはありません。

経済学における派閥の差、つまり前提となる物事の考え方は、長い歴史のなかで融合が試みられてきて、実際に融合された理論の展開がどんどん出てきていますが、残念ながらさまざまな差はなかなか埋まらず、むしろ融合された理論が別の新しい派閥になって派閥の数が増えるという状況だといえなくもありません。それぞれの考え方を支える理由が存在しているのであり、どれが正解という結論を人類は出せていないのです。ただし、筆者らは、学問的な追求をせずに実際性を重視すれば、いろいろな面でこういう状況が現実理解の前提とされるべきだという答えがあると考えています。

また、派閥にかかわる経済の構造や仕組みの見方というレベルではなく、日々の経済論議のなかでも前提が非常に重要な役割を果たします。たとえば、「日本の政府債務残高は非常に大きいため、金利が暴騰すれば債務が雪だるま式に増えて破綻する」というような意見がよく見受けられます。前に例示した円暴落に関するコメントと同じく、金利の暴騰というのがどれくらいの上昇をイメージしているのかわからないため適切に検証しにくいですが、債務が雪だるま式に増えていくためには少なくとも金利の上昇がそれなりに大幅で、しかもそれなりの期間を通じて高止まりする必要があるでしょう。そこを少し書き換えて、「債務残高が非常に大きいため、金利が大幅に上昇して高止まりすれば、利払い費が増えて破綻に向かう」という主張ならば、もっともらしく聞こえます。なぜなら、このコメントの「債務残高が非常に大きいため、金利が大幅に上昇して高止まりすれば、利払い費が増える」というロジックは否定できないからです。

しかし、筆者らにとって問うべきは「金利が大幅に上昇して高止まりすれば」という前提そのものです。その前提が正しいのか自体を最初に問うことこそ、この主張を検証する意味だとさえいえるでしょう。「金利が大幅に上昇して高止まりする」環境がどのような状況なのか、それは現時点における諸条件からして現実的なのかを、まずよく考えるべきなのです。この手の議論では、最近の事例として、「ギリシャの二の舞になりかねない」という懸念も聞かれます。それに対しては、ギリシャの置かれた経済情勢と日本の置かれた経済情勢を比べ、金利に関する環境を考慮したときに、重要な要素について否定できない類似性があるかが問われなければなりません。

さらに、経済学においてモデルを使ってさまざまな経済の事象を分析する際、大切な前提として、「他の条件が同じならば」とか、「他の条件が一定ならば」というフレーズ（英語でother things being equal、またはラテン語でceteris paribus）があります。これは変数が複数あるとき、一つの変数の動きが結果にどのような影響を与えるかをみるために、他の変数を変えないでおくという当然の、かつ必要な手続です。分析をする際には、こうしないと一つひとつの事象がもつ重要さや影響力を測ることができません。モデル分析の正しさを裏付ける統計的な手法としては、たとえば説明変数間の相関があるか否か（多重共線性＝multicollinearityといい、一つの変数が動いたときに、他の変数も動いてしまうという関係）をチェックし、それをなるべく、できればきれいに取り除くように数式が決められます。なので、モデル上はその問題を基本的に排除しているのです。

しかし、現実を考える際には、この大切な前提が問題になります。実際には、他の条件が同じとか一定ではなく、多くの場合に他の条件も変わってきてしまうからです。繰り返し指摘している波及効果やフィードバック効果の存在を考えれば、変数の独立性という条件を現実の世界の前提とするのは困難なことが多いと思われます。

本書において徐々に詳しく検討していきますが、筆者らは日本経済の現状を持続的に改善させるにはとにかくデフレ状態から脱却しなければならない、そして、そのためにいまは財政支出を増やすことが必要だという考えをもっています。ようやく最近になってＩＭＦなどを含め、財政出動の必要性を主張する人々が増えてきたものの、主流派的な経済学では基本的に財政支出は悪者扱いをされていて、経済学者や金融市場に携わっているエコノミストの間でも財政出動に否定的な意見は少なくありません。第四章の「財政政策に効果はないのか」で取り上げますが、筆者らはこれも、前提となっている経済状況を正しくとらえていないことが、そうした主張につながっている面が大きいと考えています。

ですが、筆者らは決して根っからの財政支出拡大賛成論者ではありません。自分たちでよく、「しばらく財政支出増大の必要性を主張しているけれど、将来は財政緊縮派の意見に賛成する可能性も低くはないよね」と話し合っています。それは、時流に乗って都合よく意見をコロコロ変える、ブレまくりの頼りないエコノミストの本性でしょうか。いえいえ、まったく違います。筆者らは、それが意見のブレではなく、前提が違えば答えが変わるという当然のことだと考えるのです。デフレ的なときに望ましい対応と、インフレ的なときにすべきことはおのずから異なり、むしろそうでなければ正しい政策の選択はできません。この「前提が違えば、答えが変わる」という実は必然的な状況をよく理解していれば、意見の相違も不思議ではなく、「なるほど、それで違うのか」とわかるのではないでしょうか。

つまり、経済コメントを聞くときには前提の置き方が正しいかをしっかりと見極めること、複数の見方を比べる際は前提の置き方を比較すること、そしてエコノミストの意見が変わった場合には前提が変わったのか否かを確認することが重要だと考えます。意見の違いや予想の差は、こうした前提の置き方の違いで理解できることが多いでしょう。もちろん、先行きの見通しや適切な政策を判断する際の現状認識や、経済の構造や仕組みの理解にそれほど差があるようではないにもかかわらず、意見や予想が異なることもあります。それは、おそらく波及効果やフィードバック効果のとらえ方の違いに原因が求められ、どの要因がより重要に効いてくるかという判断の差だと思われます。前提の違いは手続上の非常に重要なポイントである一方、何が重要かという判断は、モデル分析などにおいて実証面をどれだけしっかり取り入れているかにもかかわることです。

エコノミストの経済見通しは当たらない⁉

以上、複雑に動くマクロ経済や金融市場をきちんと分析し、正しい見方や意見を得ることのおもしろさや留意点を紹介してきました。特に前提の適切さは非常に重要なポイントです。これは経済状況や金融市場動向の見通し、つまり予想を議論する場合にもいえることです。分析と予測（なんらかの根拠や基準をもとにした予想）はコインの裏表であり、金融市場における投資行動や経済政策についての議論は必ず先行きの見通しという予測に絡めて検討されます。現状の見極めが正しくあってのみ、先行きの見通しに対する適切な判断が可能になります。予測は現状分析の延長でしかありえません。

しかし、適切な範囲で波及効果やフィードバック効果を正しく判断するのは非常に困難なことです。それ以外にも、予想外の新たな事象が発生することで、現実が当初の想定から外れていくことが頻繁に起こります。こういってしまうと元も子もなく、では、筆者らは予測が当たらないのは仕方ないと思っているのかと聞かれれば、もちろんそうではなく、しっかり正しい見通しを示そうと日々努力していることは間違いありません。むずかしいのだから当たらなくて当然というように言い訳をするつもりはなく、筆者らは最初に書いたとおり、雇用主（会社）による「金融経済の動きをある程度正しく見極め、それが顧客と同僚の業務の役に立っているか」という問いかけから逃れられないのです。結果を完全に当てるような予測をすることは無理でも、できる限り正しい展望をさまざまな分析から導き出すことを目指しています。

筆者らの仕事は、世の中についてなんらかの予測を立てて仕事をすること、たとえば、中小企業の社長が売上げ見通しを準備して生産量を決めることと大して差はないのです。そうした見通しを正しく立てるのも簡単でなく、至難の業だと思われます。それでも、むずかしくてできないではなく、できる限りの適切な予測を立てるということが任務としてあるわけです。エコノミストの場合は、経済や金融市場という皆にとって身近な事柄を予測するので、世間から批評されるということでしょう。したがって、時々見かける「エコノミストの予測は当たらない」的な批判は、分析が十分ではなく、一部分の関係だけにとらわれて全体を考慮していないという指摘なら別ですが、そうでないなら当たり前のことで、あまり価値がないと思われます。

逆に、経済予測や金融市場見通しが当たった場合でも「スゴい！」と手放しで称賛するのは、実はまったくスゴくない可能性もあるので注意が必要でしょう。複雑なフィードバック効果を逐一正しく判断し、完璧な理論構成や理由づけで経済情勢や金融市場動向を的確に当てることはほとんど不可能です。筆者らは、よく "right for wrong reasons" （理由はまったく間違っているけれど、結果は当たった）という言葉を使います。世間的には結果が当たったということがクローズアップされるし、理由づけも全部が全部外れていて……というよりは、一部に正しい説明もある場合が多いので、「お見事、正答です！」というイメージになりうるのです。でも、筆者らからすれば、本当の意味で正しく予測したとはいえません。

また、大胆な予測をずっと変わらず維持し続けていたら、やっぱり最後に当たったたという場合はどうでしょう。金融市場のバブルが崩壊するとき、何年も前から「このような価格上昇は異常であり、いつか崩壊する」という見解を提示していると、バブルが崩壊した時点で「その見方は正しかった」ということになるかもしれません。「バブル崩壊を見事に早くから予想していたエコノミスト」として有名になることもあるでしょう。

しかし、金融市場に参加して、この市場の上昇はバブルだから下がると予測して投資行動を起こしていたものの、何カ月も何年も上昇傾向が続き、最後にようやく弾けて暴落したというケースでは、その間ずっと損失が続くわけです。その損失を吸収する余裕があり、バブルが弾ける最後までポジションを取り続けることができたのであれば大正解の素晴らしい投資行動ということになりますが、無駄な損失を長いこと耐え忍ばなくてはなりません。やはり見通しにおいては、その時間軸も非常に重要です。

それでも、ずっと見通しを維持し、最終的にはそれが正解となったら、それはそれで称賛に値するでしょう。タイミングが早過ぎるのは褒められたものではありませんが、まったくその判断ができないよりは優れています。しかし、筆者らは「いつか当たるはず」という予測を立てるだけでは不十分だと考えます。「金利はいつか上昇する」「その時に債務残高がこのように巨大では、いつか国は破綻する」という見解は、役に立つどころか、弊害にさえなる可能性があるのではないでしょうか。どういう状況で上がるのか、どういう環境になると破綻のリスクが高まるのか、というところまで詰めて検討することで、経済論議がより実りあるものになるのだと思います。

つまり、経済予測をする際にはきちんと時間軸をあわせることが重要になってきます。経済がある状況になっていく可能性を論じる際、「いつかはわからないけれど将来のどこかの時点でそうなる可能性もないとはいえませんよね」という類の見解と、「一年から二年以内に比較的高い確率で生じる可能性がある」という見方は、同等に扱われるべきではないでしょう。経済事象の生起に「絶対」ということはないので、筆者らが所属会社で経済分析のレポートを書いて公表するときにも、コンプライアンス（企業の法令遵守）として断定的な表現は避けるよう指導されています。しかし、確率的に高いのか、低いけれどゼロではないということなのか、近いうちに発生するのか、いつかはわからないけれど将来のどこかの時点で発生するというのかは、決定的な差異です。

経済政策の提言をする場合にも、一年から二年以内に効果を上げるべき課題についての話なのか、一〇年以内くらいを見据えて徐々にしっかりと結果を出していくことを目指すのかをあいまいにしたまま議論をしてもかみ合わず、無駄な話合いになります。仮に、一〇年以内を見据えた構造転換に必要な施策が、一年から二年以内に効果を上げるべき課題にとって逆効果になるのであれば、前者のスタートを遅らせるなどの措置が必要だという考え方になるはずです。われわれが一般に仕事をするときもそうであるように、課題に優先順位をつけたうえで、何を目的にして議論するかを明確にしておくことが重要でしょう。

アートかサイエンスか

経済分析はアートかサイエンスかと問われることがよくあります。経済状況や金融市場の見通しを語る際に、高度な数式を使ったモデルをつくって科学的な解析の結果であるかのように表現する場合もあれば、型にはまった説明を嫌い、さまざまな動向のなかで何が重要かの判断や状況をとらえるニュアンスを大事にした説明のほうがしっくりくる場合もあるからでしょう。

アートかサイエンスかというのは、本質的に文系か理系かという区別とは関係ありません。アート（art）というのは、一般的な意味での「芸術」ということではなく、artificial（人工的）という単語からもわかるように、人工のもの、つまり人の手によってつくりだされたものと定義したほうが適切です。「自然（nature）」の対立概念になります。そして、サイエンス（science）はアートではないもの、つまり人の手によってつくりだされたものではなく、自然によってもたらされたもの（もっというと、神がつくった世界）と定義されるのです（注1－9）。

（注1－9）山田順「日本人の的外れな「リベラルアーツ論」～リベラルアーツとは何か（上）～」（東洋経済ONLINE、二〇一三年四月一七日）。

経済学は社会科学（social science）に含まれる分野で、実は疑いもなくサイエンスなのです。神がつくった世界としての人間社会を対象にしますから。心理学も社会科学に含まれます。数学は実は人工（アート）なので、一般的な自然科学（natural science）の領域に含めるべきものではないのですが、自然科学において現実世界を簡潔に理解するための構造（モデル）をつくるのに応用される〝知〟の領域としての形式科学（formal science）という分野だと認識されています。

しかし、日本では、数学は明らかにサイエンスだとされている一方、「文系」科目の経済学はサイエンスではないというような認識が何となくあります。それで、日本では経済学を「サイエンスらしくしよう」と、数学を使ったモデル構築に傾注する流れが強くなった面もあるように思われます。米国ではもともと経済学はサイエンスですから、そういう意味で経済学をサイエンスにしようという意図が働いたわけではないでしょう。そうではなく、「形式科学」を利用して現実世界を簡潔に理解するための構造（モデル）としてミクロ的基礎づけが必要であり、数学的整合性がなければ理論として認められないという方向に走っていったのだろうと想像します。その意味では、日本の事情とは異なりそうです。

いずれにしても日本では、米国とはまた違ったルートで、数学を使ったモデル構築重視の傾向が強まってきたのが経済学の現状だといえましょう。すでに触れたように、ミクロ的アプローチ重視という言い方もできるかもしれません。それは結果として日米同じような、そして世界的にも同様な経済学の傾向になっています。でも筆者らからすると、現実のマクロ経済や金融市場を見極めるうえで、モデルや数学を駆使した（日本でいう）サイエンスの追求は、現実をみない危うさがあります。数学的整合性をもった理論的に精緻なモデルに当てはめるようにデータ分析すると、本末転倒になりかねないことを常に認識しておくべきでしょう。

筆者らは、金融市場におけるマクロ分析には、（日本でいう）アート的な要素がたくさんあると考えています。もちろんアートといっても〝芸術的〟に突飛な理屈でおもしろい見解を出すことではなく、実証的に正しさを追求しなければプロの仕事ではありません。そのためにモデルを利用しますが、数学的整合性より現実に当てはまるロジックかどうかを重視する姿勢です。特に前提条件が適切に現実を表現しているかは決定的なポイントで、この点を理解しておくと経済議論において見方や意見が異なる原因がつかみやすくなり、よりかみ合った討論が可能になるのではないでしょうか。

ポジショントーク？

最後に、経済についての意見は、意図的か無意識かは別にして、コメントをする人の好みや必要性を反映している場合があることを指摘しておきます。コメントの目的といってもいいかもしれません。どのような場合にそれが発生するかはおそらくさまざまですが、わかりやすい例をあげると、投資家としてなんらかの資産価格の動きをねらった投資をすでに実施していて（「ポジションをもっている」といいます）、それが利益を生み出す方向にコメントするということはよくあります。ポジショントークと呼ばれるものです。

このケースで、発言者がきちんと経済を分析した結果として導き出された予想を紹介しているだけなら、あえて取り上げられるべきこともないでしょう。しかし、もし、この予想がいまのところ実現していなくて、あるいは間違った感さえ漂い始め、ポジションの手じまいを考えている時に、一時的にでも元の予想への賛同者を増やして少しでも自分にとって有利な動きを引き出すことをねらっていたとしたらどうでしょうか。

特に過去に予測が当たって有名になっている人であれば、そういう人の発言にはある程度の影響力があります。金融市場では、短期的にはセンチメントが大きな役割を果たしますから、他の投資家も「あの人がいっているのだから、そうなのかも」と追随するかもしれません。それによって、もともとは正しくなかったかもしれない予想に基づいたポジションが利益を上げるということになり、やはりこの人の予想はスゴいと認知されて影響力がさらに強まるということも考えられるでしょう。

ここまで直接的でなくても、たとえば、国債を大量に保有している投資家は、長期的な影響はともかく、短期的な投資パフォーマンスの評価にかかわる可能性があることから、金利の上昇を避けるような方向にコメントする可能性があるかもしれません。先にも述べたように、筆者らはいまの日本経済にとって財政支出の増大は必要不可欠な政策であるという認識をもっていますが、それが金利の上昇につながって自分のパフォーマンスに良くない影響を与えると思う投資家

（あるいは、その同僚のエコノミスト）は、財政出動は望ましくないと主張するかもしれません。

あるいは、自分が所属していたり、なんらかの深い関係をもったりしている組織の意向を反映したコメントが出てくる場合もあるでしょう。自分の意見に合致しているか否かはともかく、組織にとって望ましい方向には賛意のコメントをし、望ましくない方向には否定的なコメントをする。上司の立場を否定しないようにという配慮が働く場合もあるでしょう。これは経済論議に限ったことではなく、どの世界でも生じうる、ある意味で仕方ない状況かとは思います。

問題となるのは、発信者の純粋な判断に基づくものではなく、そうした「アフィリエーション（affiliation：所属あるいは提携関係）」にある組織の立場や意向に影響を受けたコメントであるにもかかわらず、中立的な意見として扱われてしまうような場合です。これは、メディアが無批判に中立的なコメントとして紹介したり、政府関係者が世論誘導（プロパガンダ）のために都合の良いコメントを流したりすることで生じます。もちろんコメントの発信自体を制限することはできませんから、受け止める側がアフィリエーションに注意を払い、中立的な判断に基づくコメントなのか否かを見極めなければならないのです。経済の見方や意見の違いが、こうした背景によって生じている可能性も念頭に入れておくべきでしょう。

補遺

マンデルフレミング・モデル

本章では、金融市場・経済の実践的な分析のために必要なマクロ経済学の基礎知識は、GDPの三面等価と貯蓄投資バランスの二つに集約できると主張した。しかし、経済学者たちはマクロ経済政策を評価するにあたって、当然もっと複雑なモデルを適用している。若干テクニカルになるが、後の章でも言及することになるので、そうした代表的なモデルの一つである「マンデルフレミング・モデル」を説明しておこう。このモデルを現下の日本経済に適用することが適切かどうかは、本章で指摘した「前提の適切さ」という問題に密接に絡んでくる。

ロバート・マンデルとジョン・マーカス・フレミングという二人の経済学者の名前をとったこのモデルは、通貨制度の違いに応じてマクロ経済政策の効果がどう変わるかについての、とても有名でオーソドックスな理論であり、政策担当者や金融市場動向を分析するエコノミストにとって基本的な知識となっている。その内容を要約すれば、ＩＳ－ＬＭモデル（注1－10）に海外部門を入れて拡張し、金融政策や財政政策が国民所得にどう影響を与えるかを示すものということになる。つまり、それまでのＩＳ－ＬＭモデルに開放経済における資本移動を導入することで、為替レートに対する圧力が外需増減を通じて国内の経済活動に影響を及ぼす構図が理論的に示されるようになっている。

（注1－10） ＩＳはInvestment - Saving（投資と貯蓄）を、ＬＭはLiquidity preference - Money supply（流動性選好とマネーサプライ）を意味しており、マクロ経済の動きにおけるそれぞれの関係性（財市場と貨幣市場の均衡）を表現するもの。マクロ経済学の分析において基本原則のように利用される代表的なモデル。

モデルの基本形は次の三つの方程式で示される。

Y＝C＋Ｉ＋G＋EX－IM（IS曲線）……①
MS＝L（LM曲線）……②
EX－IM＝F（国際収支）……③

①のＩＳ曲線は、ＧＤＰの三面等価そのもの（総生産＝総需要）、②のＬＭ曲線は、貨幣供給量（ＭＳ）と貨幣需要量（Ｌ）が均衡している姿、そして③の国際収支は、三面等価と同様にモノ・サービスを取引する経済活動にはそれを裏付ける等価分の金融活動があることから、左辺の経常収支が右辺の資本収支（Ｆ）と均衡している状態を示している。
これらの三つの方程式について、モデルが前提としている、個々の項に影響を及ぼす要因を示すと以下のようになる。

① Y（e）＝C（Y）＋Ｉ（r）＋G＋EX（e）－IM（e，Y）
② MS＝L（r，Y）

③　$EX(e)-IM(e, Y)=F(r-r^*)$

eは自国建て為替レート、rは国内金利、r*は外国金利で、カッコ内の要因がその直前の項に影響を及ぼすという構図である。③のFは資本収支であり、国際収支の複式記載により経常黒字国が資本収支赤字国（資本流出国）になるため、マイナス符号にしたほうが自然かもしれない。資本収支は内外金利差によって影響を受ける姿になっている。

ここで通貨制度が固定相場制であれば、為替レートを一定にしておくためにMS（通貨供給量）は内生変数となる。つまり、固定相場制であれば、為替レートを固定するためにMSが内生的に決まらざるをえないため、金融政策を使うことはできない。一方、財政支出を増やす政策は、①式のGが増えてYが増えるというIS曲線の右シフトが生じる際、②式でLを増やせば受動的にMSも増えることでLM曲線も右シフトするため、政策の効果が存続すると理解される。

これに対し、変動相場制であれば、為替レートを一定にするために通貨供給量を調整する必要はないので、MSは外生変数となり、MSの変化に応じて為替レートが変動することによって式内の各項が影響を受け、それぞれがどのように動くかを検討することができる。すなわち、変動相場制のもとで、資本移動が内外金利差に対して完全に自由であれば、貨幣供給量を増やせば（LM曲線の右シフト）、国内金利が下がり、自国通貨建て為替レートも下落することによって（自国通貨安）、経常収支が増加するため（IS曲線の右シフト）、金融政策の効果は存続する。逆に財政拡張策は、金利上昇に伴う消費や投資の落ち込みに加え、通貨高による純輸出の減少も生じて効果が相殺されるという帰結になる。

図表1－2　マンデルフレミング・モデルによる金融・財政政策の有効性評価

	固定相場制	変動相場制
金融政策	無効	有効
財政政策	有効	無効

図表1－3　マンデルフレミング効果
――固定相場制における財政拡張

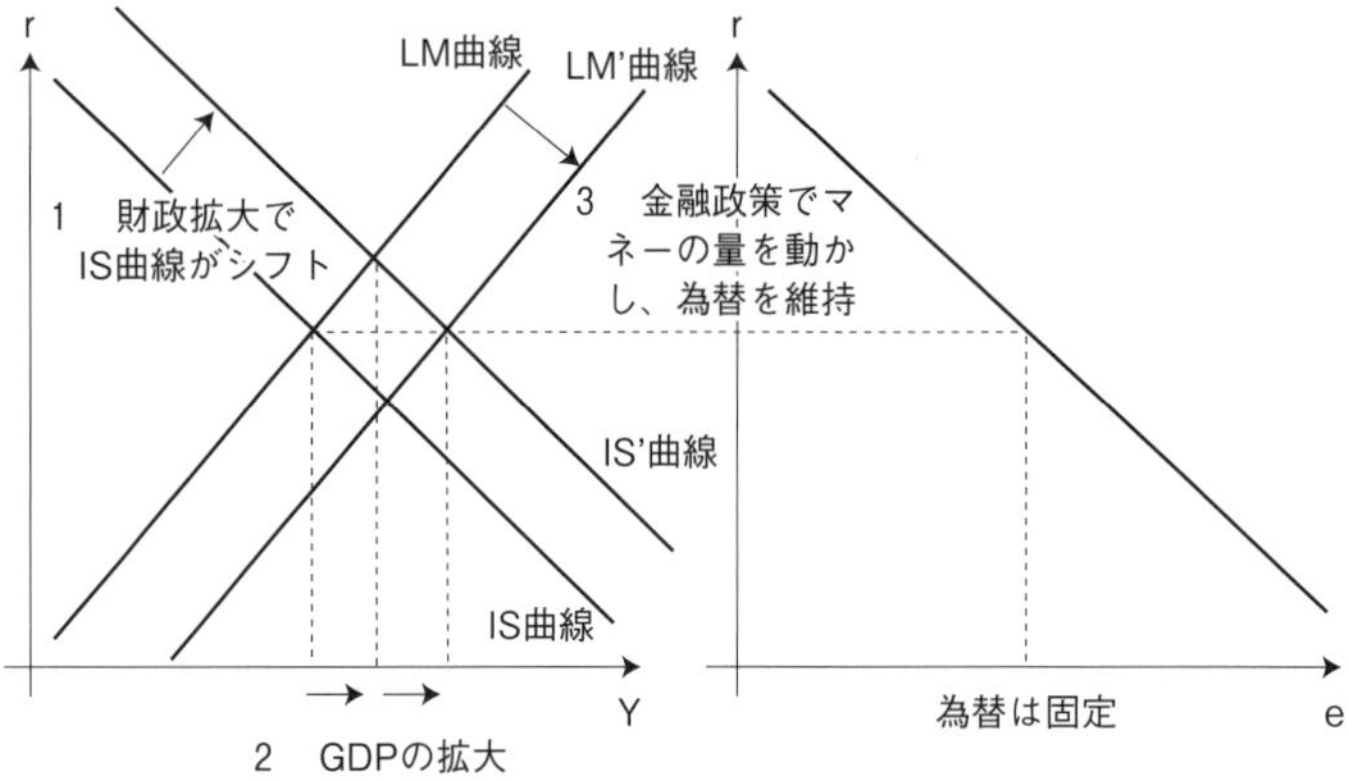

以上を要約すると、図表1－2のような「マンデルフレミング効果」になる。

簡単な図によって確認してみよう。図表1－3は、固定相場制におけるIS曲線とLM曲線の動きである。財政政策を拡張型（G↑）にするとIS曲線が右にシフトし、ISダッシュ（IS'）曲線となる。すると金利が上昇するため、為替レートの上昇を防ぐために金融政策によってマネーの供給を増やさざるをえず、LM曲線の右シフトが引き出されてLMダッ

図表1－4　マンデルフレミング効果
——変動相場制における財政拡張①

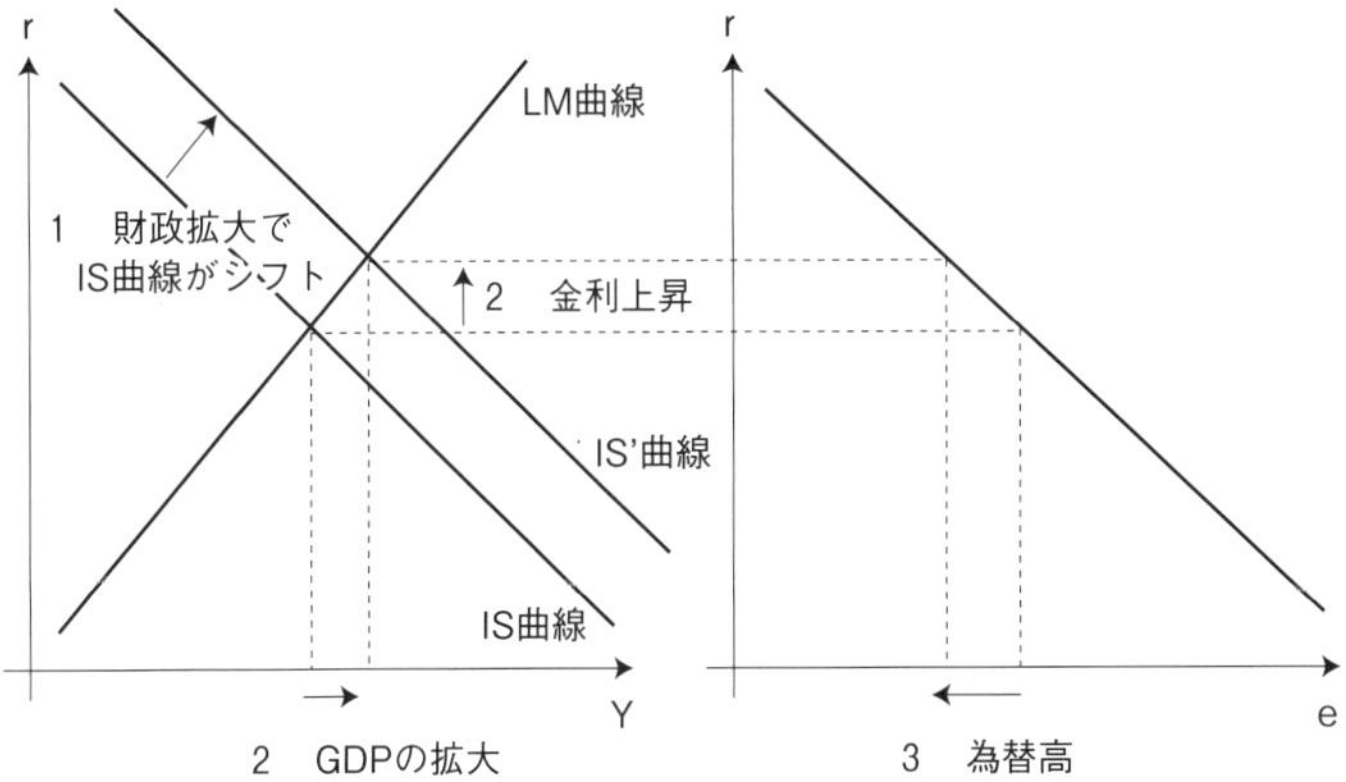

シュ（LM'）曲線になる。新たな均衡点となるISダッシュ曲線とLMダッシュ曲線の交点では、過去の均衡点よりGDPが拡大している。

次に、変動相場制ではどうなるか。金融緩和政策によってマネー供給量が増えると、LM曲線が右シフトすることになる。新たなIS曲線との交点では、金利が低下し、GDPが拡大する。しかも、為替レートは自国通貨安になるため、IS曲線も右シフトして、GDP拡大に向けた政策の効果は維持される。

これに対し、変動相場制下で財政支出が拡大すると、IS曲線がISダッシュ曲線へ右シフトすることによってGDPが拡大するが、金利も上昇し、通貨高がもたらされる（図表1－4）。すると、金利上昇が設備投資を抑制（I↓）し、通貨高も輸出を減少（E↓）させて輸入を増加（M↑）させる結果、ISダッシュ曲線はISダブルダッシュ（IS''）曲線へと引き戻される。GDPの拡大は維持されず、金利は再

図表1－5　マンデルフレミング効果
——変動相場制における財政拡張②

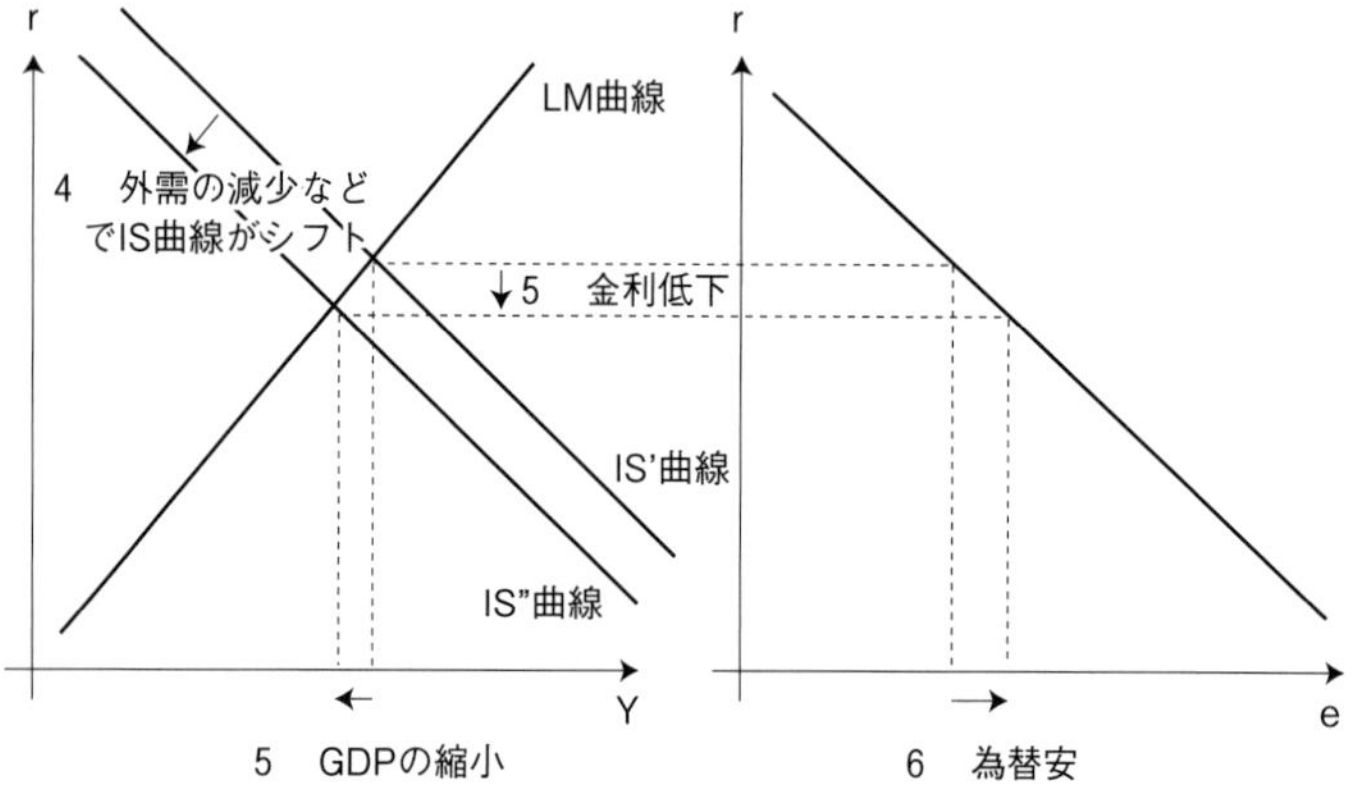

び低下し、為替レートも通貨安方向へ戻り、財政政策の効果は維持されない（図表1－5）（注1－11）。

（注1－11）　ただし、図表1－5におけるISダッシュ曲線のISダブルダッシュ曲線への左シフトを引き起こさないように、金融緩和策をあわせてLM曲線を右へシフトさせるポリシーミックスを導入すれば、図表1－3で示した「固定相場制における財政拡張」と同様の姿にすることができる。つまり、変動相場制でも拡張型の財政政策が効果を発揮することになる。この点は、第八章で金融政策を考察する時の焦点となるので、頭にとどめておいてほしい。

ここで忘れてならないのは、マンデルフレミング・モデルが小国開放経済を前提にし、国内外の資産の完全代替性など完全な資本移動の自由が仮定されていることだ。自国の行動が世界的な金利に影響を与える米国のような大国や、なんらかの要因で資本移動が完全に自由とはいえない国において、マンデルフレミング効果は当てはまらないか、少なくとも減衰すると考えられる。これが本章で指摘した、理論を現実に当てはめる際の「前提の適切さ」という問題である。

しかし、筆者らはマンデルフレミング・モデルが日本に当てはまらないのは、こうした明示的なモデルの前提が日本の現実にあわないということ以上に、もっと根本的な問題があるからだと考えている。マンデルフレミング・モデルも含めた主流派マクロ経済学が暗黙のうちに前提としている経済の姿と、日本における現状のマクロ経済構造が合致していないということだ。変動相場制のもとでの財政拡張策（IS曲線の右シフト）が、金利上昇と通貨高をもたらすというマンデルフレミング・モデルの見立てが、日本において実際に当てはまるのか否か、後の章で本格的に検討していく。

第二章

日本経済の最優先課題は何か

この章のまとめ

・経済を評価するための軸が定まっていなければ、何が最も重要なことかの優先順位が決まらず、ある事象の影響力の大きさや取り組むべき課題、そして先行きの見通しをめぐる議論はかみ合わなくて当然でしょう。
・筆者らは、近年の日本経済の大きな特徴はデフレという状況であり、「デフレは諸悪の根源」という認識の重要性が過小評価されてきたと考えます。
・デフレからの完全なる脱却を日本経済の評価軸に据え、経済政策においては、それを達成するまで目指し続けるという一貫した姿勢が何より重要だと考えます。

デフレ脱却を日本経済の評価軸に据える

まずは日本経済について実践的に議論や評価をするため、どこに軸足を置くべきかを考えてみましょう。評価軸が定まっていなければ、議論は交錯し、すぐに話がかみ合わない状況に陥ってしまいがちです。

一般論として近年の日本経済の状況は、海外の人々からみると悪いといっても失業率は相対的に低く、犯罪やホームレスが非常に多いわけでもなく、デモや暴動など国民が強く不満を感じているようすもあまりないため、良くはないけど悪くもないという印象があるようです。

しかし、一方で経済情勢が良好であるならば、金利がこれほど低く、それが長期にわたって続くことはないはずだし、株式市場にはその良さが反映されているはずです。株式市場は二〇一二年の底値からこそ二・五倍ほどまで戻っていますが、一九九〇年以降は下げ相場がずっと続いていたのであり、大きくみれば上昇基調を描き続けている米国市場などと比べて良い状況とはとうていいえません。ずっと何かがおかしいという点は否定しがたいのです。

では、そこから何がどうなれば良いという認識をもつべきなのか。新聞・雑誌等に掲載されたり、筆者らが顧客と議論して聞いたりする、内外の識者・関係者・投資家などが問題視する日本経済の問題点にはどのようなものがあるでしょう。

・マイナス金利を代表に、とにかく低金利で利子収入が得られない。
・低調な成長率と経済に対する将来期待の低さ。
・賃金上昇率の停滞と所得増加見込みのなさ。
・インフレ率が日本銀行の掲げる二%目標に届いていない。
・政府の債務残高が巨額でいつ破綻してもおかしくないといわれる状況。

・年金制度をはじめ、社会保障制度の維持に対して多大な懸念。
・少子高齢化と人口減少により先行きの経済情勢は厳しくなるばかりといわれる状況。

ほかにもいくつかあげられるかもしれませんが、大雑把な内容としてこの辺りが常連組として指摘されることだと思います。それぞれに対して対応策がいろいろと考えられそうですし、実際にそうした議論がここ何年にもわたって続けられ、さまざまな政策が実施されてきました。

それでも、すべての問題を完全に解決することは至難の業だということを否定できないと思います。また、たくさんの問題に対して、それぞれ具体的な対応策を用意して改善を図るのは非常に大変なことで、一つの進展を重視すれば、他の問題点が放置されがちになりますから、政策の策定においてどれを優先すべきかというむずかしい判断も必要になります。

しかし筆者らの考えでは、これらすべての問題を一挙に簡単に解決できると楽観的にいうべきではないと承知しながら、それでも現状のかなり多くの経済および社会問題を改善するために共通の進むべき道が一つあります。

それは、日本経済を早くデフレから完全に脱却させることです。もう言い古されていますか。たしかに、これまで何人もの経済学者や民間エコノミスト、政策担当者が、デフレから脱却することを目指すべき方向性だとして主張してきました。それを非常に強く説いている人も少なくありません。

しかし、筆者らからすれば、国内の議論では総じてデフレからの脱却を最優先課題として追求する姿勢や、種々の問題がデフレ状況を放置していることから生じているという理解が足りないと感じられ、デフレからの脱却のためにとるべき手段の判断も不適切なままです。

よくデフレは原因か結果かという議論がなされますが、それはどちらでもあり、どちらでも良いことです。とにかく、その状況から抜け出すことが重要なのです。日本経済が長きにわたって依然としてデフレ状況であるということは、現実の金融市場の動きに絶大なる影響を及ぼし、それがまた実体経済に跳ね返っているという否定できない事実があります。日本経済や日本を取り巻く金融市場の分析において、デフレに対する認識が情勢判断、見通し評価の起点にならざるをえません。

われわれは海外の投資家と議論する際、よく面談の冒頭でデフレについての理解が適切にされているかを問い、図表2－1のような図をみせたり、そのような内容を尋ねたりするところからスタートします。これをみながら、「デフレの影響を単純化して示せば、ざっとまあこんな感じです」と説明するのですが、「えっ、これが単純化した？」と聞き返されることも少なくありません。

特に海外の人々はデフレ状態が長く続く経済を体験したことがなく、経済史の文献で一八〇〇年代のイギリスの例などを読んでも、実感が伴わないのは無理からぬことです。さらに、経済の

図表２－１　「デフレは諸悪の根源」であること示すフローチャート

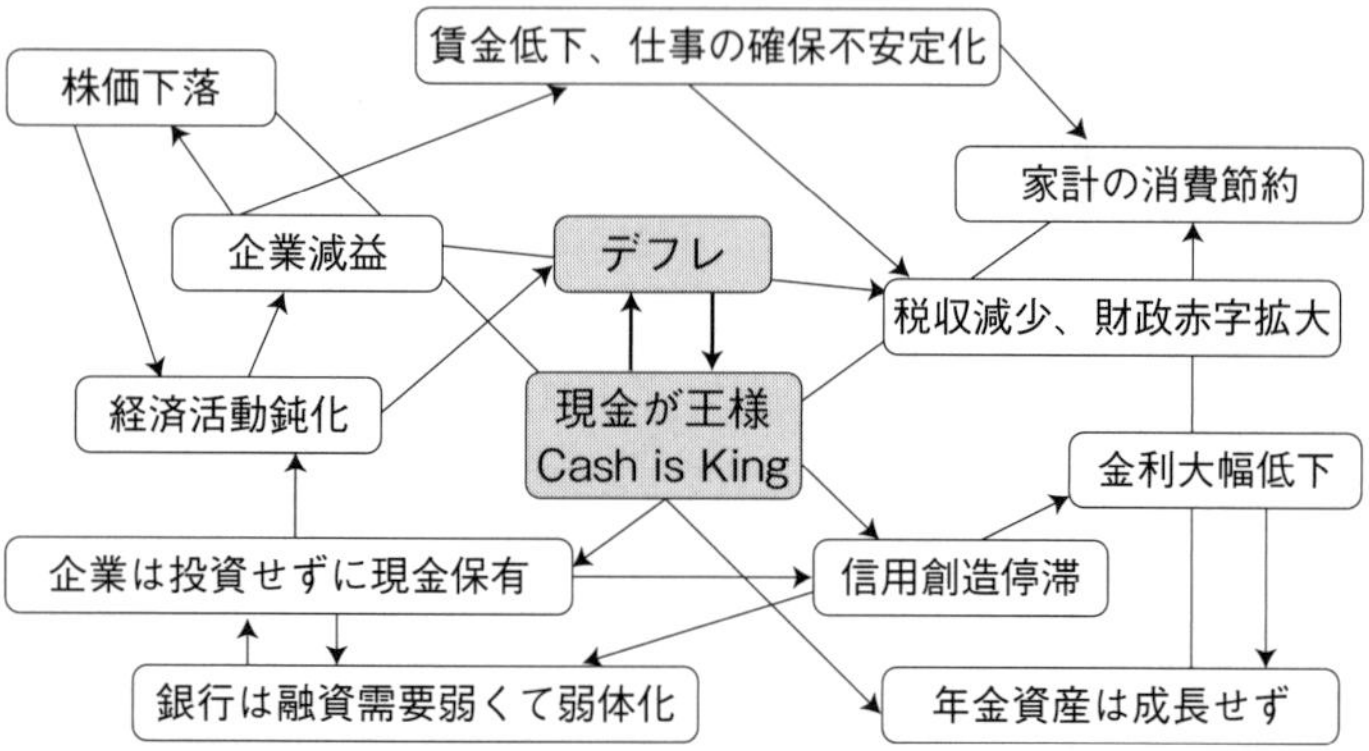

制度も構造も当時とはまったく異なりますから、現代社会におけるデフレ状況が継続していることの意味を理解するのはどうしてもむずかしいということになります。

図表2−1のポイントは、もちろん中心にある“Cash is King”（現金が王様）という状況です。デフレ環境下、資産のなかで何が最も望ましい（価値がある）のかを考えれば、多くの人が同意する答えは、デフレにより価値が高まる現金だということになります。そして、家計や企業が現金保有を選好すると、「天下の回りもの」が停滞し、さまざまな弊害が引き起こされます。

この弊害には、相当な広範囲で経済および社会の問題となるいろいろな悪い種が含まれているという事実を理解することが必要です。筆者らは、「デフレは諸悪の根源」とさえいっています。政府の税収が落ち込むことによる財政の悪化、企業による設備の新設・更新や人材育成への投資の抑制、低金利環境の継続で資産が増えにくくなることによる年金制度への負担など、単に景気が悪いということ以上に構造的な問題へつながっていくのです。

後の章で取り上げますが、日本の財政が赤字を垂れ流し、借金を積み上げている状況から、財政支出を大幅に削減しなければならないという意見をよく聞きます。この時、日本政府が赤字を多く計上している理由や背景が正しく認識されているでしょうか。

日本は生産性が低く、それが将来の経済成長に影を落としているという意見もよく聞かれます。しかし、生産性という概念はマクロ的なレベルで適切にとらえられているでしょうか。企業が〝Cash is King〟と受け止めるような状況において、生産性を上げるために設備や人材への投資を積極的にするでしょうか。雇用や昇進が積極的に実施されないような景気状況が長く続くなかで、若者は将来への明るい希望をもてるでしょうか。

また、年金制度に対する不安について、超低金利が長く続いて資産を増やすことが本当にむずかしい環境になっていることが大きな原因であるという点はどれほど広く認知されているでしょうか。それから、雇用や所得に対する不安が強く、貧困も取り沙汰されるような状況で、将来のための年金保険料支払という発想になるでしょうか。同じくそのような不安がある時に、子どもをもう一人家族に加えたいとか、海外から人がたくさん移り住みに来てほしいとか、願うでしょうか。

　こうしてみると、先にあげたような日本経済に関してよく指摘される問題点は、デフレ状況の継続という環境のなかで発生または拡大してきたものだといえないでしょうか。以下に書き示すように、筆者らは、まさにデフレ環境の継続がこれらの問題の多くにおおいにかかわったと考えています。デフレはこれら経済や社会の問題の結果ではなく、諸悪の根源になっているという因果関係の向きを明確に認識できると判断しているのです。したがって逆に、とにかく経済をデフレから完全に脱却させ、デフレでないより正常な経済環境にすることは、多くの問題の改善に少なからぬ寄与をするはずです。このような見方・考え方を、経済見通しを考えるうえでの評価軸ないし政策評価の判断基準としています。つまり、この章の冒頭に示した7つの問題点の例は、次のように表現し直すことができるでしょう。

・低金利状態がずっと続き、それでも金融緩和効果を追求するために金融政策でマイナス金利を導入しなければならなかったという現状は、結局デフレ状態が放置されてきたことの裏返しでしかない。

・潜在成長率が低下し、将来の経済成長に対する期待が落ち込んでしまっていることにも、デフレ状態の継続が寄与している（潜在成長率が構造的な要因で下がっている面もあると思われるが、デフレ状態の放置が追加的に寄与していることも間違いない）。

・賃金上昇率の停滞と所得増加見込みの小ささに対しては、企業が依然としてデフレマインド下で支出を抑制している状況にあることが大きく寄与している。

・インフレ率が日本銀行の掲げる目標に届いていないのは、マクロ経済政策を金融政策にばかり頼ってきてしまったからである。

・日本政府は現実には破綻危機にはまったく直面していない。デフレ状態の継続こそ、巨額な債務で破綻不安が取り沙汰されているにもかかわらず超低金利が続いていることの根本的な要因であり（つまり、金融市場は財政破綻を懸念していない）、また一方で政府の財政収支の改善を阻んでいる要因でもある。

・年金制度をはじめとする社会保障制度の維持について多大な懸念が生じるのは、デフレ状態において年金資産が増えず、政府の収入も増えない状況にあるためである。悪化する政府の収支に対し、悪化の理由が収入のほうにあるにもかかわらず、社会保障支出を減らそうとすることで、むしろ不安を増殖させているのが実際の構図である。

・デフレ状態の継続によって人々が将来の希望をもちにくい状況下、政府が財政難を喧伝して支出抑制策をとってしまうために子育て支援ができず、子どもをもつコストが必然的に意識されて出生率が上がらない。また、労働市場が働き手にとって良好な状況にない時、海外からの労働者を増やすような政策への支持は集まらない。

経済成長は必要ない⁉

選挙の時などによく日本経済に成長が必要なのかどうかが議論になりますが、その点はどうでしょうか。日本はもう十分豊かであり、無理に成長するより、安定を目指したほうが良いという主張を見かけます。アベノミクスというリフレ政策（注2―1）に反対するときにも使われやすい考え方です。経済学を学んできた者として、また現実の経済や金融市場をみている者として、こうした成長不要論を筆者らはとても残念に感じます。

（注2―1）リフレ政策を「年率一～二％の低いインフレ率を実現するため、インフレターゲット＋無期限の長期国債買いオペレーションを採用する政策」という狭義の意味で使う場合もあるようだが、本書ではデフレ状況からインフレ状況に転じさせる（リフレーション）ために、「マクロ経済政策（金融政策や財政政策）を通じて有効需要を創出することで景気の回復を図り、他方ではデフレから脱却しつつ高いインフレーションの発生を防止しようとする政策」という意味で使っている（ウィキペディア参照）。

筆者らは、経済成長は絶対に望ましいこと、目指すべきことだと考えます。必要だけれども諸々の条件から仕方ないという状況はありえますが、だから仕方なく受け入れるべきことだという意見にはまったく与しません。成長があるということは、向上精神により自らが豊かになることが、他者を貧しくすることにはならない状態です。逆に成長がないということは、向上精神により自らが豊かになることが、他者を貧しくすることになる状態だということになります。より具体的に考えてみましょう。

なぜ経済成長が必要かを考えるとき、経済学の根底を理解する必要があるでしょう。経済学を学ぶときに最初に習うことは、人間は無限の消費欲を有し、それを有限の物でまかなおうとするということです。そして、経済資源をうまく配分することによって、いかに住み良い社会にするかを考えるのが経済学です。この無限の欲を有限の経済資源でまかなうという考え方は経済学の一番の基礎であり、ほとんどの理論がこの設定を基に組み立てられています。実社会もある程度、この構造の上に成り立っていると考えても間違いではないでしょう。人間が無限の消費欲を持っているということは、もう少しきれいな言葉に直せば、現状より豊かな生活を送りたいという向上精神を常に持っているということです。

そして成長とは、経済に存在するモノ・サービスの量が増えて、経済が消費できるパイがより大きくなっている状況をいいます。全体の物が増えれば、一人当りが消費できる物の量も増えます。経済は、生産により自ら消費する物を生み出しています。成長があるということは、人々がより豊かな生活をしたいという向上精神により自らが生み出した成長の果実を他者に与えることもできる状態になっているということを意味します。多くの人が成長の恩恵を受けることができるのです。

逆に、成長がないということは、経済に存在する物の量が変わらず、経済が消費できるパイが大きくならないということですから、自らが豊かになるには他者が持っているものを奪う以外に方法はない。皆がパイの取り合いをしてしまうのです。成長がなく、豊かになるために奪い合うというトマス・ホッブズが表現した「万人の万人に対する闘争」（注２－２）が長く続けば、不平等はより大きくなり、犯罪や暴動などの社会問題が大きくなる危険があります。

（注２－２）　ホッブズは人間の自然状態を「万人の万人に対する闘争」と規定し、そこから社会契約による国家形成という新しい視点を開いた一七世紀のイギリスの哲学者。つまり、この状態はもともと政治的な国家の起源の表現だが、ここでは国の経済政策の必要性をもたらす経済状況の表現として流用した。

成長がないという状態は、特にまだ「持たざる者」である若年層にとって深刻な問題になります。成長がない社会で若年層が豊かになるためには、職や所得を年上の世代から奪いとらなければなりません。もちろん若年層には相対的にそのような力はなく、若年層がしっかりとした職や所得を得てラーニングカーブを登ることによって経済の生産性を向上させるという、経済成長のための基本中の基本が失われてしまいます。若年層がラーニングカーブを登った頂点が前世代の頂点より継続的に高くなることが、生産性の持続的な向上の源です。この好循環を持続するには、成長をやめず、若年層に失敗を恐れず挑戦をするチャンスを与えることが必要でしょう。

成長が必要ないという議論は、一見すると平等と安定を求める意見のように聞こえますが、実際には成長がなくても苦しくない、すでに「持てる者」の上から目線の論理といえるのではないでしょうか。すでに職や所得をもっている人々は、経済が成長しなくても有利なポジションにしばらく立っていられます。しかし、「持たざる者」にとっては、リスクがとれない、向上が見込めない苦しい生活が続くことになります。成長がなく、若年層にチャンスを与えることが困難になると、ラーニングカーブの頂点が継続的に高くなりません。そうなると、若年層が勤勉に働き、失敗を恐れずリスクをとって挑戦することができなくなってしまい、ラーニングカーブの頂点はさらに低くなり、それでさらにリスクをとらなくなるという悪循環に陥ってしまうのです。筆者らは、経済的な成長は望ましく、必要なことだという大前提をもって経済をみています。

人口一人当りで成長すれば問題ない？

「経済成長は必要ない」という主張の一種として、究極的には一人当りの実質的な経済成長があれば良い、一人当りのパイが増えてさえいれば人口減少社会において全体のパイは増えなくてもかまわないという理屈があります。現実に人は名目的な価値を基準にして行動するのが自然であり、名目所得（つまり国内総所得であるＧＤＰ）を基準にして考えるべきだという前提のもとで、一人当りと全体という視点を検討してみましょう（注２－３）。

（注２－３）　インフレ経済においては、経済の名目成長率が高くても、価格が上がってしまっているだけで実質的な生活の改善はあまりなく、むしろ高インフレ率が安定的な経済活動を妨げている可能性もあるため、インフレ率の上昇による目減り分を控除した実質値が重要なものさしとなる。しかし、デフレ的な経済においては、いくら実質値が増えても、名目値が減っていれば雇用不安を払拭できず、生活実感として所得が増える期待を持てないため、名目値が重要なものさしになる。「デフレだとモノ・サービスの価格が下がって購入時の支払金額が少なくなるから良い」という見方は、デフレ下で所得が増えにくい・減るという状況と価格が下がるという状況をまったく関係がない二つの別のことと考えているから生じる感覚にすぎない。図表２－１に示したように、波及効果やフィードバック効果を考えた全体でみれば、デフレに良いことは何もない。なんらかの理由で自分の所得が減らない環境にある人々が、支払価格が減るデフレのほうが良いと感じるのはもっともだが、それこそ「持てる者」、強者の論理であり、そうではない人々を含めた経済全体の話ではない。

一人当りの名目所得が増えていて、経済全体の名目所得が増えない社会を放置・許容するとどうなるでしょうか。企業は、国内におけるパイ（所得＝売上げ）の奪い合いになります。企業は

「人口が減っているのだから売上げが減ってもかまわない」という原理で行動しません。皆がとまではいいませんが、経営者ならば企業の成長、売上げの拡大を目指すのが当然でしょう。売上げが減る状況であれば、生き残りをかけ、支出削減のために給与や雇用の削減を選択することになります。もちろん、海外で売上げを伸ばしていけば良いのですが、海外でも厳しい競争があるわけですから、そう簡単なことではないでしょう。それに、企業がどんどん海外に移転すれば、一人当りの成長も実現しなくなるに違いありません。結局は、経済社会がどんどん疲弊していくことになると思われます。

ＧＤＰ（生産・支出）はだれかの所得になっているという観点も重要です。海外へ移住したり、亡くなったりした人の所得が国内でそのままなくなってＧＤＰが減少した場合、一人当りのＧＤＰに変化はありません。しかし、いなくなった人が現役ではなかった場合、この人がいなくなった分、消費が減少してＧＤＰも減少すると、現役世代（≒雇用者）のだれかの所得が減ることになります。この人が貯蓄を取り崩して消費をしていた分は現役世代のだれかの所得になっているはずで、その現役世代のだれかの所得が減ってしまうことになるのです。現役世代の所得が減少してしまえば、人口減少による悲観ムードが消費者や企業の心理を下押しし、ＧＤＰが人口分を超えて減少してしまうリスクも大きくなるでしょう。

わかりやすくするためにちょっと極端な値を使いますが、簡単な計算をしてみましょう。

ＧＤＰが一〇〇、人口も一〇〇であれば一人当りのＧＤＰは一ですね。このとき、たとえば、現役世代が七〇なら、現役世代一人当りのＧＤＰは一・四三になっています。そこからスタートして人口が三％減少し、全体のＧＤＰも三％減少すると、一人当りのＧＤＰは一で変わりません。しかし、現役世代に変化はない（いなくなった方が現役世代ではない）とすると、三％減ったＧＤＰと人口はそれぞれ九七に対し、現役世代は七〇のまま。現役世代一人当りのＧＤＰは一・三九になり減少してしまいます。

いなくなった人が現役世代であれば、現役世代一人当りの所得も減少しませんが、いなくなるのは高齢者である可能性がより高いでしょう。いなくなった高齢者の富が現役世代に移転され、資産効果によって現役世代の消費が増えてＧＤＰが一〇〇に維持されることがあるかもしれません。それなら現役世代一人当りの所得は減少しません。また、生産性の向上などにより、人口減少分を補う需要と供給が維持されれば、それでも良いでしょう。いずれにしても、人口が減少していても全体のＧＤＰが維持・拡大されることは望ましく、必要だと考えられます。

成長しないのは人口減少のせいか

「日本経済が成長しないのは人口減少のせいなので仕方がない」という主張もよくみられると

図表2－2　日本の一人当り名目GDPの推移

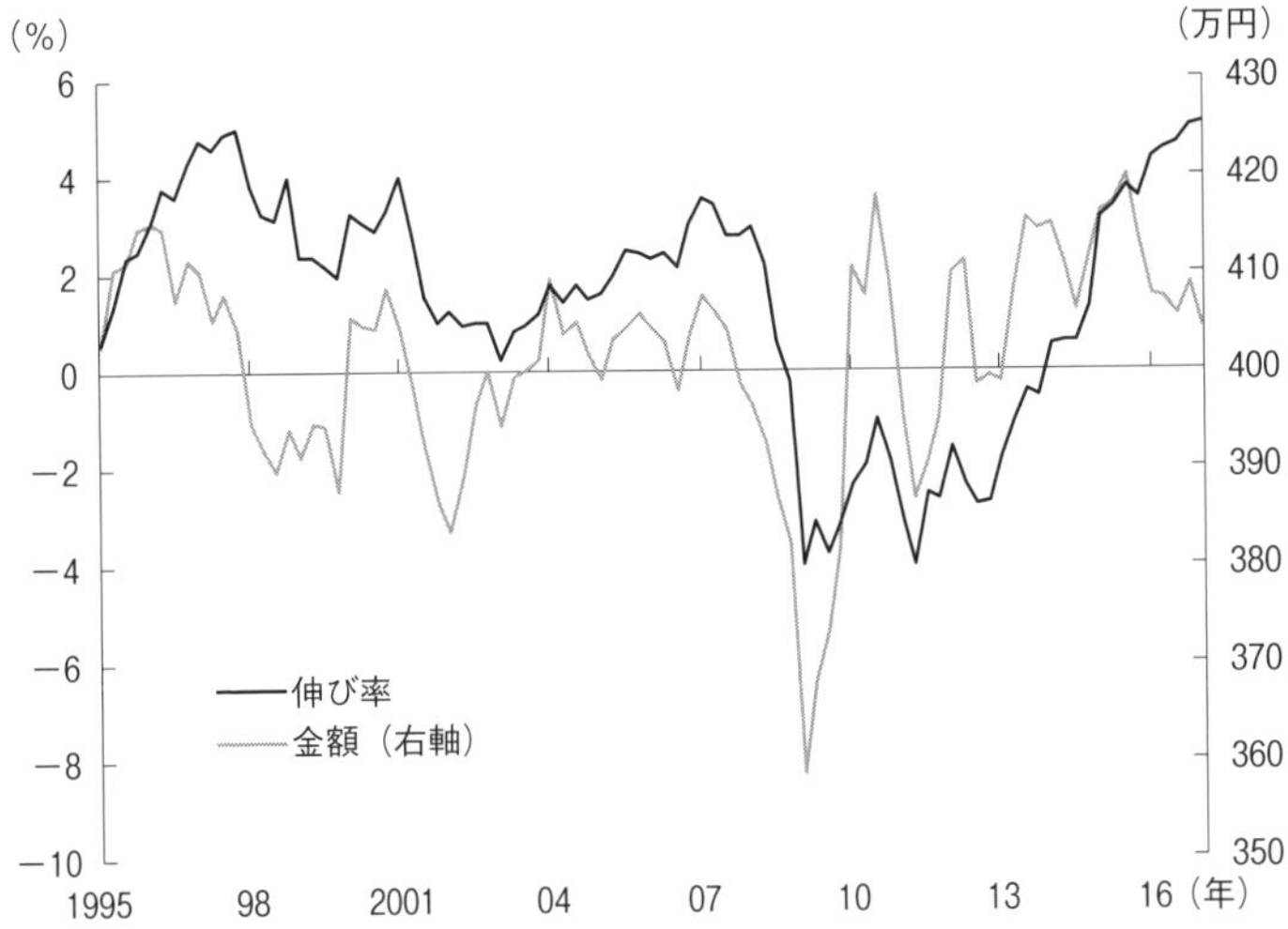

出所：内閣府、総務省

ころです。実際のデータでみると、日本の人口がピークをつけたのが二〇〇八年、そして減少トレンドが始まったのは二〇一一年です。しかし、図表2－2で確認できるように、一人当り名目GDPは一九九七年にいったんピークをつけていて、少なくとも二〇一二年頃まで減少傾向にありました。ようやく足元になって最大値を更新する動きになっています。その足元の人口減少率はたかだか〇・二%前後であって、そもそもこの程度の小幅のマイナスを相殺できない経済の弱さこそが問題だといえましょう。

人口変動は生物学的な条件や要求にも依存した複雑な過程であり、筆者らの扱える領域ではありませんが、社会経済的

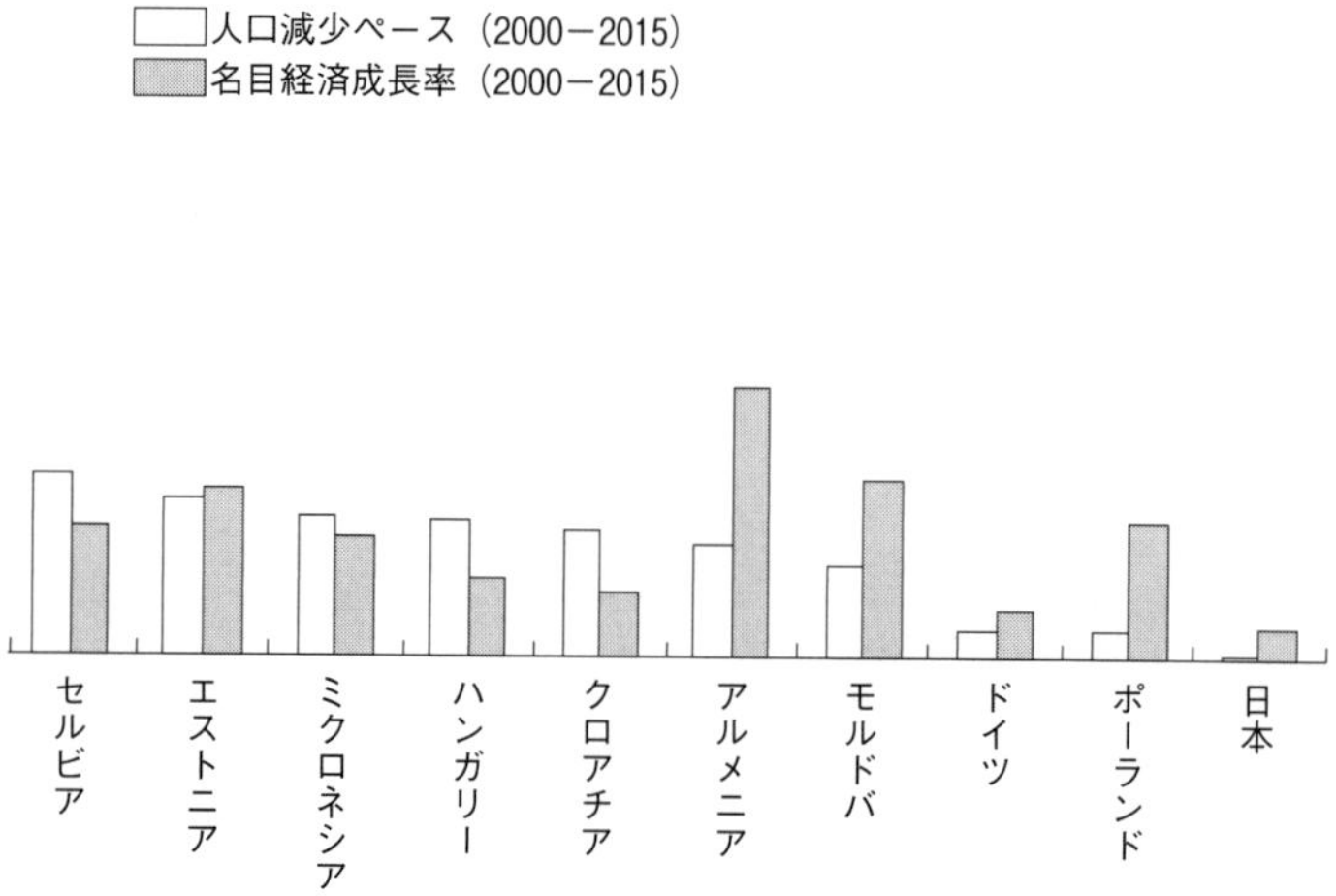

な条件によってもおおいに影響されるはずです。先に少し触れたように、デフレ状況の経済では出生率に追加的な下押し圧力がかかると思われますし、海外からの移住者も増えにくい環境と考えられます。国内人口が減っていくことに対して歯止めをかけるためにも、経済政策によって働きかけをする余地があるのではないでしょうか。

日本では成長や拡大はもう望めない、人口が減るのだから望まなくてもいいという諦めムードが一部に広がっています。経済学者やエコノミストにもそうした意見を

図表2－3　人口減少率と経済成長率の各国比較（15年間）

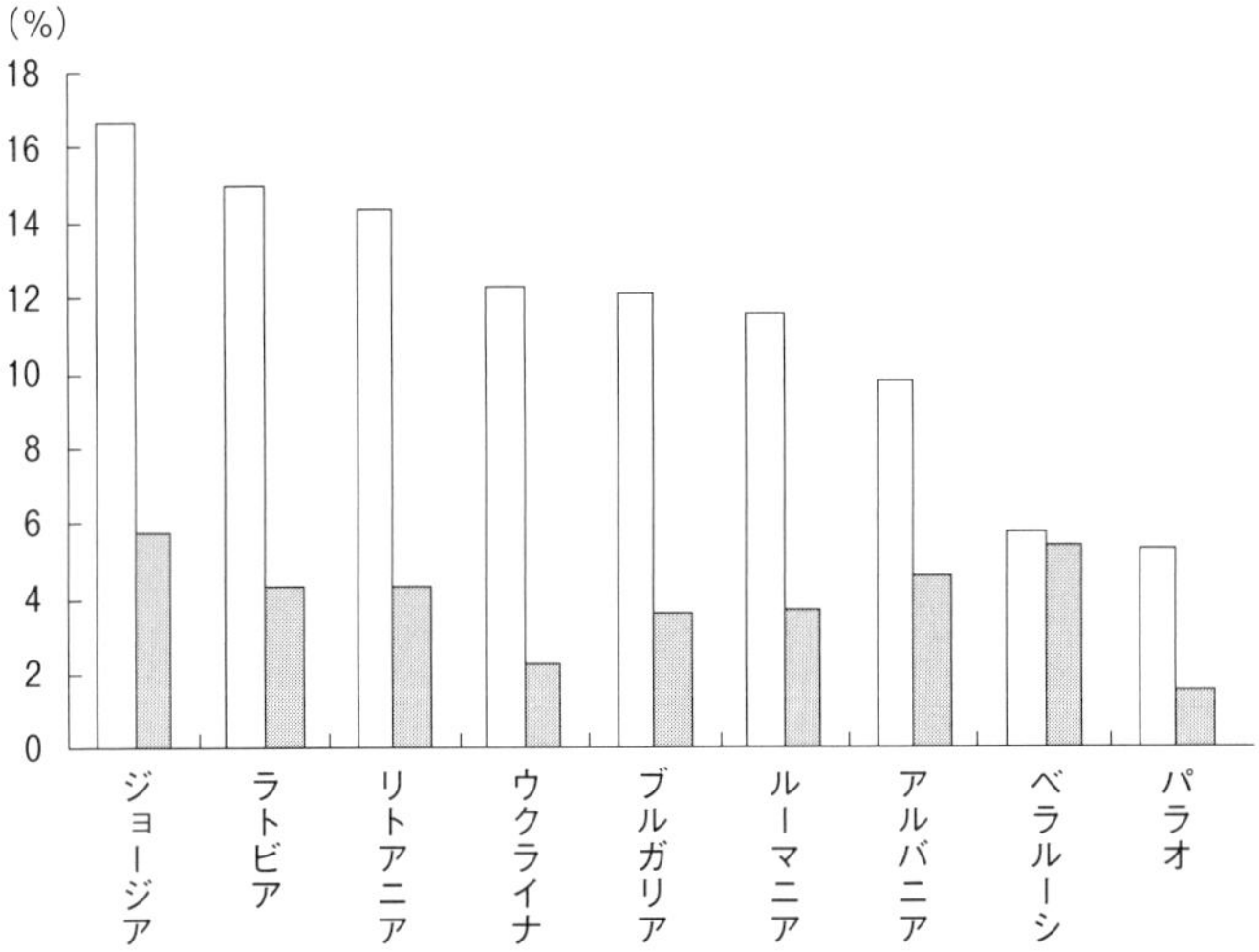

出所：三橋貴明氏の『生産性向上だけを考えれば日本経済は大復活する シンギュラリティの時代へ』で指摘されている点を参考に、IMFのデータを使って筆者らが作成

いう人がいますが、筆者らは成長がないことがもたらす将来の帰結を適切に考えていないのではないかという感を禁じえません。「景気を改善させるべくさまざまな対策をずっととってきてこの状態なのだから、もう無理だ」という見方に対しては、「改善」とはどの程度なのかと聞きましょう。たしかに実質三％、名目五％の成長は望んでもおそらく実現しません。しかし、「さまざまな対策をずっととってきた」という言い分に対しては、最優先課題を明確にし、本当に矛盾なく一貫して、粘り強くそれを目指してきたのかと問い

ましょう。

逆に、「成長はできる」「成長否定論はダメ」という主張には説得力があります。たとえば、三橋貴明氏は『生産性向上だけを考えれば日本経済は大復活する　シンギュラリティの時代へ』（彩図社、二〇一七年五月）において、「日本は経済成長しない」「日本は経済成長する必要がない」とする論者に反論し、三つのポイントを指摘しています。一点目は、「自分は過去の経済成長の恵みを受けているにも関わらず成長を否定するのはいかがなものか」というシンプルな批判です。二点目は、「GDPこそ税収の源泉であることを理解していない」という点です。これは、筆者らがまさに本書でこれから論じていく重要なポイントです。そして三点目として、実は「現在の日本は経済成長の絶好の機会を迎えている」と主張しています。データに基づいて、人口が減少しても経済成長を続けている国が多いというのは興味深い指摘です（図表2－3）。

三橋氏によると、「継続的な経済成長は、総需要が供給能力を上回るインフレ・ギャップ期に、ギャップを埋めるための生産性向上を目的とした投資が起きた場合にのみ発生する」と考えられます。日本は少子高齢化で人手不足が徐々に深刻化していく見通しで、しかも国内貯蓄がまだ潤沢であるからこそ、効率化と省力化を目指した設備・機器・システムなどの「生産性向上のための投資の絶好の機会」となります。投資により企業収益は増大し、実質賃金も上昇し、生産性向上により経済成長率を高めることができるということでしょう。ロボティクス・AI・

ＩｏＴなどの産業の大きな変化も追い風です。生産性については第一〇章であらためて検討しますが、筆者らはマクロ経済政策の考え方を正しく整理し直し、デフレからの完全な脱却というねらいを定めて適切に実施していけば、現実的な望ましいレベルへの改善が十分に達成できると考えています。

で、アベノミクスはどう評価できる？

以上のような筆者らの判断軸に基づくと、二〇一二年末から始まったアベノミクス（注2－4）はどう評価されるでしょう。アベノミクスに対しては厳しい批判から強いサポートまでありますが、とにかくデフレ脱却を最優先に目指すという方向性はとても正しいという認識になります。ウィキペディアによれば、アベノミクスのなかで策定されているインフレ目標は、「〝デフレこそ諸悪の根源〟と考える総選挙前の安倍自民党総裁によりアベノミクスの第一の矢として採用された」ものであり、その基本的な考え方は筆者らと同じです。早い段階で示された「大胆な金融緩和」「機動的な財政政策」「民間投資を喚起する成長戦略」という三本の矢は、デフレ脱却のために打たれる政策として適切な考え方に基づいています。

（注2－4）　もともとは第一次安倍内閣（二〇〇六年九月二六日から二〇〇七年八月二七日）での経済政策に対して命名されたということだが、本書においては第二次安倍内閣以降（二〇一二年一二月二六日から）の経済政策を指す。安倍内閣の経済政策は第一次の時と第二次以降との間で基本的なスタンスが大きく異なり、「デフレは諸悪の根源」という考え方は第一次の退陣以後に会得したものだと思われ、第二次以降でのみ表現されている。

第二次安倍内閣以前の政権においても、経済政策としてデフレ脱却を目指すという言葉が使われてきました。しかし、「デフレこそ諸悪の根源」というほどの強い姿勢ではなく、政策の実施においてもデフレ脱却に向けて総動員をかけるという一貫した粘り強さはなかったといえます。さらに問題だったのは、小泉政権（二〇〇一年四月二六日から二〇〇六年九月二六日）を引き継いだ第一次安倍内閣から民主党（当時）野田政権（二〇一二年一二月二六日）までの六年三カ月の間に六人の首相が入れ替わり、最も長かった野田首相も在任期間はたった一年三カ月二四日という短さでした。これでは一貫した政策を粘り強く続けることはできません。もっとも、第二次安倍内閣誕生前の民主党政権時代は期待外れの頼りない政策運営と酷評される状況となり、それも多少は安倍政権の長期化を支えている要因でしょう。いずれにしても一九九〇年代半ば以降の日本のデフレ環境において、デフレからの脱却を最優先課題に掲げた政策を継続している政権は初めてといってさしつかえないのです。

ウィキペディアでは、「アベノミクスの「第一の矢」と「第二の矢」は、世界では標準的なマクロ経済政策である」という指摘もなされています（注2－5）。ただ、筆者らは安倍政権下での経済政策は「世界では標準的」という言い方も実はいま一つできないと感じてきました。第二の矢（機動的な財政政策）は、財政政策による積極介入を支持した「ケインズ経済学派」が長らく脇へ追いやられてきたことからもわかるとおり、世界的にみても現代の主流派経済学者たちの支持するところではないと思います。リーマン・ブラザーズ破綻をきっかけに引き起こされた経済危機の後、ようやく二〇一五年頃になって少しずつ財政政策が見直され始めましたが、依然として〝標準的〟と呼べる状況になったとまではいえません。

（注2－5）高橋洋一「有害な論説を撒き散らかしているデフレ派「しばき上げ・清算論者」たち」（連載：「日本」の解き方、ZAKZAK二〇一四年一二月二五日）。

現代の主流派経済学は、経済は市場に任せればすぐに均衡へ向かうので政府が介入すべきでないという新古典派系の考え方と、市場はすぐに均衡に向かうとは限らないので政府の介入も多少は必要になるというニューケインジアン系の考え方のどちらか、またはその融合によって落としどころを探っているイメージといえましょう。ただ、いずれにしてもケインズ経済学的な介入主義への批判が広がっていて、主流派の経済学者たちはとりわけ財政政策に否定的です。先に登場したポール・クルーグマン教授はニューケインジアン派に属する論客で、財政支出の重要性を説いています。メディアでの存在感は大きいですが、主流派に含まれているとはいえないかもしれません。本人も主流派を批判するという内容のコメントを出しています。

アベノミクスの評価について、先に「方向性はとても正しい」という表現にとどめました。過去の政権の失望続きの政策とは比較にならないほどポジティブに評価すべき内容といえますが、筆者らの判断軸は「矛盾なく一貫して、粘り強くデフレからの完全なる脱却を最優先に目指している」かどうかであり、安倍政権のやっていることをみると、そこまで行っていないという事実も否定しません。「矛盾なく一貫して粘り強く」という点において、不十分だと考えるからです。第二の矢の使い方に自制感が強く残り、強い矢が放たれていない結果、第一の矢に依存する状況になってしまいました。もちろん財政健全化に配慮しているからにほかなりませんが、筆者らからみると、考え方や前提の違いが財政の適切な使い方を妨げているように思われます。

第二章

日本の財政問題は「問題」なのか

この章のまとめ

・日本経済に関する分析や議論において、財政破綻の可能性は避けて通れない話題になっていますが、意外にも事実関係が正しく理解されていないようです。
・たとえば、日本の歳出は国際比較で決して大きくなく、削減が当然のようにいわれるほど放漫財政が続いてきたわけではありません。財政赤字の原因は、収入が異常に少ないことに求めるべきであり、収入が増えないのは名目GDPが増えていないせいだといえます。
・政府の債務を企業や家計の債務と同等にとらえることは不適切であり、金利が高くて経済活動を阻害するような状況でなければ、政府債務の返済（ましてや完済）を最優先課題にとらえる必要はありません。

日本の財政悪化は放漫財政の結果なのか

次に、日本の財政事情に焦点を当ててみましょう。デフレからの脱却を目指すために景気対策を検討したり、日本の先行きについて議論したりするときに、必ず財政の問題が俎上にのります。財政問題は主に長期金利の動向を通じて、金融市場の見極めにもかかわってきます。日本の財政に関しては、公的部門の債務残高が対GDP比で約二二〇％に及ぶ（二〇一五年、OECD統計による）という事実が必ず指摘されます。そして、「こんな借金は返せるはずがない」「ということは、いつか金利が暴騰する」「ギリシャのようになる」「日本は破綻する」「資本逃避が起きて、円は暴落する」「国内の預金は封鎖される」といった危機的な展望が喧伝され、そう聞かされると多くの人々は不安に感じます。

ところが、金利暴騰説が長い間まことしやかに主張されながらも、実際には上昇するどころか低下傾向が残り、マイナス領域に入るくらい低位安定が続いています。ギリシャのようになる気配はないですし、円も暴落せず、強い国際的な信認が維持されたままです。なぜ、そのような状況が続いているのでしょう。前述した危機的な展望は実現しないのでしょうか。あるいは、やはりすぐそこに迫っていて実現前夜ともいえる大変な事態なのでしょうか。これを適切に考えるには、当然ながら日本の財政事情について客観的なデータをみながら比較分析する必要がありります。それによって、事実関係が意外にも正しく理解されていないことが浮き彫りになるはずです。

まず、日本政府の負債（公的部門の債務残高）をみてみます。よく言及される数字ですが、OECDのデータによると、日本政府の負債は二〇一五年時点の対GDP比で二二〇％と、二位

図表3－1　主な国の一般政府債務残高対GDP比の推移

（単位：％）

	1980	90	2000	05	10	15
日本	50.0	66.3	132.3	156.7	181.4	219.3
オーストラリア	N/A	16.4	27.1	21.9	30.3	44.2
カナダ	45.3	74.5	84.7	75.8	86.3	98.4
フランス	20.8	35.4	71.9	81.7	96.9	121.1
ドイツ	N/A	N/A	59.5	70.2	84.6	79.3
ギリシャ	22.5	73.2	113.2	113.9	127.3	183.9
イタリア	N/A	98.6	118.8	118.9	126.2	159.6
英国	42.8	28.8	48.8	51.1	89.3	112.7
米国	N/A	N/A	52.8	65.1	95.4	105.4
OECD	N/A	N/A	69.2	76.9	96.6	112.2

出所：OECD Global Economic Outlook（2017年6月）

のギリシャ一八四％を大きく引き離し世界ダントトップになっています（図表3－1）。

これは毎年の収支で大幅な赤字が続いた結果です。当然ながら収支とは収入と支出の差ですが、政府部門では主に税収を中心とする歳入とGDPの内訳として出てくる公共投資や政府消費を合わせた歳出（＝公的部門の支出のことで、特に会計年度という期間で区切った値）の帳尻ということになります。

では、収支が悪いのは、歳入と歳出のどちらに問題があるのでしょうか。日本の国家予算が議論される際、必ずといっていいほど「予算を削る、切り詰める」といった、歳出をコントロールしなければならないという主張が前面に出てきます。日本の歳出は放漫財政というレッテルでも貼りたくなるようなイ

図表３－２　主な国の歳出対GDP比

（単位：％）

	1980	90	2000	05	10	15
日本	32.9	30.8	37.5	35.1	39.3	39.0
オーストラリア	N/A	33.4	34.6	33.7	36.6	35.8
カナダ	41.1	48.3	40.7	38.6	43.2	40.3
フランス	46.1	49.6	51.1	52.9	56.5	57.0
ドイツ	N/A	N/A	44.7	46.3	47.4	44.0
ギリシャ	N/A	N/A	46.3	45.5	52.4	54.3
イタリア	40.1	52.0	45.4	47.1	49.9	50.5
英国	42.1	36.7	35.9	41.7	48.3	43.0
米国	35.3	37.4	33.9	36.6	43.2	37.9
OECD	39.2	39.9	38.5	39.1	43.8	40.9

出所：OECD

メージで語られるわけですが、はたしてそういう推移をたどってきたのでしょうか。図表３－２は、ＯＥＣＤのデータが示す一般政府部門（注３－１）の支出合計額（歳出）を対ＧＤＰ比で表しています。

（注３－１）国民所得計算において国全体の経済活動の状況をみる場合に用いられる制度部門別分類の一つで、国・地方・国の社会保障基金などを含めた公的部門を指す。

さらにそのなかで、より具体的に、たとえば、日本の歳出をドイツと比較してみましょう。ドイツといえば、ギリシャを発端としたユーロ危機やＧ７での政策議論からも浮かび上がったとおり、財布の紐を緩めない財政コントロールが非常に効いた国という印象が強

図表３－３　一般政府部門の支出、対GDP比

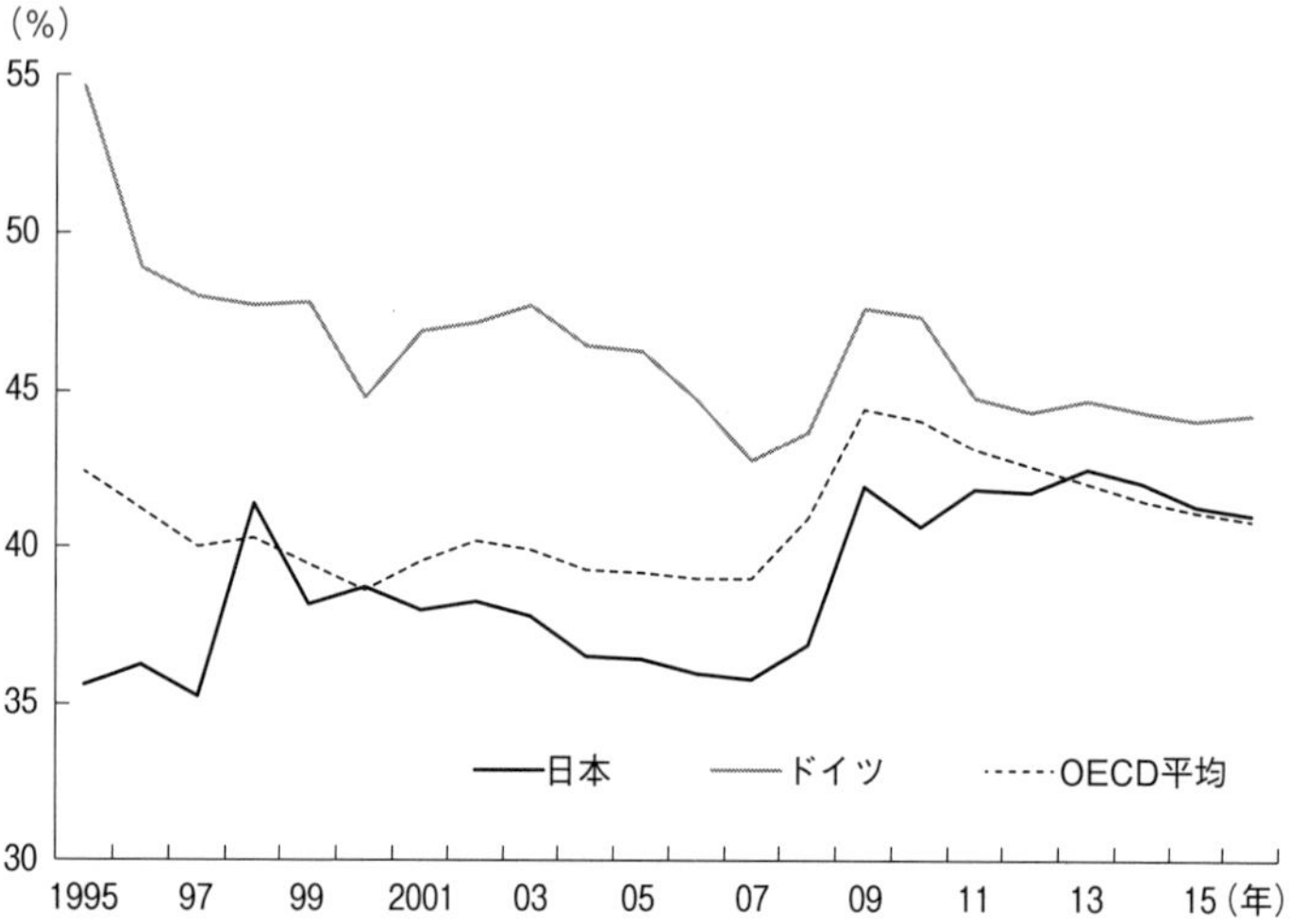

出所：OECD

いのではないでしょうか。また、ドイツは欧州内で相対的に高齢化が進んでいる国であり、人口も減り始めています。そうした意味で、日本と似通った状況なので比較の対象として好都合です。

すると、図表３－３が示すように、日本の値は財政コントロールが非常に効いているはずのドイツの値よりずっと低い水準で推移しています。ＯＥＣＤ全体の平均と比較しても、過去三年ほどを除けば、やはり日本では平均よりも支出が抑制され続けてきたといえます。

同じ基準で比較するために対ＧＤＰ比をみましたが、支出額そのものの推移をみれば、より際立った結論が導き出せるでしょう。図表３－４は、日本とドイツ

図表３－４　一般政府部門の支出、金額

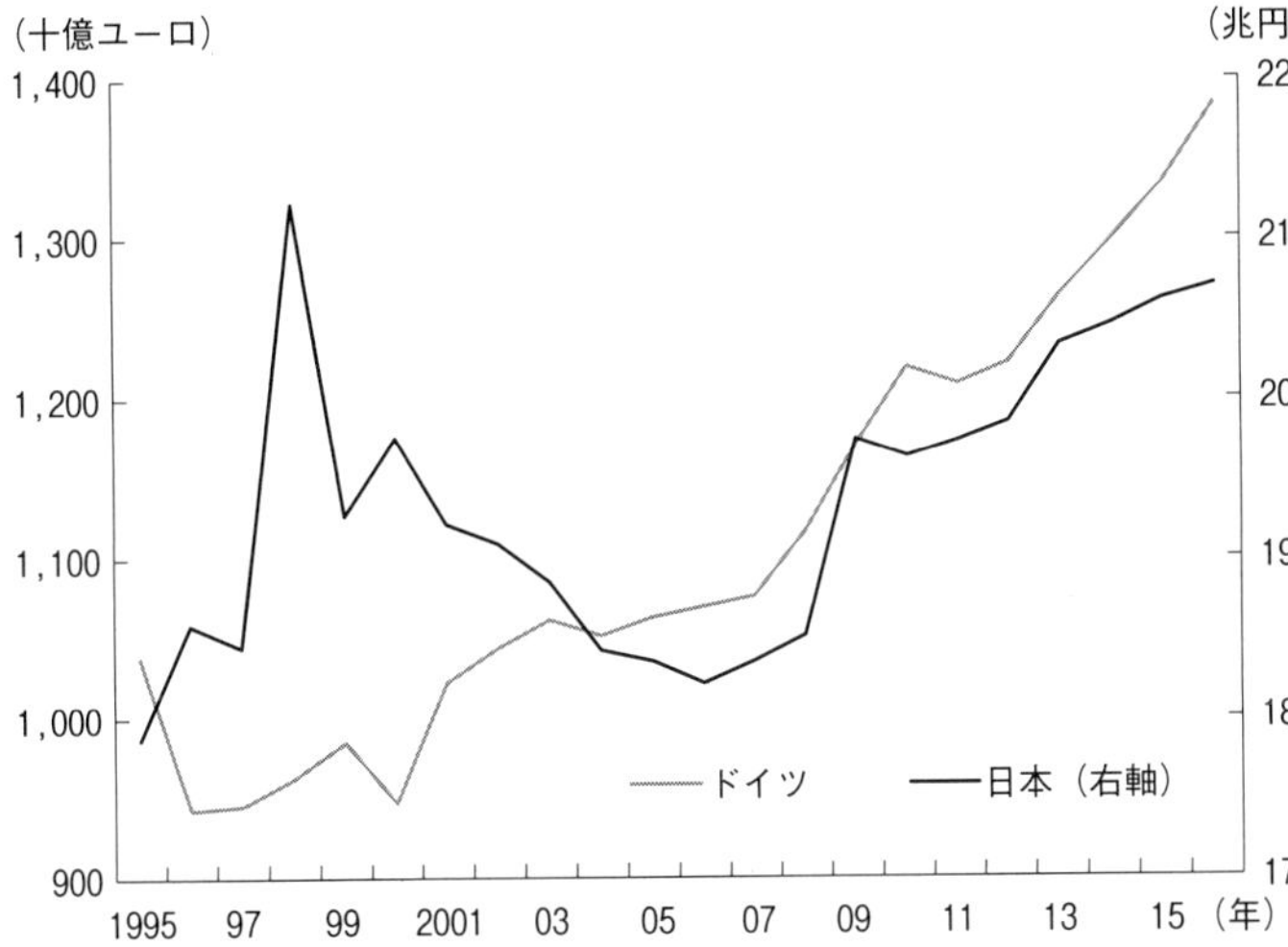

出所：OECD

の一般政府部門の支出合計の対ＧＤＰ比の値をそれぞれの国の名目ＧＤＰ金額で掛け直し、一般政府部門の支出合計を金額として表現したものです。

「財政支出のコントロールが効いている」印象のドイツは、実は持続的な右肩上がりの推移です。一方の日本はＵ字型になっていて、直近の値は図示された期間中の最大値となっている一九九八年の水準よりまだ低い位置にあります。この一九九八年は、当時の小渕政権が経済再生内閣として需要不足を断つために過去最大の景気対策を実施したため、一般政府部門の支出の対ＧＤＰ比は前後の期間のなかで突出した高さになっています。

そのピーク時においても、日本の値はド

イツと比べればはるかに低水準で、ＯＥＣＤ平均を若干上回る程度にすぎません。その前年である一九九七年はＯＥＣＤ平均を約五％ポイントも下回っていました。足元でＵ字を形成しているのも、リーマン・ブラザーズ破綻後の金融危機に対応するための世界的な動きのなかで二〇〇九年に一気に支出が拡大したためであり、日本独自の判断とは言いがたいでしょう。二〇一三年になり、アベノミクスのもとでようやく緩やかな右肩上がりになりつつあるように見受けられます。

これらのデータが示す事実をもって、日本は歳出をどんどん削減すべき国だといえるでしょうか。歳出をどんどん削減するというのは世界的に異例で、むしろ正常ではないのです。

歳出側の推移が異常でないとすれば、収支悪化の原因は歳入側にあるということになります。同じくＯＥＣＤのデータで一般政府部門の収入合計額（歳入）をみてみましょう。対ＧＤＰで示すと、こちらはドイツとの比較ではもちろん、ＯＥＣＤ平均と比べても、日本は相当に低い水準だということがわかります（図表3－5、3－6）。過去五年の平均で、日本はＯＥＣＤ三一カ国中、下から五番目、一九九八年以降の平均では下から三番目に位置しています。つまり、収支の帳尻は、歳出が決して多いとはいえない状況ながら、歳入が少な過ぎるために合っていないのだと理解されます。

日本の財政に関する資料に必ずといって良いほど登場する「ワニの口」と呼ばれる絵がありま

図表３－５　主な国の歳入対GDP比

（単位：％）

	1980	90	2000	05	10	15
日本	28.2	33.0	30.2	30.7	30.1	35.4
オーストラリア	N/A	33.1	36.1	35.9	32.0	34.3
カナダ	36.9	42.3	43.3	40.2	38.4	39.1
フランス	45.7	47.2	49.8	49.8	49.7	53.4
ドイツ	N/A	N/A	45.6	42.8	43.1	44.7
ギリシャ	N/A	N/A	42.3	39.3	41.2	48.4
イタリア	33.4	40.9	44.1	43.0	45.7	47.8
英国	38.5	34.6	37.0	38.3	38.7	38.7
米国	31.2	32.4	34.7	32.4	31.0	33.5
OECD	35.0	36.5	38.1	36.3	35.8	38.0

出所：OECD

図表３－６　一般政府部門の収入、対GDP比

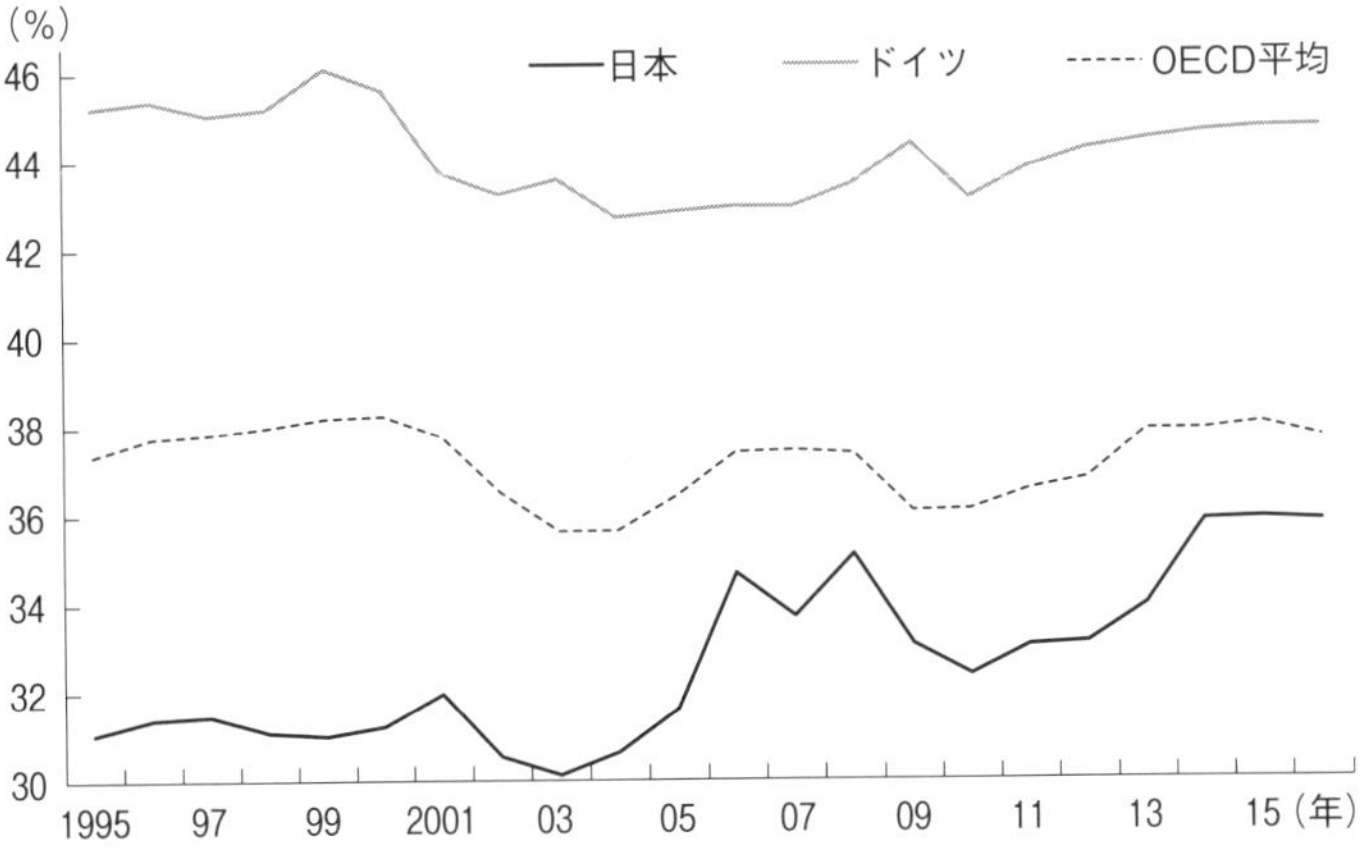

出所：OECD

図表3－7　一般政府の歳入と歳出の推移（通称“ワニの口”）

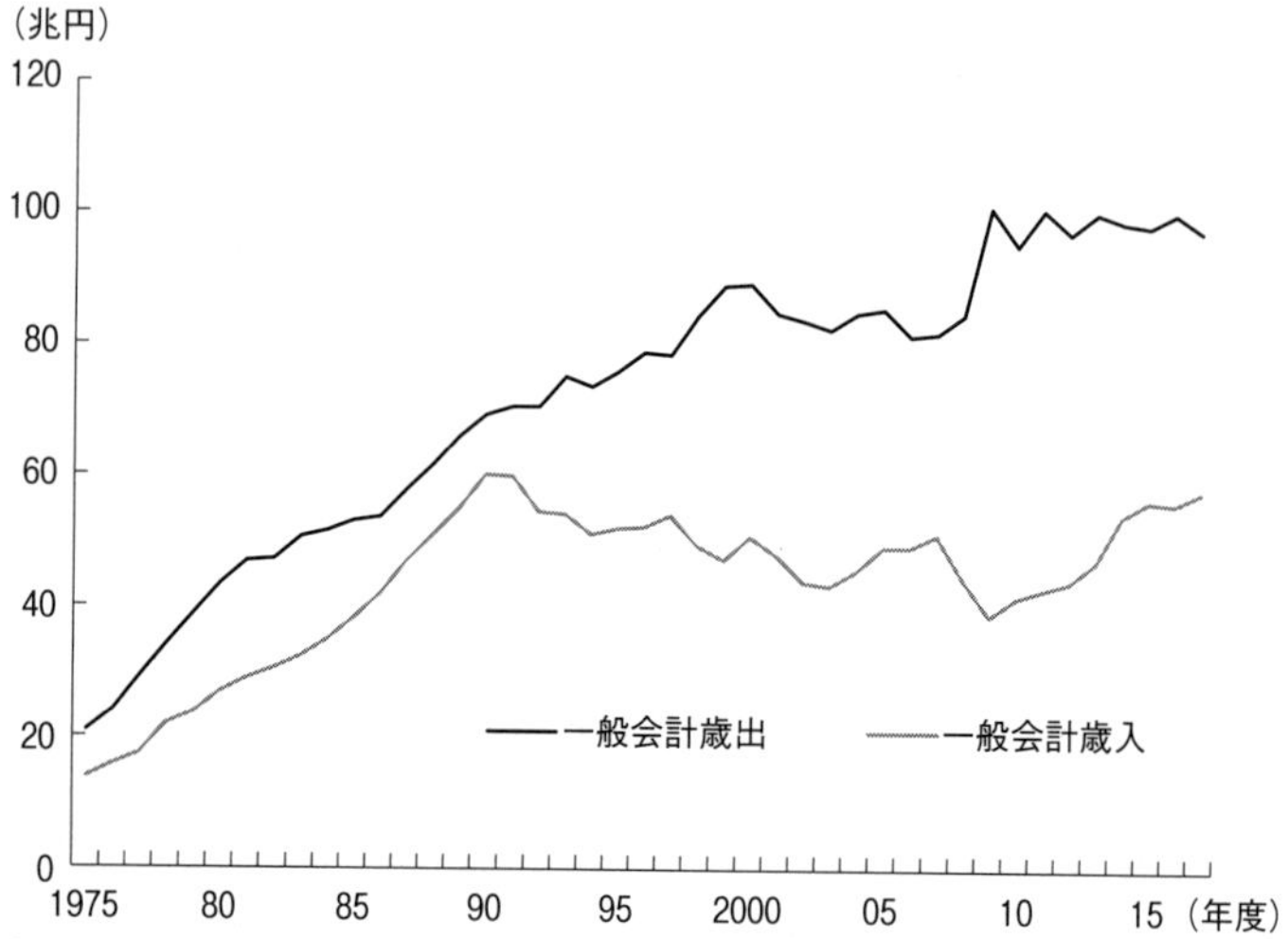

出所：財務省「我が国の財政事情」

す（図表3－7）。この図をみて、なぜ歳出側ばかりに議論が偏るのか不思議です。先進各国の政府債務残高の対GDP比が日本ほど高水準になっていないのは、歳出を増やさないからではありません。ドイツに限らず、歳出は右肩上がりが自然なのです。動物の口は、上顎が支点となって下顎が稼働する（＝下がる）ことで開きますが（注3－2）、財政赤字もこれと同じです。日本の財政赤字を解消するためには、歳入側に焦点を当てることが適切と思われます。

（注3－2）　ワニは下顎を下げて口を開閉しているようにはみえないかもしれないが、実際にはやはり上顎を支点とし、下顎を稼働させるか

たちで口を開けているとのこと。口の下側が地面などについていることが多いため、上顎を動かしているようにみえるにすぎない。ただし、ワニは咀嚼せず、食い千切って飲み込むだけだが。

では、なぜ日本の公的部門は歳入が非常に少ないのでしょうか。そもそも日本では税金や社会保険料など国民の義務的な支払の負担が低いという指摘もあります。この高低を測る際、一般的に国民全体の租税負担と社会保障負担の合計を国民所得で割った「国民負担率」というデータが使われます。この率が国際的に比較して低いという主張があるわけです。

これに関しては第七章の社会保障支出に関する議論でカバーしますが、この高低自体はいわば社会選択であり、便益は低くてかまわないから負担も低いほうが良いというのも一つの考え方ですし（英米的な自立を求める社会）、負担を高くして助け合うかたちで便益を手厚く用意するというのも別の選択で（欧州大陸に多い社会民主主義的な社会）、どちらが良いかは一概にいえないことでしょう。

ただし、そうした社会選択とは関係なく、日本の歳入が異常に少ない理由があると思います。それは、「ワニの口」が開いて問題となり始めたタイミングをみれば浮かび上がります。財務省の資料にもあるように、一九九二年頃から口が開き出しました。つまり、税収が減り始めたのです。一九九二年といえば、バブルが崩壊して景気の落ち込みが本格化した時期と重なります。景気の落ち込みによる企業収益の大幅な落ち込みや雇用状況の悪化による個人所得の減少、消費の停滞などが広がったことで税収も増えなくなったということでしょう。そして、追加的な要因として、停滞する景気を少しでも刺激するためにさまざまな減税も実施されました。赤字企業が増えたり、課税対象の最低所得に満たない個人が増えたりして課税ベースが縮小したことも影響したと思われます。

「デフレは諸悪の根源」（図表2－1）でみたように、名目ＧＤＰが拡大しないような低調な景気情勢が続けば、当然ながら税収は増えなくなるのです。負担と便益の水準を社会的に選択する以前の問題として、デフレ的な低迷した経済状態では歳入が増えて持続的に財政収支が改善するような環境にならないといえます。

政府が支出を増やすとマクロ経済はどうなるのか

いろいろと工夫して歳入を増やそうとしても、税率をどんどん上げたり、課税対象をどんどん拡大したりするわけにもいかないから、歳出を少ない歳入にあわせるより仕方ない。だから、やはり歳出を削るべきという意見が正当に思われるかもしれません。公的部門の支出は、基本的に国民が支払う税金等によってまかなわれるため、公共サービスからの便益を大きくするには国民負担が大きくなるという対応関係が必然的に生じ、歳出を増やすためには「財源」を手当しなければならないという発想から逃れられません。

しかし、財源は必ずしもすでに確保されている収入である必要はなく、家計や企業と同じように「調達する」ことも可能です。その際、政府の借入残高（＝債務）はすでに巨額だから、国債などの公共債を発行することによって金融市場から資金を調達するのは「将来世代にツケを残す」ことになり、望ましくないという見方が示されます。それで、歳出を削るしか道はないのだと結論づけられるわけです。たしかに税収を増やす努力はすべきですし、無駄な支出は削るべきというのもそのとおりでしょう。しかし、波及効果やフィードバック効果などを考慮したマクロでみた場合、歳出の削減は財政収支にどのような影響を与えるでしょうか。

筆者らは、現状の日本経済からマクロ的に判断して（この「現状の」という条件は非常に大切です）、歳出総額の削減は財政収支の持続的な改善につながらないと考えます。支出を削減することは、一方で所得の削減になるからです。当然ながら、逆もまたしかり。実はこの点こそ、第一章の「準備体操」で皆さんに考えていただいたことが直接的に関係してきます。筆者らは、歳出の増加、つまりGの増加は財政収支の悪化となり、その分だけ経常収支が悪化するという読み方では不十分だと主張しました。なぜそうなのかみてみましょう。

この不十分な見方は、貯蓄投資バランスの恒等式である（S－I）＋（T－G）＝（EX－IM）

をそのままストレートにみて、Gが増えれば（T－G）が減るため、右辺の（EX－IM）も減るという単純な推論です。しかし、もともとGはY＝C＋I＋G＋EX－IMという恒等式の関係下にあります。単にGが増えるだけなら、Yも同じだけ増えているはずです。「いやいや、（EX－IM）が減るんだからYは増えないよ」という方もいらっしゃるでしょう。では、Gを増やすと、なぜ（EX－IM）が減ることになるのでしょうか。

経済学を履修している方なら、「だってマンデルフレミング・モデルによれば、そうなるでしょ」と主張するかもしれません。マンデルフレミング・モデルのポイントはすでに第一章の補遺でおさらいしておきましたが、Gの増加は金利の上昇をもたらしてIが減少するか、または最終的に通貨価値も上昇する（日本の場合は円高になる）ために、インフレ率が下がって金利は上昇しないものの、（EX－IM）が減る方向に作用する、あるいは、その両方などと示されます。いずれにしても、Yは増加しないということになります。

筆者らは、マンデルフレミング・モデルから導き出される「マンデルフレミング効果」、すなわち「資本の移動が自由かつ変動相場制の条件下での財政政策は無効である一方、金融政策は効果を発揮する」という結論に対し、現実をみるという視点からは疑問を持つべきだと考えています。

このモデルでカギとなっているのは、Gの増加による国内の金利上昇圧力です。しかし、日本において一般政府部門の支出が増加に転じた二〇〇九年以降も金利に目立った上昇圧力はかかっていません。円相場も二〇一五年から多少上昇する局面が生じていますが、それまでの数年間は低下傾向でした。もちろん、金融政策が果たした役割も大きいわけですが、事実として金利に上昇圧力がかかったとはいえません。景気循環の影響を排除した日本の構造的財政収支は二〇一四年から先進国中で最も引き締め型になっており（注3―3）、二〇一五年にみられた円高の動きも財政支出の増加が引き起こしたものとは考えられません。

（注3―3）図表8―3を参照。

金利は経済に対してさまざまな影響を及ぼします。仮に、Gの増加が金利の上昇要因とならない場合、やはり第一章で紹介した貯蓄投資バランスの構図はどのようになるでしょうか。

Y＝C＋I＋G＋EX－IMという恒等式において、Gが増えたときに必ずしもIの減少や（EX－IM）の減少とならなければ、Yが増加します。Yが増加するという状況は、Y＝C＋S＋Tという、もう一方の恒等式において、CやSやTの増加を伴うことになるのです。だれかの支出は、別のだれかの所得になるということを忘れてはいけません。どれがどれだけ増えるのかはわかりませんが、Yが増えていれば、所得が増えているわけですから、所得税収が増えている可能性が高く、Cが増えれば消費税の税収が増えることになりますから、これもTを増やす要因になります。

そうすると、Gの増加は（T－G）の悪化ではなく、大きな影響なし、場合によっては財政収支の改善につながる状況も考えられるということです。もちろん、（T－G）が改善しても、民間の投資が拡大して（S－I）が悪化するという展開になり、（EX－IM）はやはり悪化するという可能性もあるでしょう（注3－4）。しかし、単にGの増加分だけ（EX－IM）が悪化するという構図ではないはずです。これがマクロ分析だといえます。このGの増加が（T－G）の改善につながるロジックは、第七章で社会保障支出を例にあらためて検討してみることにします。

（注3－4）貯蓄投資バランスの議論において、（S_H－I_H）、（S_C－I_C）、（T－G）、（EX－IM）の項それぞれのプラス幅が縮小したり、プラスがマイナスに転じたり、マイナス幅が縮小したりすることを便宜上「悪化」というが、これは非常に誤解を招く表現である。「黒字が減る」「赤字になる」「赤字が増える」というと何か悪いことが起こったというイメージが湧くが、マクロの収支においてはまったくそうではない。状況に応じて、そうした変化が経済に悪影響をもたらすこともあれば、むしろ好影響をもたらすこともある。「黒字」「赤字」という言葉の響きに惑わされず、各項目のある方向への動きが経済全体に与える影響が実際のところはどうなのか、適切に「状況」を判断する必要がある。

図表３－８　国債発行残高と長期金利の推移

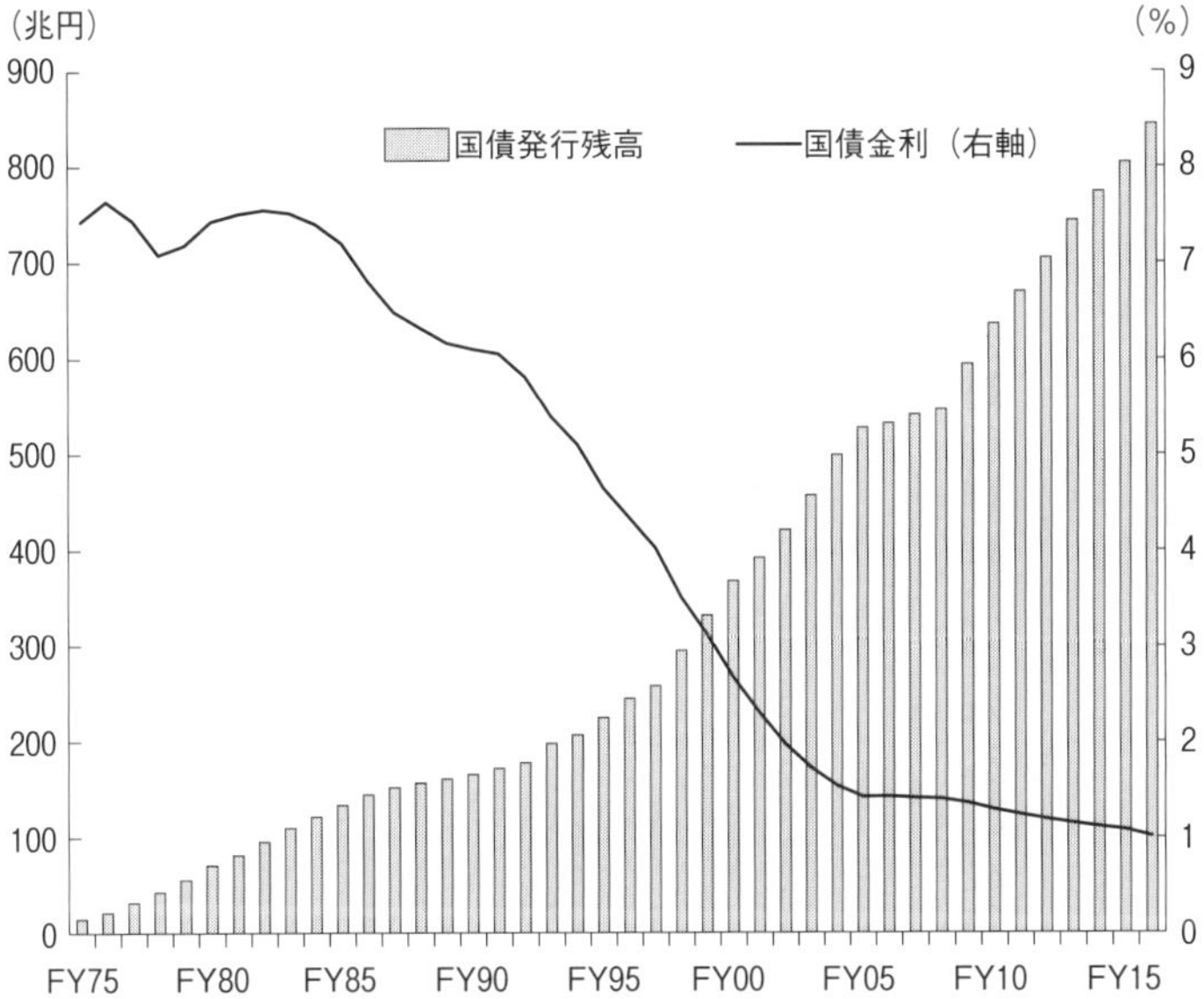

(注)　時系列を長期間で示すため、金利は財務省による決算の数字をもとに計算された値である「普通国債の利率加重平均の各年ごとの推移」を使って示してある。ちなみに、10年国債金利は当然ながらグラフに表示された水準より低く、応募者利回りベースの暦年平均で2012年に１％を割り込み、その年以降2016年まではそれぞれ0.86％、0.721％、0.565％、0.380％、－0.031％と低下傾向だった。

出所：財務省

ただし、繰り返しますが、Gを増やす際に金利が上昇しないことが重要な前提です。前述のように、現状の日本経済はそのような状況だといえます。データを確認してみましょう（図表3－8）。すでにみたように日本は放漫財政ではありませんが、政府債務残高（＝国債発行残高）が大幅に増えているというのも事実です。しかし、実際の金利の動きは、債務残高の増大に伴って上昇したという絵にはまったくなっていないのです。金利は、Gを増やした時にも上昇せず、大きな構図としてはGそのものの動きから独立していたといえます。

しかし、一般的に経済学が導き出す結論はそうなっていません。だから「〝経済学に基づく〟と近いうちに金利が上がる」という見方／懸念が巷に残るのですが、これこそが主流派経済学の理論を、前提の違いを考慮せずに現実に当てはめるために陥ってしまう落とし穴であり、財政に関する誤解を招いているといえます。マンデルフレミング・モデルが想定する、Gが増える時に金利が上昇する環境とはどういう状況なのか、後の章で詳しく検討することにしましょう。

財政のデータを対GDP比でみることの意味

ところで、これまでの考察のなかで、財政の話をする際には歳出や歳入の大きさにしても収支にしても、さらには債務残高にしてもすべて対GDP比でみているという点に気づいたでしょうか。なぜそうするのでしょう。このGDP対比でみるということが、実は非常に重要な意味合いを持っています。

経済が発展するにつれ、人々の経済活動の範囲が広がって規模も大きくなり、所得水準が高まることで提供される財やサービスの質も価格水準も高くなります。こうした状況であれば、政府が提供する公共サービスの幅が広くなり、質や価格水準が高くなるのも当然です。経済が大きければ、それだけ公的部門も大きくなります。大きい政府が良いのか、小さい政府が望ましいのかは社会選択ですが、絶対的なサイズ（価額で表現）としては、公的部門の活動が経済の大きさに比例して大きくなるのは当然の成り行きです。この比例関係が対GDP比という測り方を適切な指標にするわけです。

先にドイツと日本の公的部門の支出の大きさを比較するのに、対GDP比でみました。ドイツの公的部門は、財政支出を非常にしっかりとコントロールしているというイメージがある割に比較的大きいということがわかりました。では、小さい政府を目指す代表とされる米国はどうでしょうか。

同じくOECDのデータによると、米国における財政支出の対GDP比率はやはりOECD平均を少なくとも二から三ポイント下回る水準で低めに推移しています。ところが金額ベースに引き直すと、こちらもほぼ直線的な右肩上がりになっています（図表3－9）。

図表3－9　米国一般政府部門の支出

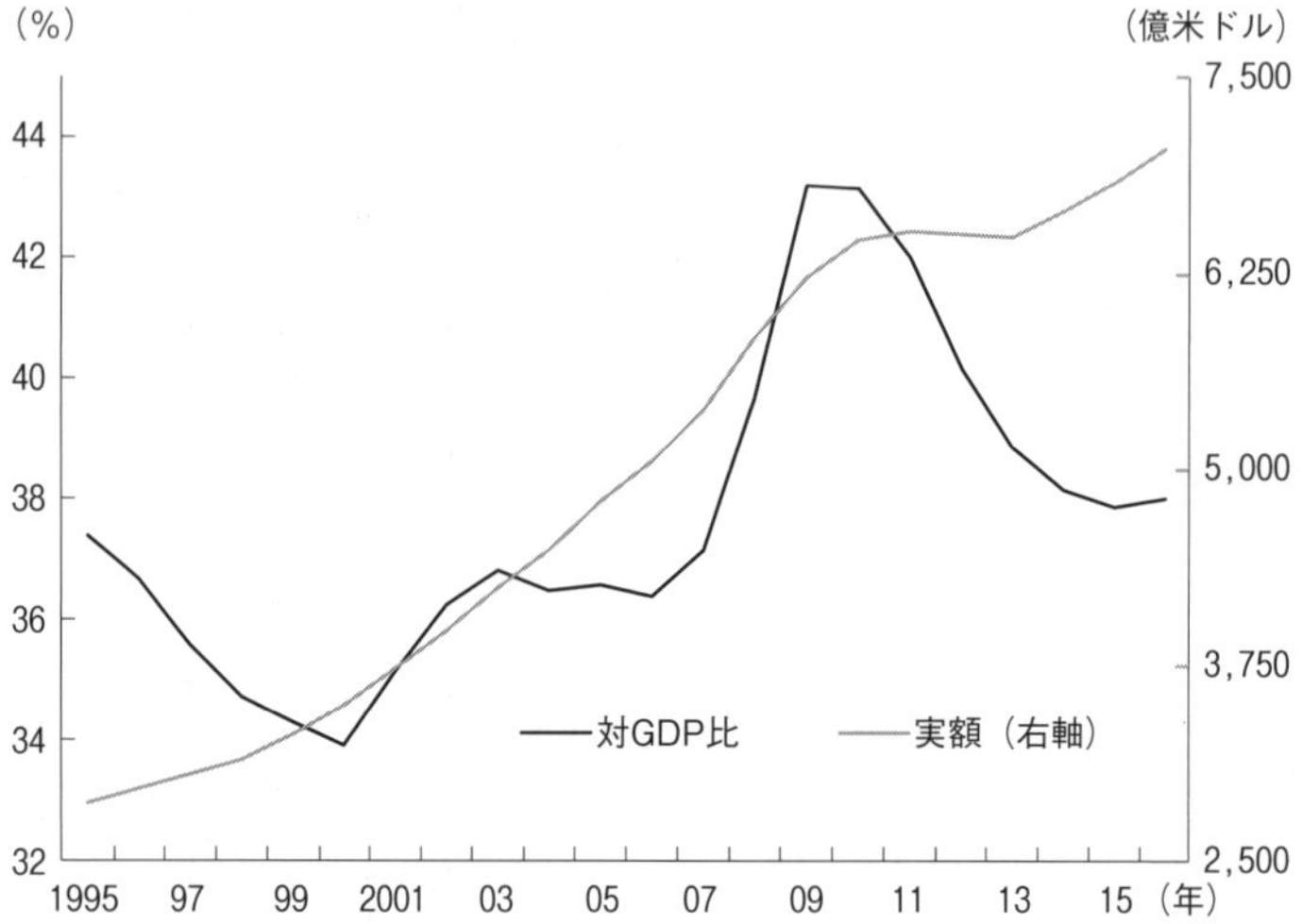

出所：OECD

二〇〇三年から二〇〇六年の比率横ばいの期間も金額は右肩上がりですし、二〇一〇年以降の比率を大幅に引き下げている厳しい財政引き締めの局面でもせいぜい横ばいで、金額が右肩下がりという状況はないのです。つまり、仮に小さい政府を選択し、対GDP比を低い水準に抑えている国であっても、経済が発展して大きくなるにつれて公的部門も大きくなるのは何も間違ったことではない自然なことだといえます。

「経済の大きさに対して比例関係」という際に、経済の大きさを示すのが名目GDPです。第一章で「インフレ経済においては実質値が重要なものさし」という言い方をしましたが、大きさを測る対象となる分子の値は支出金額などの名目値ですから、分母も名目値でないと相対的な大きさを正しく比較できません。したがって、財政にかかわる問題は名目GDPの問題でもあるということになります。米国の一般政府部門の支出が対GDP比で横ばいの時も、低下しているときでさえも絶対金額として減っていないのは、名目GDPが拡大し続けているからです。ドイツは財政支出を厳しくコントロールしているといっても、金額として増えているのは同じく名目GDPが拡大しているからです。

先に経済成長の必要性を説明しましたが、「経済が発展して大きくなるにつれ」というのは名目GDPが増えているという状況だということができます。もっとも、名目GDPの増加がインフレのみによる場合は生活改善の実感が伴わないため、「インフレ経済においては実質値が重要なものさし」という点は繰り返されなければなりません。しかし、それでも名目GDPが増えていない状況は不況か、少なくとも低調な景気が続いている望ましくない環境であり、名目GDPが持続的に増える経済こそノーマル（正常）な目指すべき姿なのです。そして、それにあわせ、公的部門も比例的に大きくなるべきだということになります。

財政関連のデータは対GDP比でみるのが基本ということは、歳出や歳入というフローの話だけではなく、ストックの話にも当然当てはまります。代表的な値は政府債務残高です。ノーマルな経済状態で名目GDPが拡大していれば歳出自体は右肩上がりが自然だということを確認しま

図表３－10　日本公的債務比率

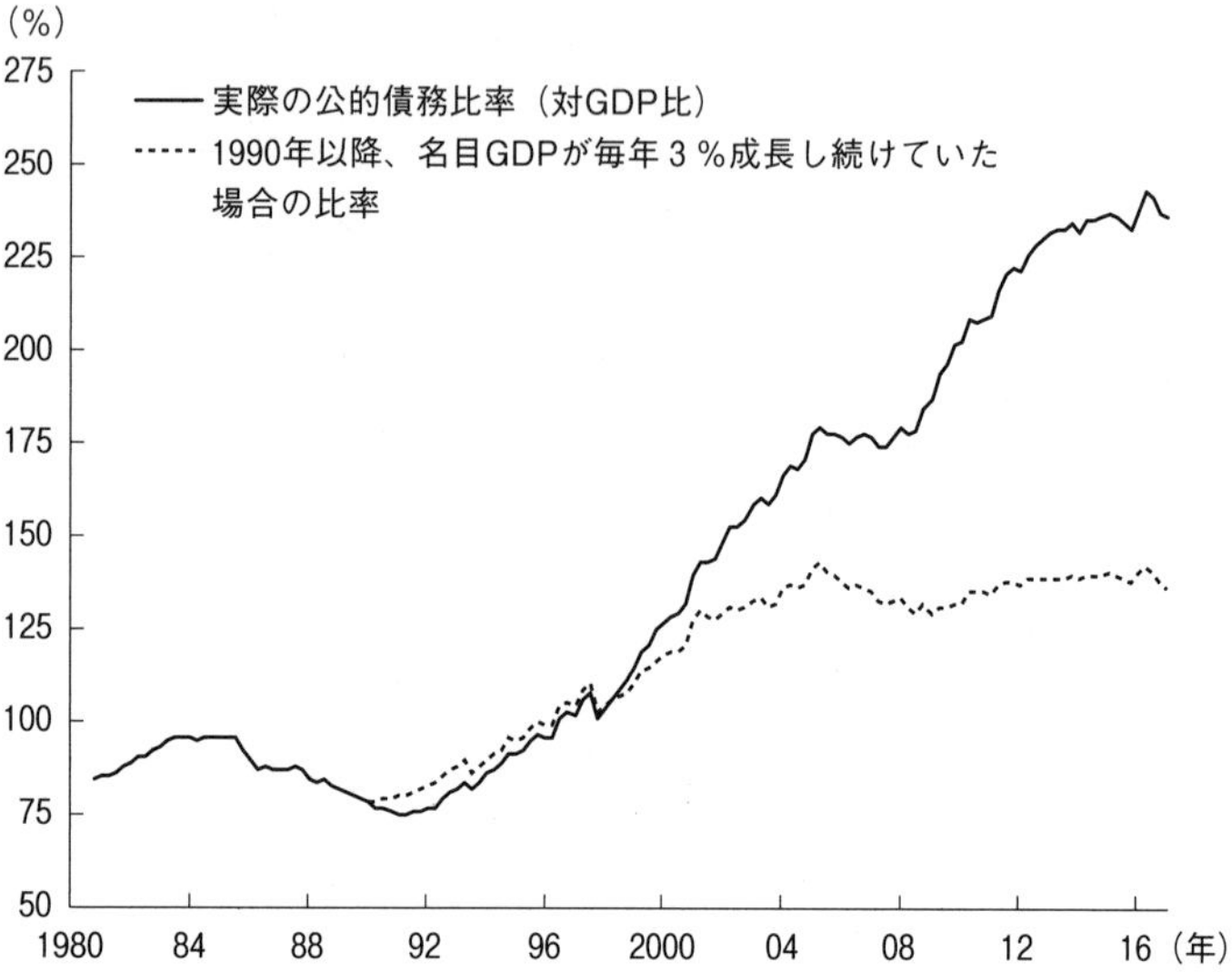

出所：内閣府、日本銀行

したが、同じようなことが債務残高にもいえます。名目ＧＤＰが増えている状況であれば、政府の債務は対ＧＤＰ比で一定であっても金額ベースでは増えるのが普通だということになります。

ある著名なグローバルストラテジストが日本の政府債務問題の本質を端的に示す絵として、図表３－10のようなグラフを書いていました（注３－５）。つまり、債務残高が問題なのではなく、名目ＧＤＰが増えていないことが問題なのだということです。そのとおりでしょう。

（注３－５）Michael Cembalest

"Desperately Seeking Shinzo" *Eye on the Market*, J.P.Morgan Asset Management、二〇一三年三月一八日（Michael Cembalest氏はＪＰモルガン・アセット・マネジメントの市場および投資戦略チェアマンで、機関投資家および個人投資家向け、そしてプライベートバンク部門のビジネスにおいて戦略的な金融市場投資の見識を展開し提供する責任者）。

さらに筆者らは、日本の名目ＧＤＰが一九九〇年以降も毎年三％拡大し続けていたら、政府債務残高対ＧＤＰ比はもっと抑制されていた可能性さえあると考えています。名目ＧＤＰが年三％拡大する景気がまあまあ良好な状態なら、税収も自然に増えていただろうし、無理に景気対策として支出を増やしたり、減税して課税ベースを縮小させたりする必要もないため、歳出・歳入の両面から赤字がもっと小幅になっていても不思議ではないからです。デフレから完全に脱却して名目ＧＤＰの持続的な拡大を実現することこそ、財政健全化の必要条件だといえます。

政府の債務は国の資産!?

経済が発展して大きくなるにつれ、政府債務も増えていくことが自然であるいうことは、政府債務は返済や、ましてや完済が前提にはまったくなっていないということです。誤解のないように付け加えると、貸したほう、つまり国債の購入者にしてみれば、もちろん返済が前提になっていないなどということはありえません。国債は既定の年限で償還され、額面分の現金が貸し手に戻されるのは当然です。当たり前のことですが、デフォルトになることが前提だなどといっているわけではありません。そうではなく、ある時に発行された国債が償還される際、国債残高をその償還される分だけそのまま減らすのが前提ではないという意味です。

別の言い方をすれば、償還される国債は、また別の新たな国債が発行されることによって償還資金が調達され、いわゆるロールオーバー（借換え）されることが想定されているということです。でなければ、国債残高（≒政府債務）の対ＧＤＰ比は減少傾向になります。債務の対ＧＤＰ比が横ばい圏で推移している国に対して財務状況が悪化しているという言い方は通常しないでしょう。つまり、政府債務は返済、ましてや完済を目指して残高をどんどん減らすことを目指さなければならないという考え方をするべきものではないとの前提が、暗黙的ながらも絶対的に存在するといえます。

しかし、この主張には納得されない方が多そうです。日本の財政や国家予算を家計にたとえて、危機的な状況であることを喧伝する例は枚挙に暇がありません。財務省自らがそうした説明をしていますし（注３−６）、そのような説明を否定的にとらえることはどうなのかと思う方が少なくないのではないでしょうか。それでも、この点を正しく理解することは強調し過ぎることがないほど究極的に重要なポイントです。

（注3―6）財務省が公債残高をローン残高にたとえていることに関連して、家計でも資産を保有していて借入残高全額が直接的な返済負担そのものでない場合もあるように、国家も資産を保有しているという事実を無視して「グロス（gross、総額）」と「ネット（net、純量または正味）」の違いを示さないのは不適切だという指摘もある。たしかに日本の公的部門は比較的大きな資産を保有しているため、この点も考慮されなければならないが、公的部門が保有する非金融資産は評価がむずかしい面もあり、どれほど売却可能な資産として負債とネットアウト（帳消しに）できるかについては議論の余地がある。ただし、少なくとも金融資産の保有に関しては、ネットアウトが必要である。それはよく海外で使われる「公的部門による民間部門からの資金調達必要額」であり、市場における本当の資金需給バランスを判断する際のポイントになる。

やはりここでも、家計（あるいは企業）というミクロの視点と国家というマクロの視点の違いを正しく認識する必要があるのです。国の財政や予算を家計簿や個人のお金のやりくりにたとえるのは完全な誤りです。政府は家計とは決定的に違います。それを指摘したブログもいくつか見受けられますが、危機的な状況だと主張するサイトのほうが圧倒的に多いのは非常に困ったものです。国家と家計の明らかな差異は少なくとも三つあるといえましょう。

第一に、家計において収入を超過する支出をまかなうローンは個人向けになされるのであって、その個人が存命中に残高をゼロにして完済することが前提です。有限の生命しかない個人が無限にロールオーバーし続けることはできません。一方、政府は事実上、無限に続くことが前提となっていますから、ロールオーバーして借り続けられるならば返済の期限は必然的にないことになります。第二に、政府には通貨発行権がありますし、徴税権もあります。もちろん通貨発行権や徴税権をうまく行使できるか否かにはインフレ率や経済情勢が絡んできますが、家計の収入とは次元の異なる権限に基づいた収入源があるということです。

そして三つ目として、自己完結するミクロの家計と波及効果やフィードバック効果が働くマクロの政府行動の意味はまったく異なります。家計は個人が収入を増やすよう努力し、支出を削るよう努力すれば、収支を自己完結的に改善させることが可能です。しかし、政府の行動には第一章で解説した合成の誤謬が発生します。経済参加者全員が同じように収支改善のための行動をとると、合成の誤謬で結局のところ収支は改善しないという結果になると想像されるのであり、政府の行動はそれ自体が同様の効果を生じさせます。

すでに、政府支出の増加はだれかの所得増加になるという点を指摘しましたが、債務の場合は、その裏に複式的に存在するのは資産です。つまり、政府の債務はだれかの資産になっているという認識が重要です。当たり前ですが、政府が債務としての国債を発行すれば、購入者は国債という資産の保有者になるわけです。そうすると、政府の債務残高を減らそうとする行動は、国の資産を減らすことになります。

もちろん債務返済は債務を現金に置き換えるだけですから、その時点で資産が減ることにはなりません。しかし、債務返済のために政府が支出を減らしたり、税率を上げたりすれば、実際に資産が減ることにもなりかねないでしょう。政府債務削減の必要性を主張している方々が、この構図をきちんと理解しているか、疑わしいものがあります。

政府が国債を発行して負債を持つということが、国債という資産を形成することになるわけですが、この時に国債の購入者が国債を発行した国の国民であれば、その資産が国内に形成されるという良い経済事象が生じることになります。そもそも現代の不換紙幣を法定通貨とした金融制度は、国の中央銀行が政府の発行した国債を市中から購入することによって成長通貨（注3－7）と呼ばれるマネーを供給し、経済成長をサポートするという構図が根幹にあります。したがって、経済の成長にあわせて成長通貨を供給する源になる国債の発行が増えるのは当然のことです。もっとも、通常の経済状況なら、足元の日本のように中央銀行が国債をほとんど購入するわけではなく、投資家が大半を購入するという姿になるでしょう。

（注3－7）経済成長に伴って経済の規模が拡大した分、経済活動に必要な通貨の量も増える。その増加分のことを成長通貨と呼ぶ。経済成長をスムーズに支えるために、通貨を供給する（マネーサプライを増やす）ことは中央銀行にとって金融政策の基本線となる。日銀はずっと成長通貨の供給という目的をもって、売戻し条件をつけない長期国債の買切りオペレーション（輪

番オペ）を継続的に実施していた。いまは「量的・質的金融緩和」が導入され、成長通貨の供給のための国債買入れという表現をしていないが、金融緩和策としての国債保有残高目標を実現すべく同じように国債の買入れをしている。関連する解説を含む第八章も参照。

60年償還ルールという「日本基準」

「政府債務は返済や、ましてや完済を目指すことが前提にはまったくなっていない」と述べましたが、日本では発行した国債は償還し、家計と同様に国の債務も完済するものという誤解が広がっているように見受けられます。実際、そのような前提に立ったルールが存在します。国債の「60年償還ルール」と呼ばれる制度です。財務省の資料には、「国債の償還を行うに当たって、その償還金には国債整理基金から支払われる現金と借換債の発行による収入金を充てますが、それぞれの割合をどの程度にするかについては、我が国では六〇年で現金償還し終えるという「60年償還ルール」の考え方に基づき決定しています」とあります（注3－8）。

（注3－8）　より具体的には、参議院の資料として財政金融委員会調査室の吉田博光氏による「国債管理政策の根幹を問い直す―60年償還ルールを中心として―」（経済のプリズム第74号、二〇〇九年一二月）という論文があり、そこには以下のように記述されている。「国債管理政策

の最も基本的な部分は債務を減少させるための償還ルールにあり、昭和四三年五月以降、60年償還ルールが確立されてきた。60年償還ルールとは、ある年に発行された国債を六〇年かけて完全償還するというものであり、六〇年は国債の見合資産の平均的な効用発揮期間とされている。具体的には、ある年に六〇〇億円の建設国債一〇年債（六〇年の六分の一の年限）で発行した場合、最初の償還時に一〇〇億円（発行額の六分の一）を一般財源で償還し、五〇〇億円は借換債を発行して調達した資金で償還する。借換債一〇年債として考えるなら、一〇年後も一般財源で一〇〇億円償還し、残る四〇〇億円は借換債を発行し、最終的には、発行から六〇年後六〇〇億円を完全償還するという考え方であり、これを財源面で担保する制度が定率繰入である」。

これは、新規に発行した国債は六〇年（一〇年で六分の一ずつ）で全額償還するということで、実は他国にはまったく似たような例がみられない独自のルールです。つまり、国債の「60年償還ルール」のような制度に基づいて政府債務を「完全に返済する」という考え方を先進国で持っているのは日本だけだということができます。

グローバル・スタンダード（世界標準）では、国内において自国通貨で発行される政府債務は完全に返済することなく、債務残高は維持されます。原則として政府債務は継続的に借換え（満期が来た国債を償還する際に償還額と同額の新規国債を発行すること）がなされ、債務残高が金額ベースで持続的な減少傾向になることはありません。それでさしつかえないのは、政府の負債の反対側には同額の民間の資産が発生し、国債の発行（国内において自国通貨で発行されるもの）は貨幣と同じようなものとみなされるからです。そして、名目GDPが拡大を続けているからという点もあります。

この「60年償還ルール」をなくすと、財政規律が喪失し、政府は歯止めなく債務を増やし続け、財政が破綻するリスクが高まるという意見があるようです。また、日本には米国のように債務残高の上限が議会によって管理されていないので、「60年償還ルール」で財政規律を維持する必要があるという意見もあります。米国では債務残高が一定の水準を超えると法的に国債の新規発行ができなくなり、債務残高の上限を引き上げるには議会の承認が必要になるのです。実際に二〇一一年および二〇一三年にはこの債務残高の上限に達し、上下両院の承認で上限を引き上げなければならなかったというのは記憶に新しいところです。

たしかに、日本の政府予算は、衆議院の優越（衆参で異なる議決をした場合、衆議院の議決が国会の議決とみなされる憲法上の規定）により、衆参両院の議決がなくても通すことができます。しかし、特例国債（赤字国債）を発行する場合は政府予算の成立だけではなく、一年限りの特例公債法を衆参両院で通さなければならず、議会の追加的な承認が必要となります。かつて与党と野党で国会の議席数がねじれてしまった時、予算は衆議院の優越で可決できても、特例公債法が参議院で可決できないため、予算が執行できないという問題が発生しました。その反省により、現在は一年限りではなく数年間（二〇二〇年度まで）は発行が認められるように、特例公債法が変更されています。

したがって、日米の違いは、国債を新規発行する際に議会の承認を得るのか、承認された一定の額までであれば政府が国債を発行できるようにするのかの違いであり、議会が政府債務を管理していることに違いはないのです。日本の債務増加は議会で管理されていないという理解は誤りで、「60年償還ルール」がなくても財政規律は維持されるといえます。

政府債務残高は経済にネガティブな影響を与えるか

政府の収支改善がマクロ経済に対して引き締め効果があるということは、経済分析をしている人の多くが知っているはずです。しかし、多くの論者が「債務残高が巨額になっている財政を改善させなければ国家はいずれ破綻する」という理解を前提に、経済に悪影響を与えることを無視して、あるいは、それでもやらなければならないと考えて財政支出の削減を主張しているようです。

たしかに、市中の国債購入需要が弱く、利回りを高く設定しなければならないような経済情勢であれば、高い金利で他の経済活動が阻害される「クラウディングアウト」と呼ばれる現象になり、これは良くない経済事象です。インフレ率が高く、さらに上昇する懸念があるような状況が そのような環境に当たるといえましょう。国債の発行がどんどん増えることにより、市中金利が 高くなるという現象が起こっているのであれば、追加発行はネガティブな行為となる可能性が高 くなります。

しかし、現状の日本経済において政府の債務が巨額になり、国債の発行残高も非常に大きく、さらに増加し続けている歴史的経緯のなかで、国債の金利はどのような傾向で動いてきたのでしょうか。この点は、もうすでに確認しました。先に示した図表3－8をみれば、国債の発行残高は金利の動きに対してまったくといっていいほど影響がないどころか、国債の発行残高と金利は、残高が増えるほど金利が低下するという逆相関の関係であるとさえ主張することが可能なように思われます（注3－9）。

（注3－9） 国債の金利がどのように形成されているか、どのような要因に左右されていると考えられるかは、第五章内の「日本の長期金利はどのように形成されているのか」で詳しく検討している。影響を及ぼしているととらえられる要素をモデルの推計式によっても示しているので、あらかじめ確認しておきたい読者はそちらを先に参照されたい。結論だけを示すと、長期国債の金利は主に金融政策（短期金利と当座預金残高）、中小企業にとっての金融環境、米国の長期金利、そして国内の資金需要に強く影響を受けて形成されている。

では、金利以外で政府債務残高が経済成長にネガティブな影響を与える要因はあるでしょうか。少し前に『国家は破たんする──金融危機の八〇〇年』という本（原題は〝This Time is Different〟）が話題になりました。ＩＭＦでチーフエコノミストを務めたケネス・ロゴフ現ハーバード大学教授と、彼とＩＭＦで縁をもったカーメン・ラインハート教授（同じく現在ハーバード大学）による金融危機後の債務問題を扱った書物です。そこでは、各国の歴史的なデータの解析から「国の債務水準がＧＤＰの九〇％を超えると経済成長率がマイナスになる」と主張されていました。これに対して、多くの専門家が「因果関係が逆」と指摘したのをご存知の方もいらっしゃるでしょう。

筆者らも本章ですでに論じているとおり、財政収支の悪化が景気の悪化（特に、名目ＧＤＰの停滞や後退）に伴う収入の減少によって引き起こされた結果にすぎない場合もあります。名目ＧＤＰ成長率が停滞して長期金利より下がってしまうような状況では、財政収支が悪化するという関係性が顕著にみられ、そのような低迷期には確実に財政赤字が増えて政府債務が増大するのが当然の流れとなります。一方、債務水準自体が経済成長に悪影響を及ぼすという直接的な関係性の論拠は弱く、説得力もありません。書物自体は非常に良い経済の歴史的データ集といえますが、結論の一つであるこの見解にはまったく同意できません。

ただし、もう一つ結論として追加されている「対外債務残高の対ＧＤＰ比率が六〇％に達すると、年間成長率は約二％低下し、その比率がさらに高く（九〇％以上に）なると成長率はおよそ半分になる」という主張には意義があると考えられます。なぜなら、対外債務は米ドル建てを筆頭に外貨建てで資金調達するケースが多いため、為替レートの変動リスクが絡んでくるからです。この点はあらためて第九章で取り上げます。すでに述べたように日本国債の保有者は非常に高い割合で日本国民であり、政府の債務である国債の発行は国民の資産を形成することになるため、為替レートが絡んでこないという点がきわめて重要な意味をもつのです。

貯蓄投資バランス上、国内における民間部門と公的部門の合計が貯蓄超過であれば、対外的に経常黒字を計上することになることはすでに説明しました。その経常黒字の累積がそのまま対外純債権として積み上がります。公的部門は資金調達ニーズを国内で満たすことができますから、海外から資金調達する必要に迫られません。それはまさに日本が置かれている状況であり、日本の国内景気が低調でデフレ的な状況がずっと続いていることから生じている現象です。素晴らしいこととはいえませんが、きわめて破綻しにくい構図であることは確かです。これについては、第五章で詳しく解説します（注３－10）。

（注３－10）念のために付け加えると、筆者らは「日本国債は保有者の大半が日本国民だから絶対に暴落しない」という見方には同意しない。国内の日本国債保有者は、国債に投資価値があると判断しているから保有しているのであって、彼らがインフレ率の上昇によって国債に投資価値

がないと判断する場合、その途端に国債が暴落することはありうる。

もちろん、日本で財政破綻が起これば、甚大な悪影響を経済全体に対して与えるでしょう。しかし、それはどこまで差し迫った危険でしょうか。日本の財政破綻リスクを語る際に、よく引き合いに出されるギリシャと日本を比較してみましょう。政府債務残高の対ＧＤＰ比は日本のほうが高いので、ギリシャが直面している厳しい状況は日本にも近いうちに必ず発生するという懸念を表明する人は金融業界にも少なくありません。はたしてその比較は適切でしょうか。結論からいえば、ギリシャの置かれた経済的立場は日本と明らかに異なり、日本がギリシャのような状況になる懸念はほとんどありません。

まず、ギリシャが長い歴史のなかで、実際に政府債務のデフォルトを、それも多数回起こしている国であることは、先に言及した『国家は破たんする』でも示されています。ギリシャ国債の金利にデフォルトのリスクプレミアムが大幅に課されるのは当然のことといえましょう。日本はそうではありません。第二次世界大戦後、急激なインフレに助けられて、戦前に発行した国債も名目的には償還されました。

第二に、ギリシャは、いまでこそ緊縮財政政策を強いられているために景気が低調な状態が続いており、インフレ率も低く抑えられていますが、長い歴史のなかでは高めのインフレ率が継続した国です。したがって、金利にインフレのリスクプレミアムも課されやすいことになります。一方の日本経済は周知のとおり二〇年以上の長きにわたってデフレ的な状況が続き、金利も低く押さえ込まれたままです。第三に、ギリシャが純対外債務国（国全体として外国から借金をして経済を回している）であるのに対し、日本は純対外債権国であって、前述のとおり巨額の政府債務を国内の貯蓄でファイナンスできる状況にあります。

最後に、ギリシャは欧州統一通貨ユーロを採用しているために独自の金融政策を発動する余地がありません。また、ユーロ加盟国間のマーストリヒト条約に縛られており、財政政策の自由度もありません。マクロ政策のバランスをとることができないため、経済は不安定にならざるをえないわけです。これだけ事情の異なる国を引き合いに出して、日本の財政破綻リスクを喧伝することが適切とは思えません。

正しい基準でみれば日本の財政はついに改善へ⁉

第一章で物事を評価するときには基準をそろえることが重要だと述べました。本章のテーマである日本の財政状況の評価に関して、一つの例をあげましょう。エコノミストでも誤解してしまうことがあるようですが、毎年度の政府予算の新規国債発行額を日本の財政赤字に含めて他国と比較してしまうことがあります。これはきちんと基準をそろえた比較とはいえません。

二〇一六年一二月二二日に閣議決定した二〇一七年度の政府予算原案では、新規国債発行額は三四・四兆円になりました。前述のように日本には「60年償還ルール」という、新規に発行した国債は六〇年で完全償還する独自のルールがあるため、政府は予算の歳出にそのための国債償還費を計上しています。しかし、他の先進国では、国債の発行（国内で自国通貨で発行されるもの）は貨幣と同じようなもの（財政の負債の反対側に民間の資産が発生する）とみなされ、原則として完全に償還されることはなく、継続的に借り換えされていくのです。そのため、他の先進国では国債費のなかに償還費は計上されず、国債費＝利払い費となっています。ですから、財政赤字の比較のためには、日本も償還費を控除しなければなりません。

二〇一七年度の新規国債発行額から償還費（一四・四兆円）を控除すると、グローバル・スタンダードとして他国と比較できる財政赤字が二〇・〇兆円となります。この二〇・〇兆円（GDP対比三・七％）は二〇〇八年度以来の小さい額です。さらに、利払い費も国債長期金利一・六％（これでも四年ぶりに一・八％から引き下げられました）を前提として計算されています。実際の金利はその前提を大幅に下回るため、補正予算や決算後の実際の利払い費は当初予算よりかなり小さくなります。二〇一七年度の当初予算の利払い費九・二兆円を、補正予算で修正した後の二〇一六年度の八・五兆円と比較して、大幅に増加していると誤解してはいけません。

二〇一七年度も二〇一六年度と同様、利払い費が一・四兆円ほど過大に計上されていると仮定すると（二〇一六年度当初予算では九・九兆円計上）、正味の財政赤字は一八・六兆円程度（GDP対比三・五％）になります。

足元の名目GDP成長率は原油価格下落による交易条件のさらなる改善もあり、プラス二％程度の推移となっています。先にみた正味の財政赤字の対GDP比が名目成長率を下回れば、これまで上昇し続けてきた政府債務の対GDP比が明確にピークアウトすることになるのです。二〇一七年度の税収は五七・七兆円となり、二〇一六年度の五七・六兆円から増加し、一九九八年度以来の大きさとなっています。こうした事実ははたしてしっかりと認識されているでしょうか。

アベノミクスで実施されてきたデフレ脱却のためのリフレ政策による景気回復が税収の増加に寄与しており、緊縮財政ではなくリフレ政策によって財政を改善させうることが、現実によって証明されつつあります。二〇一七年度の消費税率再引上げが先送りされたことで、経済が景気後退を回避できれば、政府債務の対GDP比がピークアウトしたことが確認される可能性が高いと思われます。日本の財政に対する見方が大きく好転するかもしれません。

第四章

財政政策に効果はないのか

この章のまとめ

・財政支出に対して少なからぬ人々が忌避感をもつ背景には、「市場に任せるべき」「非効率」「効果がない」「歴史的に政治の利益誘導による無駄遣いばかりだった」などの考え方があるようです。

・これらのうち、「効果がない」のが事実なら嫌って当然ですが、日本では企業部門に大きな需要不足がある状況に対し、財政部門がその需要不足を多少埋めていた程度というのが実際の姿です。効果がないとの評価は適切ではなく、需要不足を相殺するほど拡張的な支出をしてきたわけではありません。

・インフレ状況とデフレ状況では経済活動における波及効果の因果関係の向きが逆になり、デフレ下では企業貯蓄率が因果関係の起点になってしまうという理解が重要になります。

財政支出は無駄遣いで効果も期待されない？

財政支出とは、政府が民間から租税（税金）や社会保険料として徴収したり、公債を発行したりすることによって集めたお金を行政活動や公共政策の遂行のために使うことです。おそらく多くの人が基本的に賛同する考え方として、そうした支出は非効率な無駄遣いにつながる可能性が高いということがあるでしょう。経済的自由を保障された個々人が自己の利益を目的として経済活動を行うと、「見えざる手」に導かれ、結果的に社会の富を増大させるというのが市場原理(マーケットメカニズム)です。市場に任せれば効率的な価格調整・決定がなされるのに対し、政府によるお金の使い方はそうした市場原理にさらされない部分も少なくなく、効率的な資源配分がもたらされるとは限りません。

実際、政府がお金を使おうとすると、政治的な権力を背景としたさまざまな意図が絡み、不透明な使途や価格の決め方がされる例は枚挙に暇がありません。政府が購入するモノ・サービスにつけられる市場原理にさらされていない価格は、往々にして民間経済における需給調整の結果として決定される価格より高めに設定される傾向があるというのは、過去のデータに基づく実証分析から事実だと認識されています。つまり、一般論として公的部門の活動は民間の活動より無駄に支出額が多くなり、インフレ的な結果をもたらしやすいという理解ができます。効率的な資源配分を目指す学問である経済学において、自然と財政支出は望ましくないという感覚が強くなっても無理のないことかもしれません。

このように財政支出については、一種の社会選択としての「政府による人々の生活や経済社会への介入は必要最小限にとどめられるべきで、できるだけ小さい政府が望ましい」という考え方や、無駄で非効率な使い方が多いので少ないほうが良いという考え方がありえます。
日本においては、米国ほど社会選択として小さい政府を望むという考えは強くないと思われますが、不幸なことに、財政出動という政策に良いイメージがありません。特に、一九七〇年代以降の自民党政治における財政政策に対しては「箱物行政」という用語ができるほど失敗の烙印がつきまとっています（注4－1）。たしかに無駄な「箱物」は、その維持管理の後年度負担が財政に悪影響を及ぼすという点において、給付を配る類の〝バラ撒き〟よりタチが悪いといえます。とりわけ、利益誘導型の不透明な請負契約など過去の行為に対する批判は当然といえましょう。

（注4－1）　国や地方公共団体などの行政機関が行った公共事業のなかには、施設や建造物の整備（設置すること）そのものが目的になり、計画や運用で本来明確にすべき「それを何に利用するか」や「どのように活用するか」が十分に検討されないまま事業を進めた結果、整備された施設が有効に活用されないばかりか維持管理の後年度負担が財政に悪影響を及ぼす事例がみられる。このように施設や建造物の建設を第一義とし、事業の便益を考慮しない行政手法を批判的に述べた用語（ウィキペディアによる）。一方、第七章で社会保障支出の現実を示すデータを紹介する際に言及する本川裕氏は、著書『統計データが語る日本の大きな誤解』（日経プレミアシリーズ、二〇一三年一一月）のなかで「無駄な公共事業が多いというのは本当か～異常な水準

に縮小した公共事業〜」という章を設け、公共事業に関するデータを用いて客観的にその実像を検証した。そこでは、公共事業は「現状は減らし過ぎの可能性が高い」と結論づけられている。二〇一一年頃までの状況が評価されており、足元でアベノミクスを背景に名目公共投資額（GDP統計ベース）は最小値の二〇一一年と比べて一〇％ほど増えている。しかし、それでも九四年以降の平均値と比較して依然として二割も小さい額にすぎず、本川氏が「過小」と結論づけた状況から根本的には変わっていないととらえて良いだろう。

しかし、一部の識者にある景気対策としての財政支出に対する強い忌避意識の根底には、それらとは別の次元の、財政支出は景気浮揚にとって「効果がない」、あるいは「逆効果」だという見方があります。ほとんどの場合、こうした見方の基になっているのが、すでに第一章で触れたマンデルフレミング・モデルの解説です。現代においては、ユーロ圏内を除き、自由な資本移動を許容する変動相場制を採用している国が多いため、マンデルフレミング効果が正しいとすれば、基本的に財政政策は無効だということになります。マンデルフレミング理論によれば、財政支出を拡大するために国債を発行すると、金利が上がるか、少なくとも金利に上昇圧力がかかり、民間の投資が抑制されるとともに、通貨高をもたらして輸出が減少、輸入も増加することになると理解されています。しかし、これは日本の現実にはそぐわないという事実を第三章で確認しました（「政府が支出を増やすとマクロ経済はどうなるのか」）。本章では、経済学の主流派的な理論がなぜ日本の現実と乖離するのかを詳しく検討していきましょう。

民間企業部門における投資超過という大前提

国債を（追加的に）発行すると金利に上昇圧力がかかるというのは、資金調達のニーズが高まった結果、お金の価格、すなわち金利が上がる方向に作用するという非常に自然な推論のように思われるかもしれません。第一章で言及した〝other things being equal〟（他の条件が一定）という条件が満たされるならば、経済学でいうところの「限界的（marginal）」な意味においてそのとおりです。しかし、実際にはそのフレームワークの暗黙の前提として、貸付資金市場が効率的であるということ、民間企業にとってプラスのリターンをもたらす投資プロジェクトは枯渇しないこと、そしてリターンがわずかであってもそれを求め続けるアニマルスピリット（注4－2）が企業部門のなかで枯渇しないことという三つのカギとなる前提があります。

（注4－2）　企業家の投資行動の動機となる、将来に対する主観的な期待のことをいう。ケインズが使用した語だが、デジタル大辞泉では、「血気」「野心的意欲」「動物的な衝動」などと訳され、将来の収益を期待して事業を拡大しようとする、必ずしも合理的には説明できない不確定な心理によって左右される人々の動機と説明されている。ちなみに、二人のノーベル経済学賞受賞

者、ジョージ・アカロフとロバート・シラーの手による『アニマルスピリット』（山形浩生訳、東洋経済新報社、二〇〇九年五月）は秀逸な参考図書である（出版当時はアカロフ氏のみが受賞者だったが、二〇一三年にシラー氏も受賞した）。

つまり、貸付資金市場では前向きの資金需給が効率的に〝均衡〟していて、少しでも金利が下がれば借り手が必ず出てくる環境が前提だということです。具体的には、民間企業部門には常に借入ニーズが控えており、個別企業ごとの異なった姿を足し合わせた合計の貯蓄投資バランスは投資超過で、貯蓄率はマイナスという設定になります。実は、意外にもこのポイントをはっきりと記述してある経済学の教科書はあまりみられません。だれも疑わない大前提だからでしょうか。あえてあげると、ポール・クルーグマンとロビン・ウェルス（当時、同僚の研究員）による『クルーグマン　マクロ経済学』（大山道広訳、東洋経済新報社、二〇〇九年三月）には、次のように記述されています。

「中古教科書のような通常の財の市場は、通常は効率的だということを学んだね。仮想の貸付資金市場でもそれは成立する。資金を調達できた投資プロジェクトは、調達できなかった投資プロジェクトよりも収益率が高い。潜在的な貯蓄主体のうち、実際に貸付を行った人は、貸付をしなかった人よりも低い利子率で貸付をしても良いと思っている。言い換えると、貸付資金市場は貸し手と借り手の取引利益を最大にしているのだ。経済全体では、貯蓄は投資プロジェクトへと効率的に配分される。この結論は、きわめて単純化されたモデルから導きだされたものだが、現実の世界にとっても重要な意味合いを持つ。すぐに見るように、これが、金融システムがうまく機能することが長期の経済成長率を高めるということの理由になっているのだ」（二五四ページ）

企業部門の資金需要とインフレ率のただならぬ関係！

図表4－1をみてください。日本における企業部門の貯蓄投資バランス（↓企業貯蓄率）にインフレ率をあわせたものです。衝撃的ではないでしょうか。第二章でデフレは経済社会にとって諸悪の根源であると論じましたが、そのデフレの定義である「一般物価（注4－3）が持続的に下がっていく現象」が生じているか否かを測るCPIインフレ率の動向は、実は企業部門が全体としてどのような金融行動をとるかが大きな決め手になっていることを示しています。金融行動というのは究極的に貯蓄率をどうするかであり、経済活動のための資金調達をどうするかということ、まさに貯蓄と投資のバランスのことです。

（注4－3） 個別のモノ・サービスの価格が下がることは相対価格の変化を示しているだけであり、

図表４－１　企業貯蓄率とコアCPIインフレ率

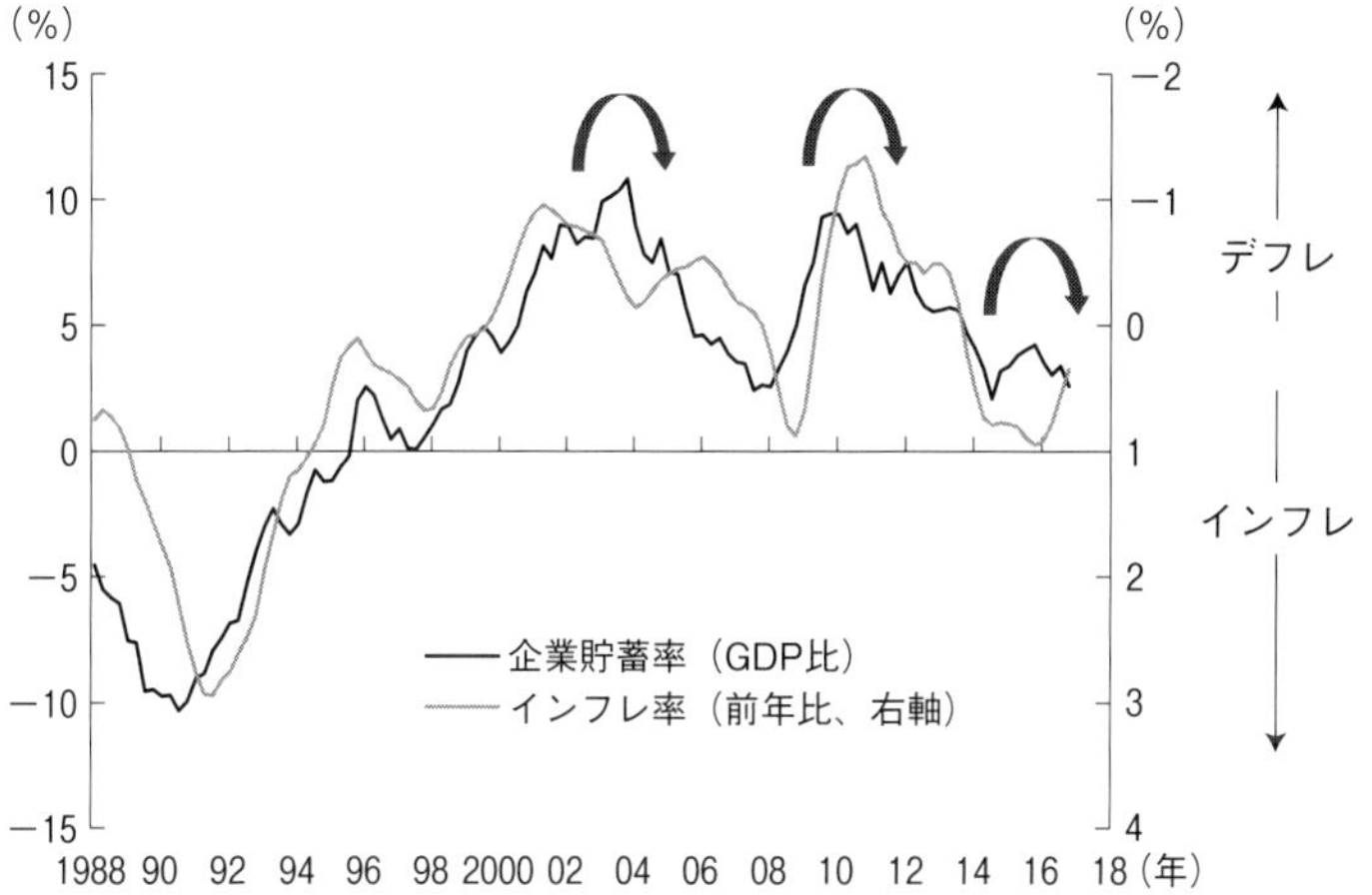

（注）　ここでのインフレ率は生鮮食品・エネルギーを除いた消費者物価指数の前年比で示す。それを右軸で示してあるが、マイナスの度合いが深まると上に向うように上下を反転してある。消費税率変更による直接的な影響は除いてある。
出所：総務省、内閣府、日本銀行

それ自体は問題とならないが、すべてを含めて平均した全体としての価格動向を一般物価といい、それが持続的に下がる状況をデフレ状態と定義するのが一般的だ。ただし、筆者らは一般物価そのものより、名目ＧＤＰの動きをより重要な変数ととらえている。

一般物価に持続的な下落圧力がかかる経済状況を論じる場合、ＧＤＰギャップという概念を持ち出すことが多いように思われます。経済にある供給能力を無理なくフルに活かした状況で実現可能と推計されるＧＤＰの規模と、データに基づく実際のＧＤＰの規模に大きな開き（ギャップ）があるとき、前者のほうが大きければデフレ圧力がかかり、後者のほうが大きい場合はインフレ圧力が強まるといった具合です。しかし、図表４－１をみれば、わざわざＧＤＰギャップを推計しなくとも、企業の貯蓄率をみるだけである程度は物価動向を占うことができるのではないかと思われます。しかも、このことは日本に限らず、米国のデータをみてもある程度は当てはまり、それなりに普遍的な経済現象だととらえることができます。

マンデルフレミング・モデルが暗黙の前提とする、企業部門には十分なアニマルスピリットがあり、プラスのリターンをもたらす投資機会が十分にあり、追加的な資金借入ニーズが控えている状況とは、企業の貯蓄率が恒常的にマイナスの状況ということができます。このノーマルで良好な経済状態において、金融システムがうまく機能することが長期の経済成長率を高めるという構図こそ、マンデルフレミング・モデルを含めた主流派経済学の基本的な考え方です。

この時、公的部門から追加の資金ニーズが発生して、政府が国債を発行するという行動をとると、それによる新たな貸付資金市場の均衡点は、金利がより高いほうへ動くかたちで需給がバランスすることになるでしょう。一般的には、不況期といっても企業部門の貯蓄率はプラスにはならず、インフレ率もプラスにとどまっているという想定のもと、変動相場制による資本移動の自由が確保されている環境では、マンデルフレミング・モデルのフレームワークに従って財政支出拡大による景気押し上げ効果は期待されないと結論づけられます。

この企業部門の貯蓄率がマイナス（投資超過）という大前提こそ、そして、同時にその裏にある経済はデフレ的状態でない（つまり、インフレ的）という大前提こそが、主流派経済学において分析対象となる経済のノーマルな状況であるという点を忘れてはいけません。実際には日本では企業部門の貯蓄率は恒常的にプラスになっており、主流派経済学の前提が崩れているために、理論が現実に合致しないという現象が起こっていると考えられます。

ノーマルで良好な状況とは逆に、企業部門のアニマルスピリットが弱まり、プラスのリターンを見込む投資機会が不足し、資金需要が低迷しているような状況では、経済活動が鈍く、一般物価が下がりがちになるでしょう。つまり、デフレ的な環境です。企業は投資を抑制して債務の返済を優先し、現金保有を高めがちになります。こうしてみると、企業部門の貯蓄率こそ、経済の主要なドライバーだということさえできるかもしれません。

企業部門の貯蓄率がプラスになっていてデフレ的状態だという認識があっても、多くの経済学者やエコノミストは、企業部門の貯蓄率がマイナスであることを前提とするフレームワークに何の疑いもなく乗って議論をしていることが多いと思われます。しかし、変動相場制において財政支出拡大による景気押し上げ効果は期待できないとするマンデルフレミング・モデルのフレームワークは、その考え方のもとになっている企業部門の貯蓄投資バランスについての前提が、デフレ状態にある経済やデフレ危機に直面している経済に対する処方箋としては適切でないのです。現状の日本経済において、マンデルフレミング・モデルで考えて財政政策は効果がなく、無駄な支出になって債務を増やすだけという見解は、前提が不適切であることから、正しい見方とはいえないことになります。

「非ケインズ効果」の現実と幻想

財政支出の拡大は、景気対策として効果がないだけではなく、経済に害をもたらすと考える向きも少なくありません。そういう方々がしばしば言及する概念に、「非ケインズ効果」という考え方があります。「非ケインズ効果」は、デジタル大辞泉によると、「人は将来の予測に基づいて行動することから、国の財政赤字が深刻な場合には、財政支出や減税が将来の増税を意識させ、消費を手控えさせる結果を招く」という考え方に基づいています。日本のように財政危機が叫ばれている状況下で減税や財政出動をしても、将来の財政破綻を懸念して自己防衛のために財布のひもが固くなり、むしろ景気が悪くなると考えるのです。逆に財政再建に強くコミットすると、将来の財政破綻の懸念が後退して消費が増えるという見方になります。

政府が経済への介入、特に財政支出の拡大や減税を実施することで景気を「流動性のわな」状態（注4－4）の不況から救うという処方箋をケインズ効果と呼ぶなら（実際には、そういう言い方はあまりされていないようですが）、これはまさにその反対。一九七〇年代の高インフレ率を伴うスタグフレーション期にはケインズの主張するような施策はうまくいかず、その反動もあって財政政策に対する支持が後退しましたが、非ケインズ効果はさらに一歩進んで、財政支出の削減や増税がむしろ景気にプラスの効果をもたらすという、まさにケインズがいったことと逆のことを主張しています。将来の財政不安が解消することによる「安心効果」という表現もされます。

（注4－4）　本書で議論する「企業貯蓄率がプラスという異常な状態」が持続する状況とほぼ同じ。

ケインズの考え方が正しいのか、非ケインズ効果のほうが正しいのか。これに関しては先行研究をまとめて考察したもの（注4－5）がいくつかありますから、そちらに任せるとして、本章では、第一章で確認した、経済学に基づきながら見方がまったく逆になるケースの一つとして、両者の前提がどうなっているかを確認してみましょう。

（注4－5）　亀田啓悟「日本における非ケインズ効果の発生可能性」（内閣府経済社会総合研究所企画・監修、井堀利宏編『バブル／デフレ期の日本経済と経済政策第5巻　財政政策と社会保障』の第3章、慶應義塾大学出版会、二〇〇九年一二月）、内閣府経済社会総合研究所「財政政策の非ケインズ効果をめぐる論点整理」（『経済分析第163号　財政赤字と経済活動：中長期的視

点からの分析』の第2章、二〇〇二年三月)。西原剛「非ケインズ効果に関する論点整理」(一橋大学政策大学院・公共経済プログラムにおけるコンサルティング・プロジェクトの最終報告書として、受入機関である財務総合政策研究所に提出された論文、二〇一三年一月)。亀田(二〇〇九年)は、「これらの理論的基礎を鑑みると、Giavazzi and Pagano [1990] の研究結果は何らかの条件のもとで、財政政策の効果がケインズ的な状況から新古典派的な状況に変化することを主張」するものであり、「構造的基礎的財政収支でなく単なる財政収支をベースとしていることが多く、財政収支の変化が政策の結果なのか景気循環や過去の経緯(公債発行)の結果なのか判断できない研究が大半を占める」と指摘している(第六章に関連議論あり)。これは、非ケインズ効果が絶対的なものではなく、筆者らにとって最も重要な認識である「前提によって結論が変わる」という可能性を示している。

非ケインズ効果は、人々の期待に重きを置いた主張です。経済学の主流派的な見方に含まれている、合理的経済人という考え方に近いものがあるといえます。しかし、「国の財政赤字が深刻な場合には財政支出や減税が将来の増税を意識させる」という想定は、どれほど普遍性があるのでしょうか。

非ケインズ効果の存在を信じさせるために大きな援軍となったのは、一九九〇年代の米国における経験だと思われます。ビル・クリントン政権時代に経済政策担当大統領補佐官に任命されてホワイトハウス入りし、国家経済会議(NEC)委員長を兼務した後、財務長官も務めたロバート・ルービン氏が、アラン・グリーンスパンＦＲＢ議長と一緒になって通常は相対的に大きな政府を志向しがちな民主党政権時代に財政赤字削減の必要性を説き、クリントン大統領がそれを実施する過程において非常に堅調で良好な経済成長を達成したという事実があります。クリントン政権は一九九三年から二〇〇〇年までの八年間ですが、その間に一般政府部門合計支出の対ＧＤＰ比は、一九九二年末の三九・一％から三三・九％まで大幅に低下しています。一九九九年度には連邦政府財政の黒字化を達成しており、同期間の実質ＧＤＰ成長率は年率三・九％ペースと非常に好調です。これはどう解釈すべきでしょうか。

一つには、歳出削減は何も実際の支出額を減らしたわけではないという点に注意が必要です。これは先に一九九八年以降のドイツや米国の歳出推移をグラフ（図表3－4、3－9）で示したとおり、対ＧＤＰ比では低下しても、名目ＧＤＰが拡大しているために、実額ではその期間中も減っていません。一九九二年の約二・二兆ドルから二〇〇〇年の約三・五兆ドルまで、若干ペースの落ちた年もありますが基本的に右肩上がりです。歳出削減は伸び率の抑制という意味であって、実額をカットしての本格的な緊縮財政政策ではありませんでした。

ただ、たしかにその実質ＧＤＰ自体を拡大させることに対して、歳出の伸び率抑制による非ケインズ効果が一定の役割を果たしたという見方はできなくもないように思われます。では、実際に「財政再建に強くコミットすると、将来の財政破綻の懸念が後退して消費が増える」ということが生じたのでしょうか。

当時、米国で一九九二年には、フォーチューン500に含まれる企業を築いたHarry E. Figgie Jr.による"Bankruptcy 1995: The Coming Collapse of America and How to Stop It"という本（注4－6）が出版されるなどして、財政に対する不安があったのも事実です。しかし、筆者らは歳出削減や増税による財政健全化を目指した緊縮政策がもたらす、いわゆる「安心効果」に対して完全に懐疑的です。その理由は第七章で詳しく検討しますが、緊縮政策による経済へのプラスの影響は金利の低下によってもたらされるものだと考えます。

（注4－6）　日本では一九九四年に竹村健一氏による翻訳が出版された。最初に発売された『1995年合衆国破産―かくて、ドルは紙クズになる―』というタイトルのバージョンと、内容は同じと思われるが翌年に発売された『かくて、ドルは紙クズになる―アメリカ経済・破産の構造―』という前者での副題をタイトルに入れ直したバージョンがある。後者は、発売されたその年の残り半年ほど以内に破産という題名ではさすがに切羽詰まり過ぎという跋（ばつ）の悪さから変更されたのだろうか。いずれにしても、ドルは紙クズなどにはまったくならなかった。

ルービン氏は、「赤字削減策の半分は歳出削減によるもの、残りの半分は増税によるものだった」と説明したようですが、実際には『ルービン回顧録』（日本経済新聞社、二〇〇五年七月）などから、財政赤字削減による長期金利の低下がケインズ理論で予想される景気後退を補ってあまりある景気拡大効果をもたらすと考えていたことが読み取れます。つまり、一方では財政赤字削減による景気下押し効果を認めているのです。しかし、同時に財政赤字を削減して公的部門の資金調達ニーズを減らせば、金利が下がるというプラス効果をもたらすのであり、後者が前者を上回るとみていたのでしょう。

企業貯蓄率がマイナスでノーマルな経済状況であれば、先に確認したとおり、均衡している貸付資金市場には追加的な資金借入ニーズが控えているため、金利が低下すれば設備投資などの企業活動が引き出されると考えるのは当然です。公的部門の資金調達ニーズが大きければ（大方それは財政赤字の大きさに表れますが）、民間部門の資金ニーズを公的部門が押しのけてしまう「クラウディングアウト」が生じていると判断できます。そのような状況下では、財政赤字の削減がクラウディングアウトを緩和する方向に働くと考えられるのです。非ケインズ効果は、クラウディングアウト緩和効果であり、金利低下効果としてみることができるでしょう。

したがって、クラウディングアウトが発生していない状況、金利がすでに非常に低い水準で経済は流動性のわなに陥っていると見受けられる状況において、非ケインズ効果を期待することはできないと理解すべきです。日本における先行研究で、（注4－5）で紹介した内閣府（二〇〇二年）に「実証分析の結果は、一九八〇年度から一九八七年度に至る財政再建期間中に、歳出削減が民間消費の増加をもたらしたことを示しており、歳出面において非ケインズ効果が生じた可能性が示唆される」とありますが、当時は現状とまったく環境が異なるために、その結果をもっていまでも有効という議論をするのは無理があると思われます。一九八〇年代は、日本でも企業貯蓄率はマイナス側で推移して経済活動にも強い推進力があり、インフレ率もしっかりとプラスでしたから、歳出削減を吸収するだけの余力が民間経済に根づいていたと考えて間違いないでしょう。同じ論文の「歳出削減が民間消費の増加をもたらした」とする評価にも、政府債務と経済成長の議論に似て因果関係の方向性に疑問があります。

インフレとデフレにおける因果関係

置かれた環境が違えば、適切な前提の置き方も変わり、経済の見方やとるべき政策も異なってくることは、とりわけインフレ的な状況とデフレ的な状況という違いにおいて際立ってきます。一般的に、主流派的な経済学では、デフレ的な状況を扱いません。企業貯蓄率はマイナスで、インフレ率もしっかりプラスの領域で推移していることが暗黙の前提としてあります。なぜデフレ下で普通の経済分析はうまくいかないのでしょうか。これまで企業貯蓄率の動きに焦点を当てることは経済分析としてあまり行われてこず、むしろ違和感をもたれてきたように思われますが、それはなぜでしょうか。それをみるにあたり、まずインフレ経済下の通常の経済分析の暗黙の前提を解説し、その後で、なぜ、それではデフレ経済をうまく説明できないのかを解説していきます。

インフレ経済下の通常の経済分析では、最終需要の動向から景気を説明することが多いといえます。家計消費の動きは雇用、賃金、消費者心理、または人口動態などに影響され、それと同時に家計貯蓄率が決まる。財政収支は、独立的な政策要因（財政緩和や緊縮）で決まるとされます。この二つに加え、中央銀行の金融政策にも影響を受けながらマーケット・メカニズムで金利と為替が決まり、そして（国際的な）経常収支と企業貯蓄率が残りとして決まるという流れです。家計貯蓄率→財政収支→経常収支→企業貯蓄率という因果関係の方向性（第一章でみた貯蓄投資バランスの恒等式の関係として、家計貯蓄と財政収支と企業貯蓄を足せば、必ず経常収支となる）を、インフレ経済下の通常の経済分析では暗黙の前提（常識）としています。したがって、暗黙の前提である因果関係の方向性で残りとされる企業貯蓄率はあまり重要視されず、企業貯蓄率の動きに焦点を当てた分析は違和感をもたれることになったということでしょう。経常収支も対外債務の返済の問題が大きくならない限り、あまり注目されません。

では、なぜこの暗黙の前提ではデフレ経済をうまく説明できないのでしょうか。日本経済では金利が、すでにずっと長いことかなり低く、企業貯蓄率の決定要因にはなっていないといえます。そればかりか、企業は過剰貯蓄に陥っており、企業が設備投資や負債返済などの判断を通して半ば独立的に企業貯蓄率を決めることができるようになってしまっています。さらに、財政収支と企業貯蓄率は強い逆相関の関係にあるという「景気の自動安定化装置」（注4−7）が働くことで、企業貯蓄率によって左右される景気の動きが財政収支まで決めてしまっているとさえいえましょう。そして企業の競争力や他国の影響を受けるマーケット・メカニズムによって為替が動き、経常収支が決まる。すると企業貯蓄率、財政収支、経常収支が決まれば、貯蓄投資バランスの恒等式により家計貯蓄率が残りとして決まることになります。もちろん厳密にいえば、両方向の因果関係は常に存在していますが、どちらがより強い因果関係の方向性をもっているのかということを考えることが重要です。

（注4−7） 英語でビルト・イン・スタビライザー（built-in-stabilizer）という用語の日本語訳で、財政自体に備わっている、景気を自動的に安定させるプロセス（装置）のことをいう。主に、税収や失業給付などの支出により発生する。この点については、すぐ次の節で取り上げる。

ここでいいたいのは、デフレ経済をうまく分析するにはインフレ経済下の通常の経済分析が暗黙の前提とする因果関係の向きを逆転させる必要があり、そうでないと有効な政策議論もできないということです（図表4−2）。インフレとデフレという真逆の経済を扱っていながら、インフ

図表4－2　インフレ経済とデフレ経済における貯蓄投資バランスの因果関係

［インフレ経済下の因果関係の方向］	［デフレ経済下の因果関係の方向］
家計貯蓄率（最終需要）	企業貯蓄率（独立変数）
＋	↓ 自動安定化装置（逆相関）
財政収支（政策変数）	財政収支
↓ 金利、為替	↓ 為替
国際経常収支	国際経常収支
↓ 残差	↓ 残差
企業貯蓄率	家計貯蓄率

（注）　どちらも貯蓄投資バランスの恒等式は、家計貯蓄率＋企業貯蓄率＋財政収支－経常収支＝０。

レ経済下の通常の経済分析ですませようとすると、政策運営を間違えてしまうリスクが大きいでしょう。にもかかわらず、因果関係の方向性が逆転したデフレ経済の有効な分析がインフレ経済下の通常の経済分析を記述した教科書的な常識とはあわないため、「経済学的に間違っている」という言葉で片付けられてきてしまったのです。

企業活動の弱さを表す企業貯蓄率の高止まりが、内需低迷とデフレ長期化のカギを握ってきたのは間違いありません。企業貯蓄率がプラスになっていて、現金保有も増えている状態は、企業の本業が非常に好調で活動を拡大するにつれて利益もどんどん蓄積される状況ではなく、デレバレッジやリストラなどのコストカット（縮小均衡方向への動き）に

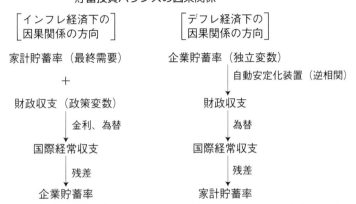

よって何とか利益を捻出している姿でしょう。アベノミクスは三本の矢（大胆な金融政策、機動的な財政政策、民間投資を喚起する成長戦略）によって企業活動を刺激し、企業のデレバレッジを止め、企業活動の回復の力を使って構造的な内需低迷とデフレからの脱却を図るものです。デフレ経済下における因果関係の逆転を考慮すれば、アベノミクスのアプローチは正しいと考えられます。足元、企業貯蓄率がゼロ％に向けて順調に低下していることはその経過が良好であることを示しているといえましょう。

財政が景気の自動安定化装置という仕事をしている

ノーマルな経済状況なら企業は資金調達をして事業を行う主体であるので、企業全体の貯蓄率は趨勢的に必ずマイナスであるはずです。しかし、日本の場合は企業貯蓄率が一九九〇年代から恒常的なプラスになっている異常な状態であり、企業のデレバレッジや弱いリスクテイク力が内需低迷やデフレの長期化の原因になっていると考えられます。企業活動の弱さによる内需低迷とデフレの長期化こそ、税収の減少などを通して財政収支をも悪化させてきた大きな要因になっているといえるのです。

この点をもう少し詳しくみていきましょう。日銀の資金循環統計でさかのぼれる一九八一年か

図表4－3　企業の貯蓄率と財政収支

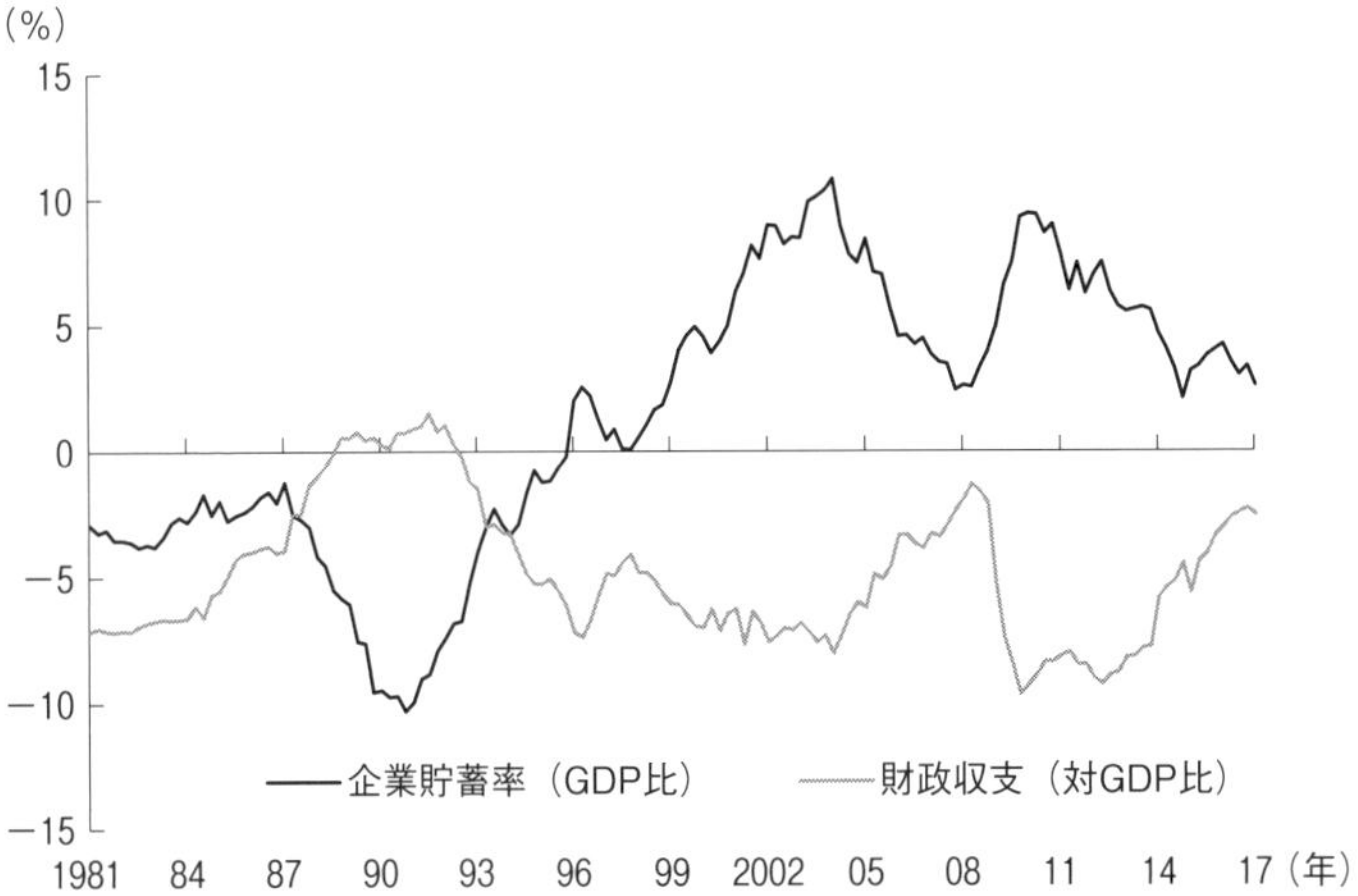

出所：内閣府、日本銀行

ら企業貯蓄率と財政収支をあわせてグラフにすると、ほぼ完全にカウンターシクリカル（逆相関）の動きになっていることが確認できます（図表4－3）。この関係から、景気の振幅の原因となる企業活動の強弱を示す企業貯蓄率（上昇＝景気悪化、低下＝景気回復）が、財政収支に大きな影響を与えている可能性が強くうかがえます。景気が悪くなると税収が落ちることにより、自動的に財政が緩和的になり景気を支える力が生まれる。反対に、景気が良くなると税収が増えることにより、自動的に財政が引き締め的になり景気を抑制する力が生まれる。すなわち、財政の景気自動安定化装置が作動するということになっています。

政治が景気の状況を敏感にとらえて財政支

出をうまく調整してきたとは考えられないため、この二つのデータの強いカウンターシクリカルな動きは、税収のブレを通した景気自動安定化装置が威力を発揮した結果に違いありません。特に日本では、景気のブレに左右されやすい所得税と法人税などの直接税が中心の税体系であるため、税収のブレは大きく、逆に財政の景気自動安定化装置が機能する度合いが強いといえます。もちろん、景気が悪いときに財政による景気対策が打たれることも多少は寄与しているでしょう。

もし財政健全化のため税収を安定化することに注力し、この財政の自動安定化装置の役割を減じてしまえば、企業活動が弱く企業貯蓄率が上昇した分、需要が破壊され、雇用・所得環境の悪化を通じて家計の貯蓄率が低下し、家計の富が奪われることになります。税収のブレを小さくすることは、景気のブレを逆に大きくするトレードオフが存在することを忘れてはいけないのです。財政の景気自動安定化装置により、家計の富が著しく破壊されるデフレ・スパイラルを回避してきたともいえます。消費税は景気動向にかかわらずほぼ一定の税収が見込めるため、安定財源といわれます。財政の安定化のため、より安定的な財源を確保すべきであるという意見は耳に心地が良いでしょう。しかし、その裏にある景気のブレが大きくなるリスクが説明されることがあまりない点には注意しなければなりません。

財政赤字、それも十分な赤字が必要

大きな財政赤字の慢性化は、企業貯蓄率の異常なプラス状態が継続し、内需低迷とデフレの長期化が税収を大きく抑制していることが原因です。たとえばアベノミクスで目指している成長戦略の項目である法人税率引下げは、目先は税収の減少になるかもしれませんが、利益を出しやすくすることにより企業の積極的なビジネス展開を刺激し、企業貯蓄率が正常なマイナスに戻る動きを助けるものです。企業活動が活発になって、内需低迷とデフレから完全に脱却できれば、結果として税収が安定的に増加する可能性があります。

一方、民主党が主導した前政権は、政権の命運をかけて無駄の削減による政策経費の捻出を試みたものの大きな成果をあげられず、子ども手当などの選挙公約を実現できませんでした。財政支出に非効率な部分があることは否定できず、不断の改善は必要ですが、政権の命運をかけても大きな財源を見つけられなかったことを考えれば、「無駄」で財政赤字を説明することはできません。企業活動が弱過ぎて名目ＧＤＰが十分に拡大できなかったことが、財政赤字の本当の理由なのです。

経済の安定的な成長のためには、その時の経済状況（企業貯蓄率の水準）に応じて十分な財政赤字が必要だといったら違和感があるでしょうか。これまでの日本では、政府収支を単体（ミクロ）でみて財政赤字はすべからく「悪い」と考え、経済の安定的な成長のためには財政の赤字が「必要」であるとマクロで考えることを怠ってきました。財政赤字は企業貯蓄率上昇の結果であるという本質をしっかり理解し、財政健全化ではなく、名目ＧＤＰの拡大を優先すべきです。

震災復興と景気対策により財政が緊縮的ではなかったにもかかわらず、景気改善による企業活動の回復が牽引する税収の増加などにより、財政収支はすでに回復の途上にあることがこのアプローチの正しさを証明しています。日本経済はアベノミクスによりこれまでとは違う景気回復の局面に入っており、財政赤字（資金循環統計ベース）の名目ＧＤＰ比は二〇一一年四－六月期のマイナス九・二％程度というピークから低下し、二〇一六年一〇－一二月期にはマイナス二・三％程度まで大幅に減少しているのです。

財政収支、企業貯蓄率、インフレ率、長期金利の関係性

本章では、企業貯蓄率とインフレ率には強い相関があることを図表４－１でみました。企業貯蓄率がマイナス方向へ動くと、インフレ率がプラス方向へ動くという関係性です。さらに、企業貯蓄率と財政収支の間には強い逆相関があることも図表４－３で確認しました。企業貯蓄率がプラス方向へ動くと、財政収支はマイナス方向へ動きます。ということは、財政収支とインフレ率

の間にも強い相関があることになります。財政収支のプラス方向とインフレ率のプラス方向があわさります。しかし、そこでインフレ率をプラス方向へ動かして日銀の「二％物価安定目標」に近づけるためには、財政収支の改善を目指せばいいと早とちりしてはいけません。

因果関係の方向性が重要です。企業貯蓄率が趨勢的にマイナス圏に定着していないデフレ的状況が残っている環境のもとでは、財政収支改善を目指して歳出削減や増税を実施すると、企業貯蓄率を再びプラス方向へ動かす圧力になります。すると、実際には財政収支は改善どころか悪化し、インフレ率もマイナス方向へ向かうことになるでしょう。むしろ財政政策を緩和型・拡大型にして企業貯蓄率のマイナス方向への動きを継続的に引き出すことが、インフレ率のプラス方向への動きにつながります。

図表4－2で、インフレ経済とデフレ経済では、貯蓄投資バランスにおける因果関係の向きが逆になる点を指摘しましたが、デフレ下で企業貯蓄率は独立変数としてプラスになっているのを、財政政策によってインフレ経済の方向へ動かし、企業貯蓄率を景気動向に左右される独立変数でない状態にしてやるわけです。

企業貯蓄率と長期金利の間には比較的しっかりとした相関があります（図表1－1）。企業貯蓄率がプラス方向へ動くと、金利は低下方向へ向かうという関係性です。金利はインフレ率と強い関係性があるため、企業貯蓄率がプラス方向に動くことがドライバーとなって経済にデフレ的な圧力がかかり、金利は低下圧力を受けることになるのです。同時に企業貯蓄率の上昇は民間の需要不足、税収減を通じて財政収支の悪化をもたらしますから、一般にいわれているように財政収支が悪化すると金利は上昇するのではなく、逆に低下する状況となっているのです。「財政状況の悪化は金利の大幅な上昇につながる」という懸念は、このことを理解していない、現実にあわない懸念です。

すでに政府が独占的な借り手という異常な経済

プラスの企業貯蓄率は、企業と家計の間で生じる資金循環、すなわち企業からの給与支払などによる家計の所得と、家計の消費から生じる企業の売上げ・収益という、企業と家計相互間でお金を回す連鎖からドロップアウトした過剰貯蓄として、総需要を破壊する力になっているととらえられます。

企業貯蓄率がプラスであるということは、ネットの金融負債（株式・出資金を除く金融負債から金融資産を引いたもの）が減少していることを意味します。企業のネットの金融負債は一九九八年一〇－一二月期にGDP対比七三・五％ありました。しかし、二〇一二年にはネットの金融負債は消滅してしまっており、二〇一七年一－三月期にはネットの金融負債がGDP対比マイナス

図表4－4　企業のネットの金融負債、対GDP比

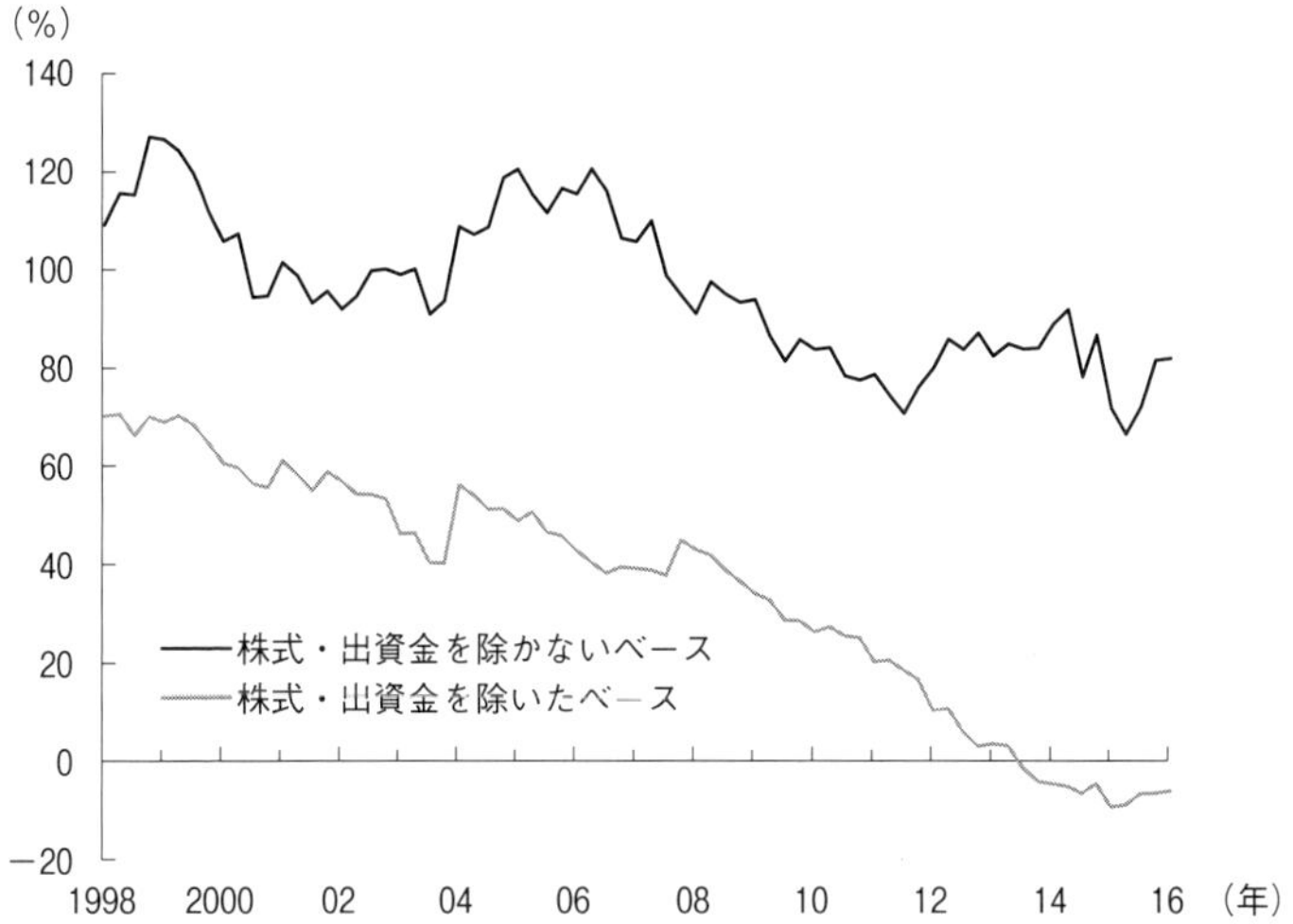

（注）マイナスになると純資産に転じることを示す。ここでは「株式・出資金を除いたベース」のデータが議論の対象。もう一方の「株式・出資金を除かないベース」のデータは第7章で参照される。
出所：日本銀行

六・一％、すなわち企業がネットの金融資産を持つようになってしまっています（図表4－4）。フローばかりでなく、ストックでも、企業のネットの資金需要が消滅してしまっているのです。このことは逆にいうと、日本経済ではフローばかりではなくストックでも政府が独占的な借り手になっていることを意味します。これは非常に重要な構図です。

一般的に、市場においてなんらかの経済活動で独占的な地位を占めている者は、価格決定力が強いというのは容易に納得できるところでしょう。政府はそもそも独占

的な立場であり、そのことが必然的に非効率的な資金の使い方につながる面があります。公共財というものは、どうしてもそういう性質があり、金融市場も市場全体としては公共財といえますが、その市場におけるさまざまな資産取引において政府が独占的な立場にあるというのは、こうした公共財の考え方ですまされるものではありません（注4－8）。それは資本主義経済にとってノーマルでない、異常な状態です。

（注4－8）　足元では日銀が日本の金融市場においてやや支配的な投資家になっていることが問題とされているが、それはたしかに望ましくはないものの、第八章で議論するように、デフレ的な環境のもとでマクロ政策運営を金融政策にばかり依存した結果として、むしろやむをえずそのような状況になってしまったと理解すべきことと思われる。

独占者の価格決定力は強く、財政収支の赤字が大きくても、政府が独占的な借り手の状況では、資金調達をする際にコストを下げる方向への影響力を行使できることになります。これも、日本では国債の金利が低位で安定している理由です。政府が独占的な借り手の状況では、資本市場における需給の均衡点として金利を考察することはできなくなっているのです。まして、日本の政府の負債残高の水準から、金利の水準を忖度することに、本質的な意味はまったくありません。

投資家にとっては名目金利ではなく実質金利が重要

本章では、現状の日本経済がプラスの企業貯蓄率によるデフレ的な環境であるために、財政支出が増えても金利の上昇圧力が明示的にかからないという現状分析を示しました。つまり、どちらかといえば金利には下押し圧力が残っている状況です。しかし、実際の市場にはさまざまな要因があり、資金の出し手である投資家がいろいろな制約や期待をもって参加しているため、下押し圧力が存在しているからといってスルスルと金利が下がり続けるわけではありません（注4－9）。

（注4－9） もちろん、足元の状況に限れば、日銀による金融政策が長期金利を特定の水準付近にコントロールしようとしていることが大きな要因になっていることはいうまでもない。

金利低下に歯止めをかける要因として、インフレ率も同じようにどんどん下がっているのでなければ、名目金利の低下はそのまま実質金利の低下になるという点があります。投資家は最終的には実質リターンを求めますから、実質利回りが下がっていく資産にはリスクの高まりを警戒するのが定石です。

まだ超低金利が世界的な現象としては広がっておらず、日本だけがそのような状態であった

図表4－5　日・米・独の実質長期金利

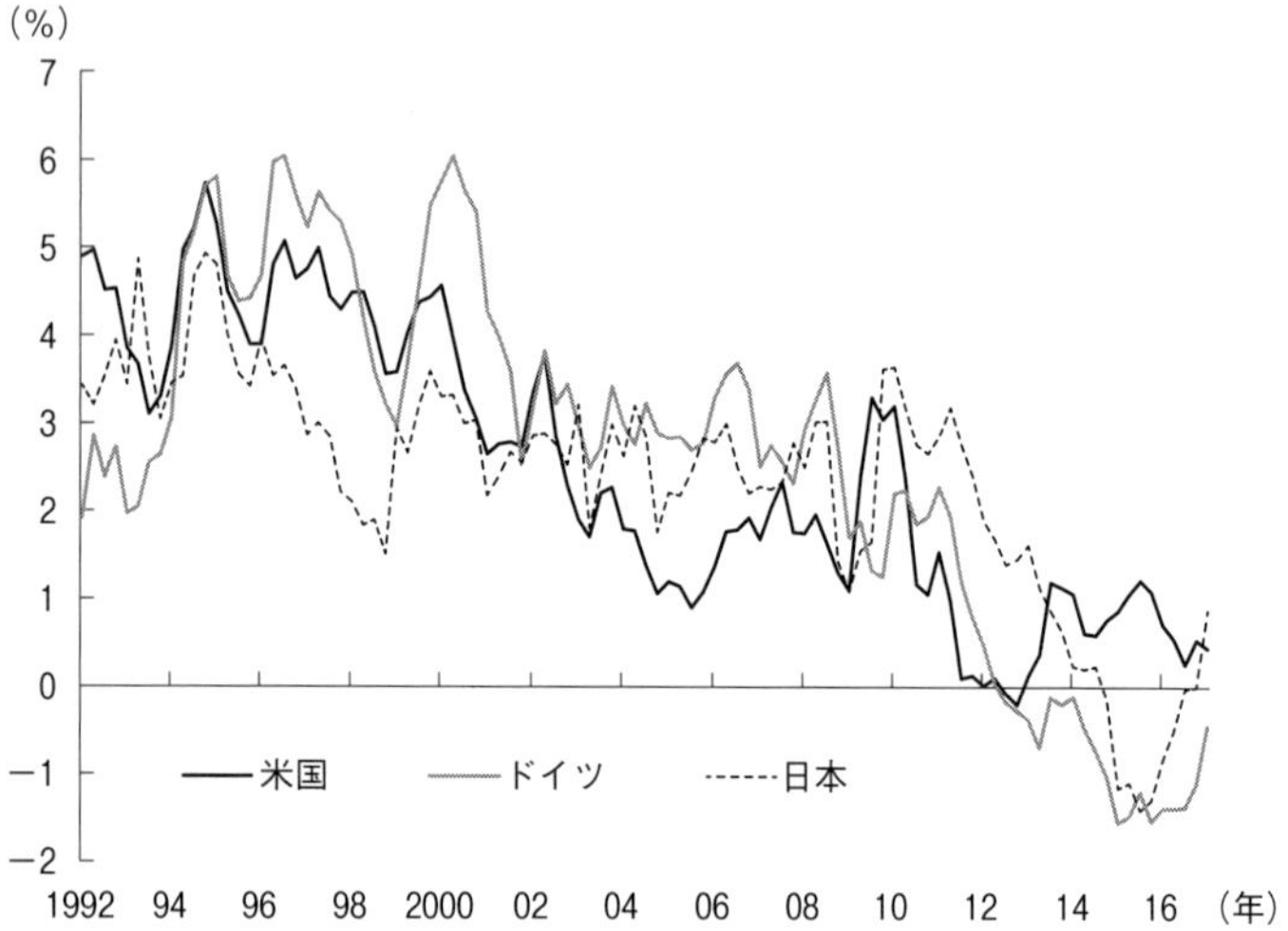

（注）それぞれGDPデフレーターを使って実質化してある。
出所：Bloomberg

頃、多くの海外投資家にとって、日本の投資家が超低金利の日本国債に投資することが謎だといわれた時期が続きました。日本の投資家が日本国債に多額の投資をしているのは、周りの日本の投資家が皆やはり日本国債を保有しているからであって、「みんなで渡れば怖くない」という心理のみで安全神話に賭けているようにしかみえなかったようです。

しかし、そのパズルの答えは簡単で、たとえ日本国債は名目金利が非常に低くても、インフレ率がマイナスで推移しているために期待インフレ率もマイナスで、実質金利は魅力的な水準にとどまっていたのです。その頃、むしろ欧米の実質金利のほうが低かったのであり、日本の投資家が日本国債を保有すれば、欧米の投資家が自国の国債を保有するのと同じか、より高い実質リターンを期待できました。

図表4－5でみるように、二〇〇四年から二〇〇七年頃の日本国債の実質金利はドイツと同等ながら米国よりは高かったし、二〇一〇年から二〇一二年頃は三カ国のなかで顕著に高かったというのが事実です。つまり、後者の期間は、米国やドイツの国債市場のほうが日本の国債市場よりバブル的でリスクが高かったといえるでしょう。裏を返せば、日本ではそれだけ金融が、名目金利が低いからといって緩和型だったのではなく、むしろ相対的に引き締め型であり、そのために景気の足を引っ張る状況だったということになります。もっとも、足元では日本がドイツ（ユーロ圏）と同様に金融政策を積極的に超緩和型にし、マイナス金利政策も導入しているため、長期金利は実質ベースでマイナス圏の推移となっています。

海外の識者はマクロ政策論に修正が必要だとわかってきた

数年前までは多くの海外投資家にとって、日本で超低金利が持続している環境やそれに絡むいろいろな経済現象は理解しがたいものでした。それは、彼ら自身がデフレ状態の長く続く経済を体験したことがなかったからです。

しかし、世界経済は二〇〇八年のリーマン・ブラザーズ破綻をきっかけにして大不況に陥った後、一度は各国が協調して大胆な拡張型の金融財政政策を実施したことによって再浮上しましたが、その後も好調を維持したとはいえず、不安定な経済情勢のなかで金利の顕著な低下傾向が世界的に広がっています。このため、海外投資家もデフレ的な環境や超低金利の意味を少しずつ実感することになりました。

企業の経営陣や投資家が金融危機と大不況、そしてグローバリゼーション（グローバル化）の反作用ともいえる貿易活動の停滞などに直面した結果、総じて慎重姿勢を崩さずに投資を積極化しない状況が続きました。欧州の債務危機や通貨危機、そして米国のデフォルト騒ぎに「財政の崖」といった事象も、センチメントの改善を妨げる要因として働いたでしょう。雇用の回復やいまだに鈍い賃金上昇率の改善を背景に、家計の消費にもかつてのような力強さが表れませんでした。足元ようやく変化の兆しが出ていますが、二〇一〇年頃からの世界経済は、グローバルな需要不足の慢性化とその結果として生じた貿易活動の停滞やデフレ懸念の増大によって特徴づけられます。

こうした環境の広がりを受けて人々に支持されるようになってきたのが、ポピュリズム的な主張です。振り返ると、二〇一〇年のG20において、リーマン・ショック後に実施した財政拡大の反動で、財政再建と金融緩和の強化の方向性で合意したのが一つの転換点でした。世界的に実施された金融緩和は、金利水準を低下させ、新興国の投資を活性化し、グローバルな景気回復が一時的に実現しました。

しかし、財政再建へ向けた動きが先進国の需要回復を再び鈍化させ、それが先進国の需要に依存する新興国の供給能力を過多にし、行き過ぎた投資の反動とそのストック調整がグローバル景気・金融市場の不安定化につながりました。金利低下による資本の活発な動きに対し、需要停滞により賃金と雇用の回復は遅れ、労働市場は質的に悪化しましたが、財政政策による所得の再配分と社会保障の拡充はなおざりにされました。結果として貧富の格差が拡大し、中間層の没落を引き起こしたため、ポピュリズムの蔓延につながったと理解できます。

これに対して、再び経済政策議論のトーンを引っ張るリーダーたちや市場関係者の間に段々と考え方の変化が生まれました。このままでは世界（特に、主要先進国）の経済も長期にわたる低迷を余儀なくされてしまうという、〝日本化〟の危機感が出てきたということでしょう。二〇一六年二月のG20では、（後の第八章で詳しく考察する）金融政策への過度な依存の反動から、財政再建路線から転換し、財政拡大を含めた政策を総動員することで合意しました。

そして、その流れを加速した同年五月のG7は、また新たな転換点だったといえるかもしれません。そこでは、彼ら自身がデフレ的な環境や超低金利の現実に触れ、マクロ政策の使い方を考え直さざるをえなくなったのだと考えられます。ポピュリズムの蔓延に対する警戒感も、政策転換を後押ししたに違いありません（注4―10）。

（注4―10）　G20における政策議論の潮流の変化について、高田創「世界的な潮流は財政重視、注目される「物価水準の財政理論」」（みずほ総合研究所、二〇一六年一一月一四日）が参考になる。高田氏がタイトルで言及している「物価水準の財政理論」とは、しばしば頭字語〝FTPL〟で呼称されて足元で急速に注目を集めている経済理論で、本書の論説にもおおいにかかわってくるものだ。これについては、第八章の補遺で取り上げる。

最近、海外の投資家において、財政再建や増税が日本の最優先課題だという議論が、まったくといって良いほど受け入れられなくなったと感じます。しかし、国内の経済議論はなかなかそうなっていないようです。財政についてのマクロ的な視点が定着していないからでしょう。また、国内では海外ほど顕著にはポピュリズムの動きが広がっていないように感じられます。

後者の点には、おそらく二つの要因が関係しています。一つは、アベノミクスがどちらかといえば財政緩和路線であり、緊縮財政からリフレによる景気回復を伴った財政再建に他国より早く転換していた点です。もう一つは、二〇〇九年に成立した民主党政権がポピュリズム的な色合いを出していましたが、政策運営がうまくいかず、結局は国民にダメ出しされて終わったことです。つまり、ある意味、日本では他国より早い段階でポピュリズム的な状況が広がっていたといえます。カリスマ的なリーダーは登場しませんでしたが、やはり経済環境の悪さが政権交代の後押しをしたと理解できます。

日本でも経済情勢の不調が続くもとで財政の所得再配分機能や社会保障機能が弱い状況が続き、貧富の格差が拡大して中間層の没落を引き起こすようなことになれば、再びポピュリズムへの支持が急速に広がる土壌があるのではないでしょうか。二〇一四年の消費税率引上げは、デフレ脱却へ向かっていた景気の勢いを止めてしまった点で明らかな失敗だったという評価が避けられないと思われます。この状況で二〇一七年四月の消費税率の再引上げが予定どおり実施されていれば、ポピュリズム蔓延の引き金になっていた可能性もあったでしょう。安倍政権での財政政策はこうした文脈でも評価されるべきものです。

第五章

貯蓄投資バランスでみる日本経済の現状

●この章のまとめ●

・貯蓄投資バランスは、マクロ金融市場・経済の分析のためにきわめて重要なツールです。本章では、その実践的な使い方を解説します。
・特に、そのデータから「ネットの資金需要」を求めれば、その時々に適切な財政政策のスタンスが自然と理解され、金利動向の大きな流れもつかむことができるでしょう。
・こうした分析をすることで、現状の日本経済において財政支出を減らすことが財政再建に逆効果となることや、政府債務残高が金利水準にほとんど影響を及ぼしていない構図なども理解できます。

貯蓄投資バランスの正しいトリセツ

第四章では、貯蓄投資バランスの分析から、企業貯蓄がプラスである日本では民間の需要不足を埋め合わせるために財政支出の拡大が必要であり、企業貯蓄率がマイナスであるノーマルな経済を前提にした、財政政策に効果がないという見方が不適切であることを示しました。本章では、その貯蓄投資バランスというきわめて重要なマクロ分析ツールを実際にどう使うか、そして現状の日本経済にどう当てはめるべきかをあらためて考えてみます。国の経済における貯蓄投資バランスの構図を再掲しましょう。

$$(S_H - I_H) + (S_C - I_C) + (T - G) = (EX - IM)$$

それぞれの項は左から順に、家計のバランス、企業のバランス、政府のバランス（＝財政収支）、そして対外バランス（＝経常収支）を表しています。Sは貯蓄、Iが投資、Tは税収、Gが政府支出、EXは輸出、IMは輸入です。家計や企業のバランスはそれぞれの部門の貯蓄率を意味しています。この貯蓄投資バランスの式は必ず成り立ちます。項を次のように書き換えることも可能です。

国内貯蓄（家計貯蓄率[$S_H - I_H$] − 財政赤字[$G - T$]）
　− 企業投資（企業貯蓄率［$I_C - S_C$］）＝経常収支[$EX - IM$]

数学（算数）を知っていても、経済学（いや、正確にはその実践的な使い方）をしっかり理解していないと、この恒等式の使い方を間違えることがあります。第一章でみたように、この式に基づいて財政赤字が拡大するとその分だけ国内貯蓄が減少し、経常黒字がその分縮小するというように考えるのは、数学としては正しい。しかし、実践的な経済分析としては危険な間違いです。

財政赤字は政府の（ネットの）支出を意味し、その支出は国内の所得を生みます。結果として（仮に、家計と企業の支出が変わらないなら）家計と企業の貯蓄率は増加するので、実際には経常黒字が縮小するのはその差分（財政赤字の拡大幅－家計・企業の貯蓄の増加幅）であり、かなり小さいことになるのです。また、企業の投資行動が強くなり企業貯蓄率が低下すると、国内貯蓄を一定とした場合、経常黒字がその分縮小するというのも間違いです。企業の支出は、総賃金などとして家計の貯蓄を増加させ、税収を増やして財政赤字を縮小させる。国内貯蓄は増加するので、実際に経常黒字が縮小するのはその差分であり、かなり小さいことになります。

貯蓄投資バランスは、何かを動かすときに、その他を一定にして残差の経常収支でバランスさせるという静学的なアプローチで使ってはいけないのです。マクロ経済の実践的な分析では、貯蓄投資バランスは、何かを動かすときに、その他への影響を考慮して、経常収支も含めた全体のバランスがどうなるかを見定めるという動学的なアプローチで使われなければなりません。

「財政終末論」のここがおかしい！

こうした分析から、世の中で喧伝されている「財政終末論」のどこがおかしいかを理解するこ

とができます。たとえば、高齢化による社会保障が毎年一兆円程度増えることが懸念されていま
す。しかし、社会保障の支出は所得を生み、（すべてが海外で使われない限り）一兆円のすべてで
はないにせよ多くの部分が税収の増加として国に返ってくると考えられます。こうした所得の増
加をまったく考慮せず、一兆円の負担増に対して一兆円の増税をしてしまうと、景気に下押し圧
力がかかってしまいます。

それによって防衛的になった企業がコスト削減や債務の削減を行い、それが雇用と所得を破壊
して家計の貯蓄率の減少や、名目ＧＤＰの縮小をもたらせば、財政の負荷はむしろ増すことにな
ります。この悪いサイクルが内需の低迷とデフレを長期化させた理由の一つであると考えられ、
同時に日本の政府債務残高対名目ＧＤＰ比率を上昇させてきました。貯蓄投資バランスの間違っ
た使い方による財政収支に対する過度な悲観論が過度な緊縮につながり、景気・物価動向に最適
な政策運営を妨げてしまうこともあるのです。なお、社会保障支出については第七章で取り上げ
ます。

「政府の負債が家計の資産をもうすぐ上回るので財政が破綻するのは近い！」という主張もよ
く聞かれます。約一二〇〇兆円という政府の金融負債に対して、家計の金融資産は一七〇〇兆円
程度です。政府が年間三〇兆円程度の赤字を出し続ければ、一五年くらいでその差がなくなって
しまい、それ以上もう政府の債務をまかなえなくなるといった主張であり、財政終末論としてよ

く聞かれる意見です。

しかし、政府が負債を増加させるというのは、ネットの支出を増やした結果であり、その半面として、民間の所得、民間の資産は増加することになります。政府の負債が増加しても、直線的に民間の資産に追いつき追い越していくのではなく、民間資産も逃げ水のようにそれなりに増加していくことになるのです。民間の資産がまったく増加しないとすれば、それは政府がすべてを海外で支出する場合で、非現実的でしょう。まして、社会保障の支出であれば、ほとんどが国内で支出されることは明確だといえます。

また、日本の経常収支の黒字額は多いときでも二〇兆円程度でした。二〇一一年の東日本大震災の時、二〇兆円を超える復興予算が必要となり、経常黒字を超える額を国債でまかなえば、貯蓄投資バランス上、経常赤字国に転落し、国債市場が暴落するという意見が多かったのは記憶に新しいところです。結果は、復興増税が必要であるとして増税策の議論に手間取り、復興予算の決定と執行は遅れてしまいました。

しかし、たとえば、復興で二〇兆円程度の支出をすれば国内の所得が一九兆円程度は増加するだろうから、貯蓄投資バランス上、経常収支の黒字額は一兆円程度しか小さくならないのが現実でしょう。政府の負債と民間の資産の関係を、実体経済の動きとかけ離れた認識のもとで考えてしまうと、震災復興など緊急に必要な政策の足かせにもなってしまうことがわかります。

「ネットの資金需要（＝トータルレバレッジ）」という概念

貯蓄投資バランスの考え方から、資本市場における資金調達コストとなる金利がどのように決定されるのかを理解することができます。そのために筆者らは「ネットの資金需要」という概念を導き出し、それが非常に重要であることを示します。

各部門の貯蓄投資バランスは、各部門における総合的な資金の需要を表しているということができます。たとえば、企業部門の貯蓄投資バランスは、企業活動の合計において貯蓄総額と投資総額でどちらがどれだけ多いか、すなわち貯蓄超過か投資超過かを表したものです。貯蓄超過なら他部門に資金を供給することになり、投資超過なら他部門から資金を調達することになります。企業部門が主要なドライバーとなっているノーマルな経済なら、企業部門は投資超過になっていて、貯蓄率がマイナスになっているはずです。企業部門は貯蓄超過になっている家計部門から主に資金を調達することになります。

しかし、日本のように企業部門が貯蓄超過になって貯蓄率がプラスの状況がずっと続いている経済では、企業部門からは金利を大きく左右する資金需要が発生していないことになります。企業部門はむしろ他の部門へ資金を供給しています。また家計部門は、貯蓄投資バランスの因果関係でみたとおり、デフレ経済では受身的に決まる流れになって、主要なドライバーとはなりません。企業部門によって供給された資金を調達しているのが、公的部門（＝政府）というわけです。

したがって、経済の主要なドライバーとしての資金需要の動きをみるには、企業部門の貯蓄投資バランスと財政収支を足し合わせたものをみるのが適切だということになります。これが筆者らのいう、「ネットの資金需要」という概念です。ここで再びこれまでの解説を振り返ると、企業部門の貯蓄投資バランス、すなわち企業の貯蓄率と財政収支は比較的強い逆相関の関係にあることが思い出されるでしょう。しかし、これらは相殺しあってゼロになるわけではありません。どの水準で企業貯蓄率と財政赤字が逆相関関係となっているのかがきわめて重要になります。つまり、足した数字はゼロになるのではなく、プラスにもマイナスにもなり、それがプラスになるかマイナスになるかという点こそが経済の状態をみるうえで非常に有効な指標になるということができるのです（注5－1）。

（注5－1）本書では、企業貯蓄率のデータを示す際、金融機関も含めて企業部門としている。通常は、金融機関は集めた資金を貸付等に回すことで収益をあげるという資金の融通が業務であるため、自らの貯蓄を増やして資金を滞留させるような状態を続けることは望まないと考えられ、長めの期間を平均してみれば貯蓄率はゼロ近辺に落ち着くと想定される。そのため、企業部門には含めないで分析されることが多い。しかし、近年の金融危機以後、自己資本を積み上げるという目的のために最も多く貯蓄をするのが金融機関になってしまったという事実があることもふまえ、そのことも問題にして表現する意義があると判断した。

図表5－1　ネットの資金需要

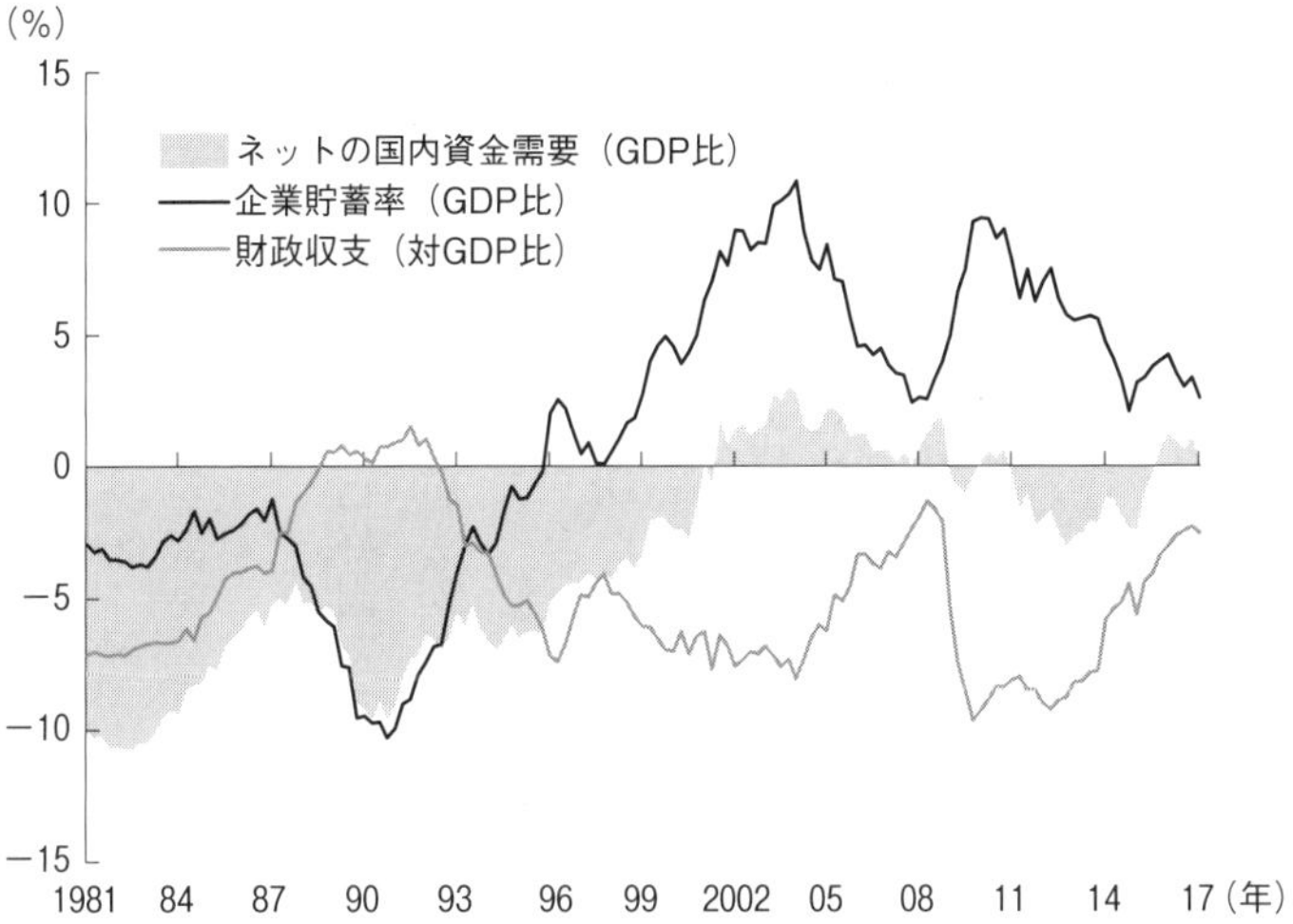

（注）資金需要がプラスというのは、貯蓄率がマイナスということ。したがって、グラフのプラス側が、資金需要のマイナスを意味する。
出所：内閣府、日本銀行

図表5－1は、すでに図表4－3でみた企業の貯蓄率と財政収支という二本の線に、これらを足し合わせたもの、すなわち両部門のバランスの合計であるネットの資金需要を描き加えたものです。日本経済は、一九九〇年代半ば頃から企業部門が貯蓄率をプラスに転じてデレバレッジを本格化させていきますが、二〇〇〇年頃までは財政赤字が何とか相殺し、ネットの資金需要をプラス（→合計貯蓄率をマイナス）に保っていました。

しかし、そこから約一〇年間は、企業のデレバレッジが強まる一方で財政赤字は横ばい圏の動きとなり、ネットの資金需要はマイナス（→合計貯蓄率プラス）での推移が続いてしまいました。二〇〇〇年代の前半から半ば過ぎまでは日本株市場が堅調だったことから経済も改善の様相を示していたようでしたが、ネットの資金需要がマイナスだったことでこの好機をデフレ脱却につなげることができませんでした。

実は、世界景気が非常に好調だったことに完全に依存していたにすぎなかったのです。二〇一一年にネットの資金需要がプラスに転じたのは、東日本大震災への対応とアベノミクスがこれに続いたことによります。しかし、足元では再びこのネットの資金需要がマイナス（値はプラス）に戻ってしまっており、今後プラスに戻れるかが筆者らの最も注目するところです。

ネットの資金需要という概念は、また「トータルレバレッジ」のことだという言い方もできます。第三章の「政府の負債は国の資産」を説明した箇所で、「現代の不換紙幣を法定通貨とした金融制度は、国の中央銀行が政府の発行した国債を市中から購入することによって成長通貨と呼ばれるマネーを供給し、経済成長をサポートするという構図が根幹にあります」という話をしました。経済は、政府による国債の発行を利用して中央銀行が成長通貨を供給し、民間銀行が信用創造するのにあわせて成長します。この信用創造は、銀行預金と銀行借入れの繰り返しによって増えることでマネーサプライの増加を支えます（注5－2）。

（注5－2）　信用創造とは、銀行が初めに受け入れた預金（本源的預金）を貸し付けることによってマネーサプライを創造する仕組みのこと。銀行が預金を受け入れ、そのうち預金準備率に相当する額だけを留保して残りを貸し出すと、その貸し出された分はその銀行にある借り受けた人の預金口座に預け入れられて新たな預金となる。銀行はこの預金に対しても同様に、預金準備を控除した残りを貸し出すという、預金と貸出の繰り返しがなされる。つまり、銀行による融資を通じて貨幣が創造され、マネーサプライとなる。

だれかが借入れによってレバレッジを掛けることは、経済成長と切っても切れない関係にあるわけです。このレバレッジを掛けるという行動が国内経済のなかでどれほど活発かを測る指標が、トータルレバレッジになります（注5－3）。ネットの資金需要とは、本来のドライバーである企業部門と、そこが弱い分を穴埋めするかたちで臨時にドライバー役を担うべき公的部門（＝政府）の資金需要をあわせたレバレッジの合計です（注5－4）。

（注5－3）　レバレッジとはそもそも梃子のことで、少ない力で大きな力を発揮させるための仕組みを意味するが、そこから少しの資金で多額の利益をあげる金融行為を指す言葉として使われるようになった。ウィキペディアはその点をより具体的に、「経済活動において、他人資本を使うことで自己資本に対する利益率を高めること」と説明している。信用創造やレバレッジを「無」から「有」を生み出す「詐欺的」なことだと批判する見解も散見されるが、そもそも金融

業が制度の一役を担う資本主義を前提にすれば、信用創造やレバレッジは成長のドライバー以外の何物でもない。もっとも、レバレッジが過剰になっている状況では、バブルが起きている公算があり、その後のデレバレッジ（債務を返済してレバレッジを下げる、解消するという動き）への圧力を招いてしまうため、レバレッジの掛け過ぎが望ましくないのはそのとおり。また、ポンジ・スキームやねずみ講などは完全な詐欺行為であり、正当な経済活動である信用創造やレバレッジとは次元の異なるものだ。

（注5－4）　この指標はマクロ的な状況をみるためのものであり、金融市場の日々の動きなど短期的な見通しを判断するためのものではない。基本的には、どこの国にも当てはまる指標ということになる。ただ、何度も繰り返しているように、日本の場合はオーソドックスな経済学が想定するノーマルな状況とは異なり、本来の経済のドライバーであるべき企業部門がネットで資金調達をしておらず、政府が独占的なネットの借り手になっていることがポイントだ。その国が置かれた状況によって経済のドライバーとして重要な部門が異なる場合があるため、必ずしも同じ指標が適切とは限らない。そこは多少の応用が必要になる。たとえば、米国では、企業部門が主要ドライバーのポジションにどっしりと構えている状況であり、次いで家計部門による借入意欲が比較的強いことから、企業部門と家計部門の貯蓄率を足し合わせることによって最も適切なネットの資金需要をみることができると考えられる。

景気中立的な財政収支⁉

このネットの資金需要という概念の重要性を、もう少し詳しく確認していきましょう。このアプローチを利用した一つの考え方として、景気中立的な財政収支というものを導き出すことができます。

ネットの国内資金需要が大きければ、資金が循環し貨幣経済が拡大する力が強い。反対にネットの資金需要が弱ければその逆で、ネットの資金需要が破壊されていればデフレ・スパイラルとなるでしょう。日本の内需低迷・デフレ的な環境の長期化は、恒常的なプラスとなっている企業貯蓄率（デレバレッジ）に対して、マイナス（赤字）である財政収支がそれを相殺してあまりある状況になっていないことが原因です。それは成長を強く追求せず、表面的な安定だけを目指す政策だといえます。企業貯蓄率と財政収支の合計（ネットの国内資金需要＝トータルレバレッジ↓マイナス方向が拡大を指す）がせいぜいゼロだと、国内の資金需要・総需要を生み出す力、資金を循環させて貨幣経済を拡大する力を取り戻すことはできません。

ネットの国内資金需要のターゲットを決めると、企業貯蓄率の水準（景気動向の強さ）に対する景気中立的な財政収支の水準を逆算して求めることができます。ここで重要なのは、経済活動の拡大より若干多い通貨供給量を維持したほうが、若干の物価上昇が恒常化するものの、経済活動の持続的な拡大には良いと考えられる点です。インフレが債務の実質負担を軽減するため、イノベーションや生産性の向上につながる企業のリスクテイクが容易になるからです。また、流動性のために通貨を保持しておくという予備的貯蓄が経済活動を阻害しないようにするためにも、そのほうが望ましいと考えられます。

この考えに基づき、潜在成長率（注5―5）に、政府・日銀が考える望ましいインフレ率（二％）、そしてこの予備的貯蓄に対応する部分（一％）を足したものが、ネットの国内資金需要のターゲットであると考えてはどうでしょう。潜在成長率の〇・五％程度、望ましいインフレ率の二％程度、そしてこの予備的貯蓄に対応する一％程度を足し、名目GDP対比三・五％程度となります。ネットの資金需要が拡大するのは合計貯蓄率がマイナスの場合なので、符号を変えてマイナス三・五％がターゲットの目安になるということです。このネットの国内資金需要のターゲットから企業貯蓄率を引いたものが、景気中立的な財政収支ということになります。

（注5―5）「潜在成長率」は経済の状況や適切な政策を考える際に非常によく使われる考え方で、広く受け入れられているが、実はとてもむずかしい概念である。経済成長の要因をコブ・ダグラス型生産関数に基づいて分解する成長会計と同じ考え方で、「潜在成長率＝資本投入増加率＋労働投入増加率＋技術進歩率（全要素生産性成長率）」と定義される。ここでは最近の事例として一般的に利用されている内閣府による推計値を参照し、実質ベース〇・五％とした。この後、本章で取り上げる。第一〇章も参照。

この景気中立的な財政収支と実際の財政収支の差が、財政の引き締め度合い（プラス＝引き締め的、マイナス＝緩和的）になります。一九九七年度から一九九八年度の国内における金融危機後、企業貯蓄率がデレバレッジにより急激に上昇したことにより、景気中立的な財政収支は大幅に赤字となりました。しかし、政府は早くも一九九五年に財政危機宣言をしてしまい、財政政策には及び腰だったため、財政が過度に引き締め的となったことが、日本経済が景気低迷・デフレから長期間脱却できない原因になったと考えられます（注5―6）。

（注5―6）まず一九九五年一〇月一六日の参院予算委員会で、村山富市内閣の武村正義大蔵大臣が自民党議員の質問に答えるかたちで「刻々年々国の財政が健全でない方向に進んでいることに強い危機意識をもっております」と発言した。そして、同じ自社さ政権のもとで橋本龍太郎首相が率いる内閣となった後も大蔵大臣に留任した武村氏が、一一月一四日の本会議中に「歳出入のギャップは構造的で、財政はいまや容易ならざる事態に立ち至った」と述べ、マスコミの報道により、いわゆる「財政危機宣言」となった。橋本首相は、この財政危機宣言を受けて「財政構造改革」を実施することとなったが、その中身は基本的に単なる強度の財政緊縮政策だったということができる。武村蔵相の「財政危機宣言」以降、日本の財政危機は既定の事実とされ、政府の方針は景気対策をなるべくやらずに歳出を減らす、経済成長より財政再建を優先するという姿勢に転換したといえよう。結局、政策担当者のなかにそうした意識が常にある状況のもと、日本政府は景気の回復傾向がみられたとたんに財政・金融による景気刺激的政策から景気抑制的政策へ転換して景気回復の芽をつんでしまうという失敗を繰り返していると考えられる。

図表5－2　財政政策の緩和・引き締め度合いの推移

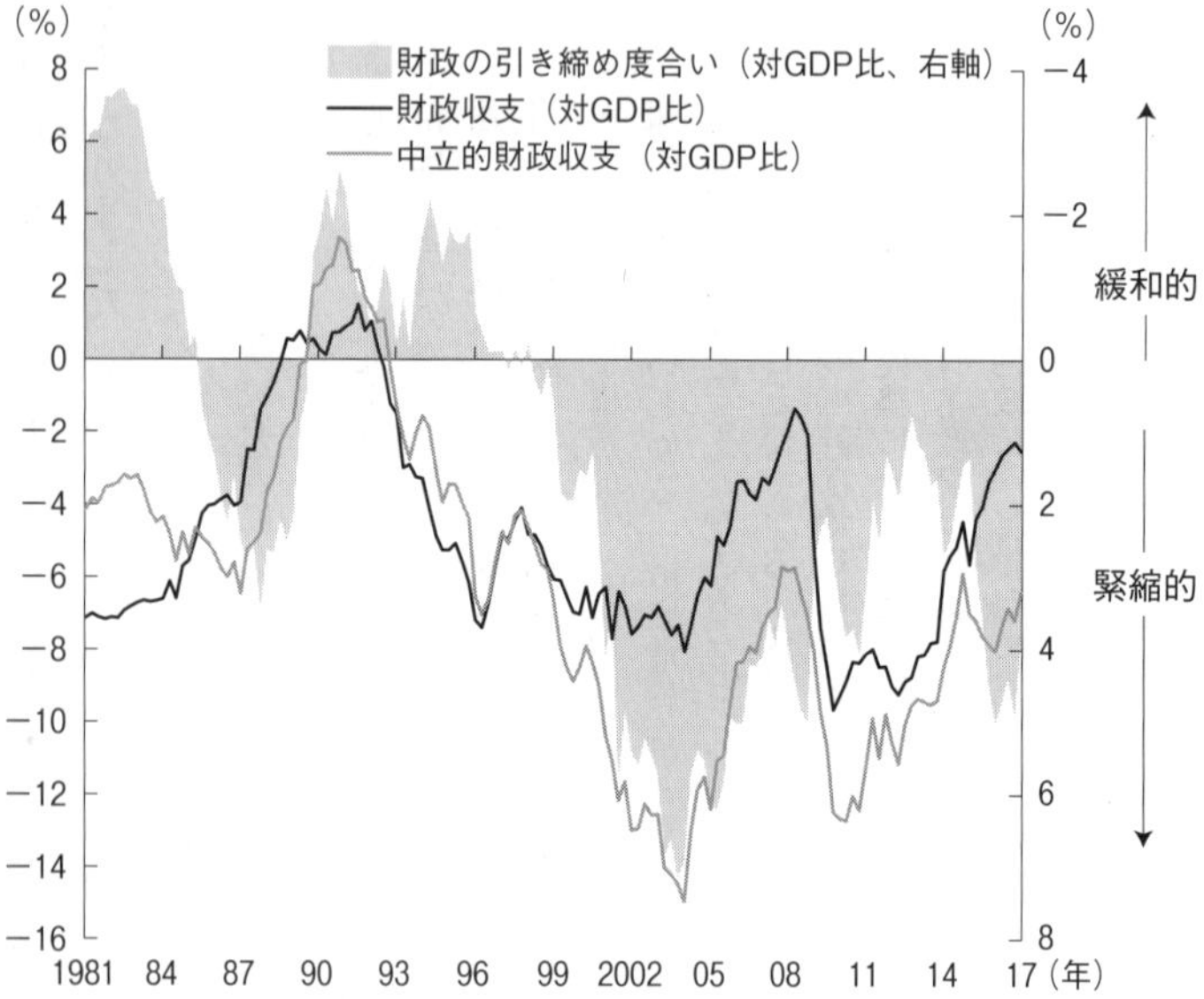

出所：内閣府、日本銀行

資金循環表ベースでみると、最近の財政政策の緩和・引き締め度合い（中立的な水準との差）は図表5－2のように推移しています。つまり、二〇一〇年にはGDP対比で四％程度引き締め的でしたが、二〇一一年からの震災復興のための財政支出、そして二〇一三年からのアベノミクスによる景気刺激策により、二〇一三年以降はほぼ景気中立的といえる水準まで戻っています。アベノミクス開始から名目GDPが拡大を始めた原動力として、日銀の金融緩和が語られることが多いですが、筆者らは財政が過度に引き締め的なところから中立的な水準に戻ったことも重要だったとみています。ひょっとしたら、そちらのほうがより重要とさえいえるかもしれません。

金融緩和の意義がないということでは決してありませんが、しっかりとしたネットの国内資金需要が存在せず、日銀が量的金融緩和によって債務を（間接的に）マネタイズする（注5－7）対象がなければ、金融政策の効果は限定的になってしまうと思われるからです。しかし、二〇一四年四月の消費税率引上げ、そして税収の大幅な増加による自動的な財政緊縮効果などにより、二〇一五年四－六月期には再び財政収支がGDP対比で四％程度の引き締め的な水準まで後戻りしてしまいました。それ以降は、強い引き締め的な状況が続いています。

（注5－7）一般的には「無収益のサービスを、収益を生み出すサービスにすること」「事業から収益が得られる仕組みをつくること」を指すが、ここではマクロ金融の概念として「債務を通貨供給でまかなうこと」を意味するものとして使っている。もともとは、金属から貨幣を鋳造するという意味（monetize）。中央銀行によるマネタイゼーション（マネタイズすること）の意義は、第八章内の「金融政策の効果を実践的に測るためには？」および第九章内の「財政拡張は円高を招くか、円安か？」を参照。

日銀資金循環統計ベースで、一般政府の財政収支（資金過不足、直近一年累計、GDP対比）は二〇一五年一〇－一二月期にマイナス三％から四％程度となり、二〇一一年のマイナス八％から九％程度のピークから半減。総務省が発表した二〇一四年度の地方自治体の財政健全化判断比率によると、消費税率引上げなどにより地方税収が増加し、三分の一の自治体が無借金になったとみられます。景気中立的な財政収支（ＧＤＰ対比）を計算すると、最近のマイナス二％から三％程度の財政収支は、消費税率引上げもあり、中立的な水準より五％から六％ほど改善し過ぎているといえるのです。

より多く利用されている需給ギャップという指標

さて、筆者らが「最も」といっても良いほど重要な概念ととらえているこのネットの資金需要（＝民間企業と政府のトータルレバレッジ）は、経済がデフレ的な環境であるか否かという点を見極めるための指標です。同じような判断の材料に利用される指標として、読者はいままで「需給ギャップ（ＧＤＰギャップということもあるようです）」という概念に触れることが多かったのではないでしょうか。一般的に需給ギャップは「一国の経済全体の総需要と供給力の差」だと定義され、

（実質GDP－潜在GDP）÷潜在GDP

という式で表現されます。潜在GDPは、「現在の利用できる技術のもと、いまある生産設備と労働力を無理なく、かつ、余すことなく活用して生み出すことのできるモノ・サービスの量」という感じで定義されるものです。どのように求められるかの詳しい解説などは他の資料に任せるとして、この需給ギャップという概念の特徴的な性質をみていきましょう。

需給ギャップは、それを表現する式に使われている変数がたった二つと非常にシンプルです。だから、概念的には非常にわかりやすい半面、実際の数値は非常にあいまいで、解釈がむずかしい値となります。この式の結果がプラスになれば、供給より需要が多いということで、経済はインフレ圧力が増大する方向にあり、その状況をインフレ・ギャップといいます。マイナスなら需要より供給が多く、デフレ圧力が増大する方向にあってデフレ・ギャップの存在する状況だといわれます。しかし、実際のデータと照らし合わせると、式の答えがゼロ（ギャップなしの状態）ならインフレ率は一定、プラスのときはインフレ率がプラス（上昇）方向、マイナスのときはマイナス（低下）方向というように常に厳密に対応しているという感覚は持てません。

デフレが諸悪の根源という本書の立場から、デフレ・ギャップの状態は望ましくないわけですが、意外にも「では、どの程度のプラス水準が望ましいのか」という考察はそれほどしっかりとされていないようです。日本銀行の黒田東彦総裁は「GDPギャップがゼロのもとで実際の物価上昇率が平均的に二％程度で変動し、人々の中長期的な予想インフレ率も二％程度になる、つまりインフレ期待が二％でアンカーされる状態になることを目標に政策運営をしている」と表現しました（注5―8）。しかし、需給ギャップがゼロのときにインフレ率が二％ということであれば、需給ギャップが少しマイナス側にあってもインフレ率はプラス圏にあるはずで、それを「デフレ・ギャップ」の状況と表現するのは少しおかしいようにも感じられます。

（注5―8） 黒田日銀総裁による二〇一三年九月二〇日のきさらぎ会での講演をもとに、筆者らが内容を変えることなくわかりやすい表現に書き換えて引用している。

このように需給ギャップはたしかによく利用される概念ですが、筆者らは解釈がとてもむずかしく、使いやすいとはいえない指標だと思っています。正直なエコノミストなら、需給ギャップの値を求めて論じる際に「ある程度の幅をもってみる必要がある」という注書きを必ずつけるはずです。どんな統計でも、多少の幅をもって解釈するという姿勢は常に大切だと思われますが、需給ギャップの幅は、おそらく相当に大きくとる必要があるだろうと筆者らは考えます。

実は前に潜在ＧＤＰを定義した時、「……のような感じで定義される」としたり、その定義のなかに「無理なく」という語句を入れたりしたことにより、すでにこの概念のむずかしさの一端を示唆していました。需給ギャップの定義は明確ながら、潜在ＧＤＰという概念は定義自体が完全に統一されて使われている用語ではないといえます。このあたりの解説は、郵政省郵政研究所による『我が国の潜在成長率等に関する調査研究報告書』（二〇〇〇年七月）が非常に良い資料です（注5－9）。

（注5－9） 具体的には、「2・2 潜在成長率の重要性」と、その後に記載されている「BOX1：潜在成長率を推計する困難さ」「BOX2：水準に関する議論」を参照。

また、潜在GDPは、中長期的に現実のGDPの平均となるイメージの場合と、常に現実のGDPにとって最大実現可能な天井をイメージする場合があるようで、両者の意味合いは異なります。「あますところなく」という定義だけだと、「あまっているといえるような状況ではないが、最大限実現可能とまではいっていない」と聞こえませんか。そこに「無理なく」と付け加えると、それ以上の活用は少し無理があり、設備にも余裕がないために故障した際の代用がなかったり、賃金もそれなりに上げざるをえなかったりするような状況でインフレ圧力が強まっていくというイメージではなく、「平均」のイメージに近くなるのではないでしょうか。中長期の「平均」なら一時的な最大値ではなく、持続可能性が担保されます。

こうした定義のあいまいさもさることながら、GDPの「潜在的な水準」を計測するのは実務的に非常に困難なことです。潜在GDPの変化率、すなわち、潜在成長率についても、先の郵政研究所による報告書では、需給ギャップと同じようなむずかしさがあることが解説されています。一五年以上も前の報告書ですが、いまも事情は基本的にまったく変わっていないし、おそらくこれからもほとんど変わらないでしょう。そこに示されているように潜在成長率を計測するアプローチにはさまざまな手法があり、結果はまちまちで比較的大きなばらつきがみられます。非常に広く使われる概念であるにもかかわらず、潜在GDPの推計が困難であるのと同様、潜在成長率も恣意性が排除された絶対的な推計値を求めるのは端的に不可能なことなのです。

そもそもGDPというデータでさえ信頼性は「?」

加えて、需給ギャップの計算式のもう一つの変数であるGDPそのものにも大きな問題があります。ですから、需給ギャップという概念や潜在GDP・潜在成長率がGDPを対象にする指標であるという時点で、重要な(ただし、おそらく最重要な)参考値以上のものではないという認識が必要になります。GDPの推計方法の解説も本書の主旨にあわないので他の資料に任せますが、改定の幅が非常に大きく、時に「歴史が書き換えられる」という表現が適当といえるほど著しく成長パスが変わることもあります。そうした点を示す二つのエピソードに軽く触れておきましょう。

一つ目は「ソロー・パラドックス」です。ノーベル賞受賞者でマサチューセッツ工科大学名誉教授のロバート・ソローが、一九八七年七月にニューヨークタイムズ紙に寄稿した書評のなかで「コンピュータが至るところで活用されているが、その効用が生産性統計には表れていない」という趣旨のことを書きました（注5－10）。つまり、コンピュータの利用が拡大して経済活動の生産性が上がっているようにみえるのに、GDP統計にはそれが表れていないことを指摘したのです。一九九〇年代に入ると、経済状況に関する感覚と統計データの乖離は開くばかりで、「生産性のパラドックス」として広く議論されました。「統計不備説」や「効果発現ラグ説」などで説明されていましたが、「現在では、GDP統計の改訂もあって一九九〇年代後半には生産性の上昇が統計的にも確認され」たと理解されています（注5－11）。

（注5－10） Robert Solow, "We'd better watch out", *The New York Times Book Review*, July 12, 1987による。
（注5－11） 経済企画庁調査局「IT化が生産性に与える効果について―日本版ニューエコノミーの可能性を探る―」二〇〇〇年一〇月。

二つ目はつい最近、わが国であったエピソードです。日銀が税収をベースに所得分配の側面から試算した過去一〇年間のGDPの平均伸び率は、内閣府による公式のGDPデータよりずいぶんと高かったという話題です。再三述べているように、生産（供給）、支出（需要）、所得（分配）という三つの側面から推計したGDPは同じ値（三面等価）になり、「だれかの支出は別のだれかの所得」なのですが、一般的に参照されている内閣府が速報値として公表するGDPは支出面からみた値であるのに対し、日銀は所得面から見直してみたというわけです（注5－12）。黒田総裁が二〇一六年七月二六日の経済財政諮問会議で、内閣府公表のGDPについて「税収は良いのに、GDPが下がっているのは少し違和感がある」と表明したのは、この分析に基づいているのでしょう。

（注5－12）藤原裕行、小川泰尭「税務データを用いた分配側GDPの試算」日本銀行ワーキングペーパーシリーズ、二〇一六年七月。もっとも、需給ギャップの値について以前から日銀による推計と内閣府による推計の間で開きがあることが指摘されている。岩田一政「2つのGDPギャップとデフレ脱却」（「岩田一政の万理一空」、日本経済研究センター、二〇一五年四月三〇日（https://www.jcer.or.jp/column/iwata/index760.html）を参照。

これを受けて山本幸三・地方創生担当相（当時）が「（政府統計は）各省でまったく調整がとれていない。その結果、日本のGDP統計はどこまで信用していいかわからない」と二〇一六年八月四日の記者会見で発言しましたが、この統計の特徴を端的に示しています（注5－13）。推計方法が違っても（誤差は捨象するとして）同じ値になるはずのものがそうなっていないという事実は、GDPの推計のむずかしさ、統計データについての「幅をもってみなければならない」という教訓を如実に物語っているといえます。

（注5－13）　J－CASTニュース「日本のGDP統計の盲点　大臣も「どこまで信用していいのか……」」二〇一六年九月二日（http://www.j-cast.com/2016/09/02276582.html?p=all）、きんざいDigital Magazine「GDP論争に自民党も参戦、揺らぐ日本の経済成長率」二〇一六年九月一三日（https://estore.kinzai.co.jp/estore/view/app/magazine/magazineRefer.html?mid=1609G00001）。

日銀が推計に利用した税務関係データは、企業が脱税しない限りほとんどの経済活動を捕捉できます。一方で、企業には赤字を翌年度以降の黒字と相殺して納税額を減らせる「繰越欠損金」制度があり、この影響を織り込むのはむずかしく、税収は経済活動とは必ずしも連動しない面もあります。また、法人税の納付状況などの税務情報がすべて公表されるのは年度が終わってから一年三カ月程度後で、これでは機動的な経済政策を実施する材料にはできません。いずれにしても需給ギャップが最も重要な参考値以上のものになりえないのは、それを求めるためのGDPの実績や潜在GDP（および、その伸び率である潜在成長率）という統計値が、「ある一定の条件のもとで」という強い制約のある推計値にすぎないからです。そして、「ある一定の条件」によって答えが変わってきてしまうものです。

前の節でもそうしたように、本書では全体を通して潜在成長率の値を内閣府の推計に沿った〇・五％程度として関連する議論をしました。気づいている方がいるかもしれませんが、実は直近の内閣府による潜在成長率の推計結果は、もう〇・五％ではなくなっています。二〇一七年一月二五日に公表された「今週の指標No.1159」が示すとおり、ＧＤＰ統計の基準改定等を反映した結果、その時点での潜在成長率は〇・八％ということになりました（注５－14）。さらに九月一五日に更新された推計値をみると、いまは足元の二〇一七年四－六月期が一・〇％になっています。わりと頻繁に推計結果が変わり、直近の水準も変わっているということです（注５－15）。

（注５－14） 注として「潜在ＧＤＰは、「生産関数アプローチ」により供給側の概念として推計を行っているが、全要素生産性（ＴＦＰ）は、実際に需要された実質ＧＤＰから、資本投入と労働投入を控除して作成した残差実績のトレンドとしてＨＰフィルターを用いて推計を行っている。このような推計手法をとっているため、ＴＦＰや潜在成長率の推計値は直近の基礎統計の動向に強く影響を受ける傾向があり、相当の幅をもってみる必要がある」と書かれている。

（注５－15） 吉田充「ＧＤＰギャップ／潜在ＧＤＰの改定について」（経済財政分析ディスカッション・ペーパーＤＰ／17－３）内閣府、二〇一七年六月を参照。また、潜在成長率に関しては、斎藤太郎「日本の潜在成長率は本当にゼロ％台前半なのか」（ZUU online、二〇一六年九月二日、https://zuuonline.com/archives/119545）も参考になる。

図表５－３は、その内閣府による潜在成長率推計結果の変化を示したものですが、二〇一六年九月の推計と二〇一七年九月の推計でかなり大きな差があることがわかります。一年前の内閣府の推計では、潜在成長率は二〇一二年の〇・五％程度から二〇一六年の〇・三％程度まで下がっ

図表５－３　内閣府による潜在成長率の推計値

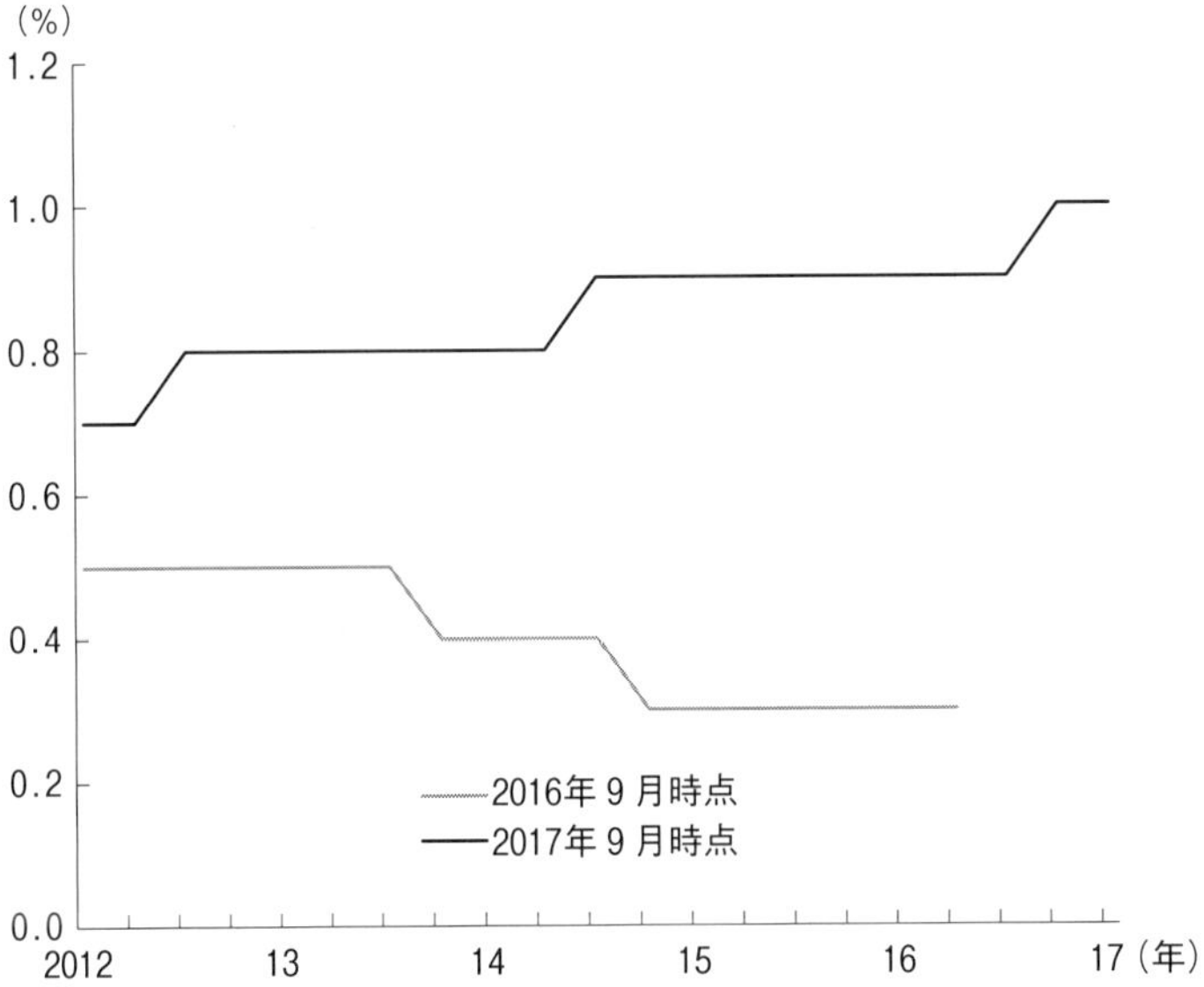

出所：内閣府

てしまっていて、アベノミクスによる効果がまったくみえなかったのが政策への批判につながっていました。これがいまは一・〇％になっているということで、逆にアベノミクスが始まる前の二〇一二年の〇・八％程度から上昇しており、短期的な需要の拡大だけでなく、潜在成長率という構造的な回復が進行しつつあることが示唆されるようになりました。景気の回復によって物価が持続的に上昇できる環境になってきたと思われますが、それでも物価上昇率があまり上がらず日銀の二％物価安定目標を達成できていないのは、潜在成長率が思ったより上昇していた（あるいは、高かった）からというポジティブな理由によるものかもしれません。潜在成長率（供給能力の増加率）が高ければ、インフレ・ギャップが拡大するのを抑制する方向に作用するからです。

先ほどの日銀が推計した分配側からみた高めのＧＤＰの値が仮に正しいとすると、今度は、その状況でも望ましい二％程度の安定的なインフレ率が実現されていないのは、潜在ＧＤＰの側も過小評価されているからなのではないかという疑問が生じても不思議ではありません。つまり、それでいえば内閣府による潜在成長率が高めに修正されたという事実は、日銀の高めのＧＤＰと整合的な内容だと考えることさえもできるでしょう。このようにＧＤＰギャップの推計値は、基礎統計の動向やそれに基づく潜在成長率の推計値に強く影響を受けて大きく左右されるものであり、その性質をしっかりとふまえて利用する必要があるといえます。

需給ギャップvsネットの資金需要

これに対し、ネットの資金需要は、日銀の資金循環という統計から計算されるものです。日銀の資金循環統計は、金融機関からの報告や財務諸表などをもとに、実際にお金や金融商品（資産・負債）がどう流れたかを推計するものです。金融商品の取引については、日銀がかなりしっかりその数値を把握できるはずです。日銀自身による統計の解説にも「全体的にみれば、資金の流れを仲介する金融機関部門を中心に、預金、貸出の主要な部分では、相応の精度を維持している」とあります。金融機関の報告は悉皆調査に近いわけで、資産側と負債側を足し合わせた全体の金融残高のうち約半分は推計精度が高いと認識されているのも頷けます。逆に推計精度が低いとみなされる部分は五％ほどだそうです（注5―16）。

（注5―16）　もちろんデリバティブが絡む商品やアングラマネーなど、完璧にその評価金額を正しく把握できる金融活動ばかりでないことも否定できない。それでも総合的な統計のなかでは網羅度が高く、信頼度も高いと考えて良いように思われる。しかし、完全な悉皆調査でなければ統計に絶対性を求めることはできず、この統計についても次のような注書きがある。「他の金融統計とは異なる特有の考え方や取引項目・部門分類が採られている場合があるほか、データ系列数も全体で八〇〇〇系列にも及ぶため、推計に頼る部分が多いのも事実です。また、時間の経過に伴い、金融構造の変化等により従来の推計方法で推計精度の維持が困難になる場合などには、推計方法の見直しも必要となります。このため、利用に際しては、そうした資金循環統計の特徴点を正確に理解することが必要です」。詳細は、日本銀行調査統計局「資金循環統計の解説」および「資金循環統計の作成方法」を参照。

ネットの資金需要は企業の貯蓄率と財政収支を足した合計貯蓄率の符号を反転させたものですが、これらは資金循環統計におけるそれぞれの部門の「資金過不足」という項目であり、それらは金融取引を表すものです。実物取引の裏には必ず金融取引があり、実物取引でも同じような過不足をつくることができ、理論的には両者が一致することになります。実物取引で発生した余剰（貯蓄超過）は、金融取引を通じて調整され、必ずどこかで金融資産の増加ないしは負債の返済に充てられなければなりません。よって、実物取引からみた過不足と金融取引からみた過不足は、表裏一体の関係にあり、概念上は一致するわけです。

先にみた需給ギャップの考え方は、実物取引側のもので、実物取引の過不足が需給ギャップとほぼ同じ概念だといって良いでしょう。毎年末に公表となる国民経済計算確報には、金融取引と実物取引のそれぞれの過不足が公表されています。統計的な誤差があって両者は完全には一致しませんが、おおまかなトレンドは同じになります。ただし、国民経済計算確報は公表が遅く、また家計部門以外は四半期データがないため、使い勝手が悪いといわざるをえません。よって、公表も早く、四半期データがそろっている日銀資金循環統計をベースにした議論をすることが望ましいと思われます。

具体的には、実物取引の過不足で企業部門が資金余剰になっていること（つまり異常なプラスの企業貯蓄率）は、貯蓄に対して投資が不足しており、デフレ・ギャップがあることを意味します。推計のむずかしさから幅をもってみる必要があるGDPベースの需給ギャップのデータが、仮に、デフレ・ギャップの解消を示唆していても、こちらの結果のほうが信頼性は高いと考えられるでしょう。

そして、その企業部門における需要不足を政府が埋め切れているのかをみるために、企業と政府を合計したネットの資金需要（GDP比％）を総合的な需給ギャップの代理変数とすることができるのです。家計の貯蓄率がプラスでネットの金融資産が蓄積していっている状況を前提とすれば、真の需給ギャップがゼロ％にある状態に対応するネットの資金需要は、しっかりとしたプラス（合計貯蓄率がマイナス）となるはずです。これが先に示した景気中立的な財政収支という考え方の補足説明になります。

日本の長期金利はどのように形成されているのか

さて、ネットの資金需要が経済のドライバーとして重要な指標だという認識をふまえて、そのドライバーによって左右されている日本の経済状況のもとで長期金利がどのように形成されているのかみてみましょう。すでに、長期金利は企業貯蓄率や、これと逆相関する財政収支、これらと相関の高いインフレ率とも関連が深いという構図をみましたが、もう少し具体的にとらえていきます。

近年は財政収支の改善と日銀の大規模な金融緩和などにより、日本の国債市場における流通量

（あるいは流動性）が縮小しているため、金利の変動が大きくなっていると認識されているようです（注5－17）。消費税率引上げの見送りもあり、財政規律の喪失による突然の長期金利の上昇への警戒感も表明されています。このような状況のもと、マクロのファンダメンタルズや政策要因に基づいた分析で、金利のフェアバリュー（その時々の状況に見合った適正水準）がどの辺りにあるのかを認識しておくことが、重要になってきているということもできるでしょう。

（注5－17）足元では日銀による長期金利を操作する金融政策のために、変動性が市場に任された状態とは言いがたい。

長期金利に影響を与えるマクロのファンダメンタルズ要因としては二つの柱があります。一つは、企業貯蓄率と財政収支の合計で、貨幣経済の拡張を左右するネットの資金需要（トータルレバレッジ、対ＧＤＰ比）です。ここで重要なのは、財政赤字が長期金利に単独で影響を及ぼすのではなく、企業の資金余剰との相対感で影響を及ぼすということです。財政赤字が大きくても、企業の資金余剰が大きければ、ネットの資金需要は弱く、長期金利は低位安定することになります。

もう一つは、失業率に先行する指標として知られ、信用サイクルによる内需の拡張を左右する日銀短観の中小企業貸出態度判断ＤＩです（図表5－4）。金融機関の貸出態度が緩和的であると

図表５－４　中小企業貸出態度判断DIと失業率

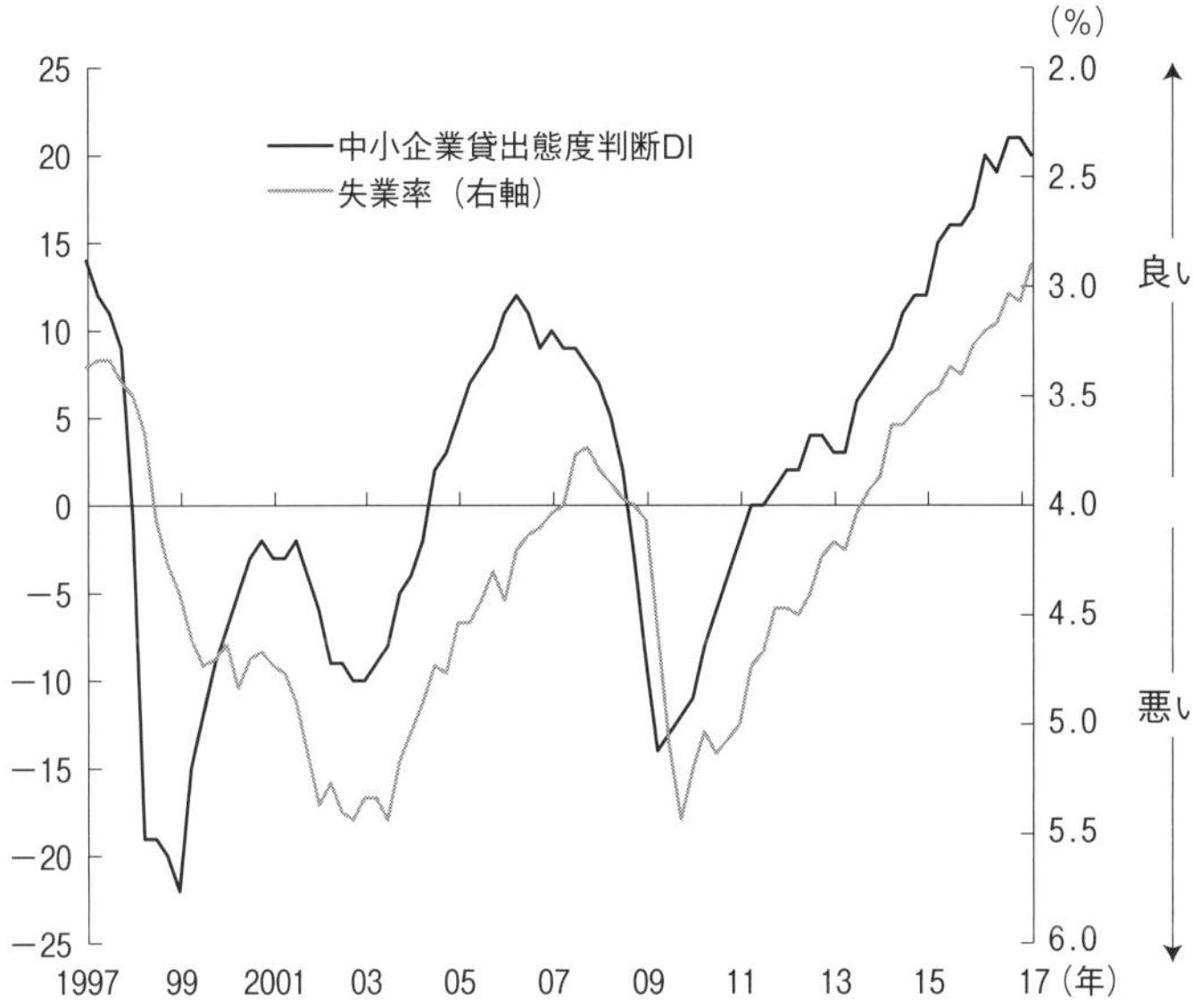

（注）　中小企業貸出態度判断DIが30台前半に達した1980年代後半のバブル期は失業率が３％から２％に低下するなかで、賃金上昇・内需拡大が強くなった。

出所：日本銀行、総務省

いうことは、金融機関が国債に投資するよりも貸出を優先する傾向にあることを意味します。金融機関の貸出態度が緩和すれば、企業の資金調達に対する不安感が減少し、より積極的な企業活動が景気を刺激していくことになるでしょう。

景気サイクルには、大きく分けて輸出・生産などによる在庫サイクルと、企業のリスクテイクなどによる信用サイクルの二つが存在します。日本経済がまだ製造業中心であり、在庫調整に時間がかかった過去には、在庫サイクルが主導する景気サイクルが中心的でした。しかし、ＩＴ技術の進歩などにより在庫調整はかなり短期に行われるようになり、在庫サイクルが数年の景気サイクルを主導する力は弱くなっているといえます。また、日本経済はすでにサービス業中心になってきており、サービス業は生産と消費が同時に行われるため、在庫という概念が希薄になっていることもあります。

製造業では在庫が低水準になれば生産活動が回復するのと同じように、サービス業では資金調達環境が改善すれば事業拡張が始まるという動きが観察されます。景気が過熱すれば企業の負債も拡大し、インフレ期待の上昇が金融政策の引き締めにつながります。すると負債の負担が増加して信用は縮小を始め、景気はいずれ後退するという流れです。その後、金融政策が緩和に転じるとともに企業はデレバレッジとリストラを進め、金融機関は不良債権の処理を進めますが、それが終われば貸出に積極的になり、いずれ信用は再び拡張を始めて景気が回復していくことになります。このように、サービス業中心の経済では、在庫サイクルではなく、信用サイクルが数年の景気サイクルを主導すると考えられるのです。

金融政策要因としても二つの柱があります。一つは、イールドカーブのアンカーである日銀政策金利、もう一つは、日銀の資金供給（買いオペ）の力を示す日銀当座預金残高の変化（前年差、ＧＤＰ対比）です。ネットの資金需要が大きく、日銀がそれをマネタイズ（資産を購入してマネーを積極的に供給）するかたちとなれば、長期金利は上昇しにくいことになります。ネットの資金需要と日銀当座預金残高の変化の合計が、金融政策要因におけるマクロ的な債券需給の代理変数といえるでしょう。

そして、グローバルな金利水準の代理変数として、米国債一〇年金利の動きが重要となります。数年前までは、米国の長期金利を入れても入れなくても、推計結果に大きな違いはありませんでした。しかし、昨今の大幅な金利低下は日本国内の要因だけではなく、グローバルな金利水準の大幅な低下を理由にしないと説明が困難になってきているようです。

これらの要因を説明変数として使うことで、日本の長期金利は、以下のような式でうまく推計できることがわかっています（一九八八年からのデータ、4四半期移動平均、九八％程度の動きを説明）。この推計結果は、企業の貯蓄行動がどうなっているかを前提とせず、財政赤字だけで過度に長期金利上昇をおそれ、財政政策の手を縛ることは適切でないことを示しています。財政拡大によりネットの資金需要が増加しても、現状においては日銀のマネタイズする力で長期金利を抑制することは可能だということです。政策金利の係数が〇・七二と一を下回っていることは、長期金利への影響は政策金利の変化の七割程度であり、イールドカーブが利上げ局面でフラットニング、利下げ局面でスティープニングする傾向にあることを意味しています（注5－18）。

長期金利＝0.142＋0.018×貸出態度判断DI＋0.72×政策金利＋0.94LN（米国長期金利）
−0.066×（合計貯蓄率＋日銀当座預金残高変化）；R^2=0.98

（注5−18）このモデルは4四半期移動平均ベース（季節性が非常に強いネットの資金需要が4四半期移動平均ベースでしか分析できないため）の安定的関係を示したものだが、ネットの資金需要以外の各説明変数にスポットのデータを入れれば、スポットの長期金利の推計値（フェアバリュー）が得られる。

マイナス金利政策導入前の二〇一五年一〇−一二月期では、中小企業貸出態度判断DIがプラス一七、政策金利が〇・〇八％、トータルレバレッジ（GDP比、合計貯蓄率の符号を反転させたもの）が〇・七％、日銀当座預金残高の変化（GDP比）がプラス一四・〇％です。そして米国長期金利が二・〇％程度とすると、長期金利の推計値は〇・三％程度となります。これは実際の水準からそれほど遠くなく、変動は大きいながらも金利がフェアバリュー近辺で動いていることがわかります。フェアバリュー近辺であるということは、消費税率再引上げ延期の決断や格付機関の日本国債格下げの後でも、現実の金融市場において日本の財政状況に対する不安を反映したリスクプレミアムはほとんど存在しないことを意味します。

ネットの資金需要は財政の政策変数

長期金利の推計で、中小企業貸出態度判断ＤＩは国内の経済活動の体温、そして米国の長期金利は海外の経済活動の体温を表すということもできるでしょう。そして、日銀政策金利と日銀当座預金残高は、日銀にとって最も直接的な金融政策変数です。最後に、企業貯蓄率と財政収支の合計であるネットの資金需要は財政の政策変数であると考えられます。

日本の内需低迷・デフレの長期化は、企業貯蓄率と財政収支の合計であるネットの資金需要（合計貯蓄率）がゼロと、国内の資金需要・総需要を生み出す力、資金が循環し貨幣経済が拡大する力が喪失していたことが原因だったと論じてきました。実際に、二〇〇〇年代は企業貯蓄率が大きく変動していても、ネットの資金需要はゼロ％近くに張り付き、恒常的なプラスとなっている企業貯蓄率（デレバレッジ）に対して、マイナス（赤字）である財政収支がようやく相殺しているにすぎません。それは、すなわち成長を強く追求せず、表面的な安定だけを目指す財政政策であったとみなすことができます。ネットの資金需要の動きをみると、バブル期にはＧＤＰ対比一〇％程度、平均では五％程度でした。デフレ期はゼロ％程度、そして、マイナス五％程度になると信用収縮を伴うデフレ・スパイラルになるというイメージをもてます。

そして、ネットの資金需要は受動的な変数ではなく、財政政策によってある程度コントロールできる政策変数とみなすことができます。企業貯蓄率が高くて景気が悪いときには財政赤字を増やし、企業貯蓄率が低くて景気が良いときには財政赤字を減らす。どの水準で企業貯蓄率と財政収支をバランスさせるのか、すなわち、その合計であるネットの資金需要の水準をどの位置にするのかは、財政政策の強さの度合いに依存すると考えることが可能です。

アベノミクスの推進力は、財政緩和でネットの資金需要の水準をゼロ％程度から若干のプラス（合計貯蓄率はマイナス）にし、資金が循環し、貨幣経済が拡大する力を復活させたことにあったといえましょう。しかし、消費税率引上げ後の財政緊縮などにより、ネットの資金需要はまたゼロ％に戻り、その推進力が失われてしまいました。今後、再び財政拡大によってネットの資金需要を復活させ、アベノミクスの内容を再稼動させることが期待されます。

マイナス金利政策はどれほど長期金利を追加的に押し下げたのか

ここで一つの問題として考えられるのは、プラスの政策金利の時のモデルを、マイナスの政策金利の時にも応用して良いのかということです。政策金利がマイナスだと、金融機関はプラスの利回りがある保有国債をなかなか手放したがらないと思われるため、日銀の国債買入れオペの価格が強含みやすくなるとみられます。同じ一〇ベーシスポイント（ｂｐｓ）の政策金利の変化でも、長期金利に与える影響はプラスのときに比べてマイナスのときのほうが大きくなると考えられます。マイナスのときのインパクトがプラスのときの何倍かを表す「乗数」を政策金利に掛けるというテクニックを利用することで、その違いを表現することができます。先ほどのモデル式を修正してみましょう（注5－19）。

長期金利＝0.136＋0.018×貸出態度判断DI＋0.72×（政策金利×乗数）
＋0.94LN（米国長期金利）－0.066×（合計貯蓄率＋日銀当座預金残高変化）；R^2＝0.98

（注5－19） 前の式とほとんど変わっていないが、推計期間がマイナス金利政策導入前の二〇一五年一〇－一二月期までか、直近の二〇一七年一－三月期までという差なので、説明変数のちょっとした修正が係数に与える影響は限られていると考えられる。ここで「乗数」は1であれば同じ強さ、5であれば五倍のインパクトの強さを表す。日銀の黒田総裁自ら「〝乗数〟とは、当座預金金利の一単位当りの変化に対する長めの金利の変化幅を意味しています」と説明している（日本銀行「「マイナス金利付き量的・質的金融緩和」による予想物価上昇率のリアンカリング」、黒田総裁によるカンザスシティ連邦準備銀行主催シンポジウム（米国ワイオミング州ジャクソンホール）における講演の抄訳、二〇一六年八月二七日）。

乗数が1・2・4・6と変化するに従い、マイナス金利政策導入直後の二〇一六年四－六月期における長期金利の推計値（米国の長期金利は二・四％程度を前提）はマイナス〇・〇三％・同〇・一〇％・同〇・一六％・同〇・三七％と変化します。四ー六月期のマイナス〇・二％程度の長期金利は、乗数を四倍から五倍程度とすると、マクロ的なフェアバリューに近いと考えることができるでしょう。

日銀はマイナス金利政策の導入で、当初の見込みより長期金利が低下したとみているようでした。乗数が一倍であれば、政策金利がマイナス〇・一％でも、長期金利はマイナス〇・〇三％程度とゼロ近辺にとどまるはずが、国債買入れオペに対する負荷が増した分だけ乗数が上振れたと考えられます。言い換えれば、マイナス金利政策は国債買入れオペにかなりの負荷をかけてしまう分、長期金利をより押し下げ、マーケットに日銀の追加金融緩和の限界を感じやすくしたといえます。

むずかしいのは、マイナス金利政策の時の長期金利へのインパクトがプラスの時の何倍かを表す乗数は、何倍が適当なのか判断ができないことです。その時のグローバル・マーケット環境、政策への期待、または国債入札や日銀国債買入れオペの結果により、乗数は短期間で変動しても不思議ではありません。乗数が大きく変動すれば、そこから推計される長期金利の変動幅は大きくなるとみられます。ファンダメンタルズに変化はなくても、乗数が一倍から九倍に変化すれば、長期金利は五七ｂｐｓも変動することになるのです。二〇一七年一ー三月期のフェアバリューでみれば、長期金利は〇・三九％からマイナス〇・一八％までの変動余地があると考えられます。こう考えれば、マイナス金利政策により長期金利は低く抑制されているが、変動性が高まっているということも説明できるでしょう。

このように、日銀がマイナス金利政策を導入した結果として、国債買入れオペに大きな負担がかかり、マーケットに金融緩和の限界を感じやすくさせたことに加え、この長期金利の変動性に対処する必要性も生じることになりました。そのことが二〇一六年九月下旬の金融政策の枠組み変更へつながったと理解できます。すなわち、現在の政策目標に長期金利の水準も新たに加えたイールドカーブ・コントロールという政策（長短金利操作付量的・質的金融緩和）の導入です。

政府負債残高膨張の長期金利への影響は皆無

本章で紹介した日本の長期金利（国債一〇年金利）の推計は、財政赤字を含んだネットの資金需要などのフローの分析です。日本政府のネットの負債残高対GDP比は、一九八八年の五四・四%から二〇一六年末には一三一・八%まで膨張していますが、念のために、あらためて負債残高というストックの膨張が長期金利を押し上げているのかも確かめてみましょう。政府のネットの債務残高をモデルに説明変数として加えてみます。

長期金利＝0.59＋0.02×貸出態度判断DI＋0.72×（政策金利×乗数）

＋0.78LN（米国長期金利）－0.07×（合計貯蓄率＋日銀当座預金残高変化）

－0.003×政府のネットの負債残高

結果は、政府のネットの負債残高にかかる係数はほぼゼロ（統計的にも有意でなく、しかもマイナスと懸念派が想定する符号条件とも逆）で、政府債務の膨張が長期金利に影響しているという仮説は否定されます。これまでのフロー要因の重要性が再確認されたということです。

日本国債の格下げが相次いだ二〇〇二年から二〇〇三年の間、財務省は当時の黒田財務官（現在の日銀総裁）を中心に格付機関に対して抗議の質問書を出しました。その時の財務省による「日・米など先進国の自国通貨建て国債のデフォルトは考えられない」という主張は、いまでも通用します。特に自国通貨建て国債であれば、政府負債の増加はたいていの場合に民間資産の増加を意味するため、ストックが長期金利に影響することはほとんどないと考えられます。

景気過熱や過剰支出で資金需要が国内貯蓄より強く、経常収支が赤字になるなどの影響を含め、金利水準を決めるのはあくまでフローの要因です。ネットの資金需要が強い状況でなければ、財政赤字による金利暴騰という危険性を懸念する必要はほとんどありません。

総合的リフレ政策再強化へ向けて財政政策の拡大を！

財政規律の喪失から長期金利が暴騰する（国債の価格が暴落する）という得体の知れない不安は、国債の追加発行で財政支出をファイナンスすると金利がどれくらい上昇するのかという計量的な分析に基づいていません。見込まれる金利上昇が財政支出の効果のコストとして見合うものであれば、必要な財政支出をためらうべきではありません。長期金利の水準はマクロ・ファンダメンタルズでしっかり説明できるのであって、格付の引下げや財政規律の喪失に対する不安などの影響はほとんど確認できないのが事実です。

すでにみた長期金利の推計式において、合計貯蓄率の係数は〇・〇六三でした。財政支出の拡大を国債の追加発行でファイナンスし、ネットの資金需要が五兆円程度（GDP対比一％程度）増加すると仮定した場合でも、長期金利は〇・〇六三％の上昇しか見込まれません。一〇兆円（GDP対比二％）でも〇・一三％ということです。債券の投資家にはバカにならない変化ですが、マクロ的な影響としては誤差の範囲内ととらえても言い過ぎではないでしょう。たしかに、アベノミクスで実施されてきたような総合的リフレ政策を再稼動させるための財政支出を国債発行でまかなえば、少しは長期金利が上がりかねないのは事実です。しかし、計量的にその上昇幅は大きくないと考えられます。デフレ完全脱却期待が復活し、期待インフレ率が上昇すれば、実質長期金利は逆に低下するかもしれません。

裏付けなしに長期金利上昇を過度におそれ、総合的リフレ政策を再稼動させるために必要な財政政策の手を縛ることはまったく不適切です。日本の将来のために良いこと、具体的には、市場の失敗の是正、教育への投資、生産性の向上や少子化対策、長期的なインフラ整備、防災対策、地方創生、そして貧富の格差の是正と貧困の世代連鎖の防止を目的とした財政プロジェクトであれば、国債を発行してでも大胆に推し進める必要があるのではないでしょうか。消費税率引上げなどの財政緊縮によりネットの資金需要が消滅し、マネーが循環・拡大できない二〇〇〇年代と同じ状況に逆戻りしないよう、総合的なリフレ政策によってアベノミクスの中身を再稼動させることが必要です（注5－20）。

（注5－20）　すでに述べたとおり、日本において本格的にデフレからの完全脱却を政策目標に掲げて持続的にその実現をねらう方針を掲げたのはおそらく「アベノミクス」が初めてだと思われることから、それを推奨しているが、当然ながら安倍政権によるアベノミクスこそが、そして、それのみが望ましいという意味ではなく、適切なリフレ的マクロ政策を実施することでデフレ状況からの完全なる脱却を図るという政策の中身こそが重要であることはいうまでもない。

アベノミクスの基盤は復活したネットの資金需要で、その基盤を活かすトリガーはこれをマネタイズする大規模な金融緩和でした。そのいったんの終焉は、財政緊縮への逆戻りと企業行動の

図表5－5　総合的リフレ政策再強化の中身

	基礎	トリガー	結末
アベノミクス	復活したネットの資金需要	それをマネタイズする大規模な金融緩和	財政緊縮によりネットの資金需要が消滅したが、デフレではない状況まではたどり着いた
端境期	アベノミクスの停止による逆噴射（円高、株安、物価低迷）		
総合的リフレ政策の再強化	大規模な金融緩和の継続	企業活動の回復と財政拡大によりネットの資金需要が再び復活	デフレ完全脱却へ

慎重化によるネットの資金需要の消滅によって生じたということでしょう。総合的リフレ政策再強化の基盤は大規模な金融緩和の継続、トリガーは企業活動の回復と財政拡大によるネットの資金需要の復活、そして結末はデフレ完全脱却とすることができるはずです（図表5－5）。

第六章

財政に絡む議論のゆがみ

● この章のまとめ ●

・拡張型の財政政策を支持する意見に対し、しばしば「無駄にならない支出の使い道は何か」とか、「減税は税収中立型の改正でなければならない」といった反論がなされます。しかし、それらは拡張型の財政政策の政策意図を受け止めた議論になっていません。

・内閣府が提示している日本の長期的な財政の試算に基づく議論は、ミクロ的な財政の状況のみに焦点を当てており、マクロ的な経済全体の状況を考慮していないものが多いといえます。

・日本の財政に関するデータの示し方は国際比較が可能な基準でなされていない場合も多いため、そのゆがみを是正してより適切な議論を導入する必要性があります。

財政の議論を経済の現状にあわせる

ここまで本書を読んだ読者のなかには、筆者らに対して「では、何も考えずに財政支出をどんどん増やし、政府債務もどんどん増やして何の問題もないのか。そんな見解はとても腑に落ちない」と感じる方も少なくないでしょう。しかし、第一章でも述べているように、筆者らは財政拡張原理主義者ではないし、政府債務を際限なく増やしてかまわないと主張しているわけではまったくありません。

適切な政策を議論するためには、金融経済情勢に関する前提をきちんと認識、確認することが重要で、そこがずれたら答えは変わるという実践的な姿勢が必要です。筆者らはこの手続をふまえ、現状の日本経済や日本を取り巻く金融市場環境に基づけば、いまは必然的に財政支出の増大が必要だという判断がファイナルアンサーになると論じています。

金融経済情勢は生き物のように動いて変化するので、前提が変わることもあるでしょう。したがって、ずっと財政支出の積極的な拡大が必要だという考え方にはなりえません。第二章で確認したとおり、名目GDPの拡大にあわせて財政支出が増えていくのは自然なことですが、状況によっては増えるペースを名目GDPの伸び率より抑制気味にしたり、あるいは一時的に減らしたりすることが適切な局面もあるかもしれません。それは、ある程度インフレ率や金利の持続的な動きが教えてくれるはずです。

しかし、われわれの目には、財政政策の議論はやはりゆがんでしまっているようにみえます。日本だけではなく、財政政策への警戒感は世界的な傾向ですが、日本の経済環境がずっと他の先進主要国とは異なっていたという事実をふまえれば、その不適切さをより重視する必要があるでしょう。そこで、本章では、財政政策の拡大に付随して登場する論点について取り上げていきます。

財政出動で何に使うか

まずは財政支出を増やす際に必ず出てくる「では何に使うか」という問いを考えてみます。もう一つのマクロ政策である金融政策は、緩和アクションに〝元手〟(目にみえる実費コスト)が不要な一方、その恩恵は資金を借りたい不特定の金融利用者に広く行き渡ります。対して財政政策では〝元手〟が必要となり、金銭的な恩恵が特定少数にもたらされる構図になりがちです。恩恵を受ける対象が広くなる減税でも、金銭的に得をする人としない人がハッキリしているため、不特定多数に恩恵が行き渡るという印象にはなりません。

筆者らは、財政支出を増やす際、それはネットの資金需要を拡大するために実施するのであるから、「財源は国債の追加発行が適切」と考えており、財政支出拡大と同時に税金の負担が増えると主張しているわけではありません。しかし、それでも「お金に色はない」のであって、「わたしの税金がだれかのために使われる」という感覚から完全に免れることはできないかもしれません。

この、税を納めるすべての人が負担し、不特定多数とはいえない限定的な範囲で恩恵が提供されるという構図、すなわち公平性の問題が財政政策の弱点であるのは確かでしょう。それで財政支出に頼らず、景気対策やデフレ脱却のためには金融政策を主軸とすべきだと考える経済学者やエコノミスト、政策担当者も少なからずいると思われます。しかし、金融政策に頼り過ぎたマクロ政策運営の結果、現状のあまりにも低過ぎる金利環境という弊害が生じてしまいました。この点は第八章であらためて触れます。

筆者らは、必要なマクロ政策の観点からは、こうした財政政策の弱点には目をつぶらなければならないと考えます。低調な経済を全体的に改善させるには、停滞してしまっている経済の血液であるお金の循環を活発化することが必要で、それには金融政策だけでなく財政政策もあわせて考えなければなりません。

では、何に使うか。筆者らにとって単刀直入な答えは、「一部の例外を除けば何でも良い」です。例外というのは、公共的な性質が低い（特定者への）利益供与、おそらくその可能性を含む不透明なプロセスによって決定される支出、そして便益がないわりに維持費や運営費ばかりかかってしまう構造物といったところでしょうか。

もちろん、ネットの資金需要を拡大し、民間経済が真のドライバーとなってお金を回せるような状況にするために費用対効果が高ければ高いほど良いに違いありません。しかし、費用対効果が高いものという厳しい制約を最初につけてしまい、いろいろと探しても「良いものがないから使えない」という結果になってしまっては本末転倒です。財政政策の目的は資金需要をしっかりとしたプラス（合計貯蓄率がマイナス）にする点にあるわけですから、財政支出を増やすことが第一義であり、支出先の内容は第二義的です。

財政政策による景気対策を支持したケインズは、「穴を掘って、また埋めるような仕事でも、失業手当を払うよりずっと景気対策に有効だ」と主張しました。失業手当を増やすと、「失業でかまわない」「失業したほうが有利」という感覚を生じさせ、働くインセンティブが低下するのはよろしくないかもしれませんが、穴を掘って埋めることで道路を閉鎖するような経済活動の妨害行為も避けられるべきでしょう。

筆者らは〝バラ撒き〟と批判されることが多い給付金も、それほど悪い政策とは思いません。富裕層への給付は不必要ですが、予算制約（キャッシュフロー制約）に直面している家計へのサポートは道理のある財政資金使途だと考えられます。

財政政策の議論をする際、「日本の政府は巨額の債務を返済できない」「これ以上の国債発行は財政破綻につながる」「財政支出を増やすと長期金利が暴騰する危険性がある」などという否定的なトーンであれば、そもそも積極的に財政資金の使い道を探そうという意欲が湧かないのではないでしょうか。そうではなく、現状の日本にとってネットの財政支出を増やすこと、それを国債の追加発行でまかなうことは望ましく、経済をデフレ的な環境から脱却させるために良いことであるという認識になれば、日本にとってプラスになる使い道を皆で検討しようという意識になり、良いアイデアもいろいろと出てくるのではないかと想像します。

良いことを探すのであれば積極的になれるものですが、良くないことを仕方なく探すのは消極的になるのが普通でしょう。特に子どもや若者のいる家計へのサポートを含め、少子高齢化という難題に直面した日本の未来のための公共性ある財政資金の使途は、そんなに少なくないはずだと思われます。若年層を支える社会保障制度、(留学生も含めた)教育や研究、老朽化した既存インフラの更新、国民や旅行者がより快適に過ごせる社会インフラのさらなる充実やソフト面の改善といったさまざまな使い道が考えられるはずです。

機動的な財政政策の障害となる「税収中立」

百歩譲って、それでも適切な財政支出先がすぐには見当たらなければ、減税が答えになりそうです。しかし、日本では「税収中立」、すなわち、ある減税を実施するには、全体の税収を同じにするために代替財源として別のところで税収が増えるような手立て(つまり増税)を実施する必要があるという考え方があり、景気対策としての減税の障害となっています。この点を考えてみましょう。

租税については、いわゆるアダム・スミスの四原則（公平・明確・便宜・最小徴税費）から始まり、米国のリチャード・マスグレイブなどの正統派財政学者の影響を受け、いまでは「公平・中立・簡素」という三原則が理念とされています。租税理論を説明するのは本書の主旨から外れるので割愛しますが、ここに出てくる「中立」は「税収中立」を意味するものではないことに注意が必要です。

この「中立」とは、「税制が自由な経済活動に影響を与えないようにすべき」という内容です。税制は人々にとっての金銭的負担ですから、確実に課税回避行動を引き出します。税のかからないほう、税率の低いほうへ行動するインセンティブ（脱税という違法行為ではなく、普通の合理的な行動への動機づけ）によって、人々の行動の選択がゆがんでしまわないように課税方法をデザインすることが望まれるということです。日本でも、この意味における「中立」の理念が税制で重視されていることはいうまでもありません。

しかし、「公平・中立・簡素」が徐々に、「公平・〝税収中立〟・簡素」にすりかえられてしまった感があります。日本における財政の考え方は財政法によって基本的に単年度主義であり、さまざまな関連する政策も各年度の予算編成に沿って単年度での帳尻が基本です。二〇〇一年に租税の三原則を、従来の「公平・中立・簡素」から「公正・活力・簡素」に置き換えることとなり、それによって本来の「中立」という理念が後退することになりました。かわりに、財政健全化の必要性が叫ばれるなかで、元来の単年度主義が暗黙の了解となったままで税制改革の議論が進められたといえます。二〇〇三年度税制改正に向けた政府税制調査会の答申に「多年度税収中立の枠組みの下で」という文句が入りましたが、二〇一四年の政府税制調査会においても依然として、改革案は「必ずしも単年度での税収中立である必要はない」という意見が出されている状況からして、その発想が原則として根づいていると指摘できるでしょう（注6—1）。

（注6—1）二〇〇一年に発足した小泉内閣のもと、経済財政諮問会議での議論で、日本における租税の三原則を、従来の「公平・中立・簡素」から「公正・活力・簡素」に置き換えようとする意見が出され、二〇〇二年度の『年次経済財政報告』においては、望ましい税制の三原則として掲げられる「公平・中立・簡素」を時代の要請に応じて「公正・活力・簡素」と理解しつつ、「二一世紀にふさわしい包括的かつ抜本的な税制改革を行うことを目指している」と表現し、インセンティブを良い方向へ活用しようという意図が示された。これによって、本来の「中立」という理念が後退することになったのかもしれない。その後、二〇〇二年一〇月一七日の政府税制調査会長談話に、「財政の持続可能性に対する懸念が国民の将来不安を招く一因となっている状況をふまえると、減税の実施にあたっては、具体的な増税と一体で措置することが不可欠である。換言すると、将来世代へ負担が転嫁されないように、一定期間での税収中立を達成すべきである」という文言が現れる。この一定期間というのは、「予算編成のなかで」という単年度を意味することは間違いなく、減税は増税と同時に実施されるべしという道筋が引かれた。それがようやくアベノミクスのもとでこうした流れを転換させる意見が出されるよう

になり、二〇一四年三月には、政府税制調査会における法人課税ディスカッショングループ（DG）の大田弘子座長が「法人税引き下げによる税収全体への影響については、単年度ではなく中期的に税収中立を（中略）図るべきだと提言している」とコメントしたと報道されている（ロイター「法人税下げ必要、中期的に税収中立図る＝政府税調で大田DG座長」、二〇一四年三月一二日、http://jp.reuters.com/article/idJPL3N0M90QK20140312）。また同年五月には、「甘利明経済財政・再生相は九日午前の衆院内閣委員会で、法人税の実効税率引き下げなどを念頭にした財源の確保について「単年度ということにがちがちに限定してしまうと、とれる政策の幅も狭くなってくるのではないか」と述べた。税収中立（増減税同額）は単年度にこだわらず、複数年度で図るべきだとの認識を示したものだ」という報道もあった（日本経済新聞「経財相「税収中立、複数年度で」」、二〇一四年五月九日、http://www.nikkei.com/article/DGXNASFS09007_Z00C14A5EAF000/）。あえて「単年度でなく」と断らなければ、単年度の税収中立が前提になるという現実を明示している。

「税収中立」という原則のもとで税制を考えると、当然ながら実質減税を実施して経済活動を刺激する効果をねらうことがむずかしくなります。そして、財政政策で景気を刺激する場合、実質減税が使えなければ政府支出の増加に依存せざるをえなくなります。そうすると、短期間で優良なプロジェクトを探すことが困難となり（その必要性は実は高くないという点はすでに指摘したとおりですが）、もともと機動性に欠ける面のある財政政策の出動をさらに遅らせることになるでしょう。景気対策が手っ取り早い「バラ撒き」というレッテルを貼られるのをおそれて、政府が小粒な経済対策しか実施できなくなるという展開になってしまうことも考えられます。

国の借金のスマイルカーブ！

これまで財政支出が増えることはノーマルな経済のもとで自然なこと、政府の債務は国民の資産になっているという視点をもつこと、民間部門において企業がレバレッジを落とし、消費が低調で有効需要を十分に創出できない状況下では財政支出が経済のドライバーになる必要があること、感覚的な財政破綻論に惑わされることなく財政支出の拡大が金利を押し上げる環境か否かを適切に判断しなければならないことなどを指摘してきました。

それでも政府の債務は国民の資産という理解には、狐につままれた感を持つ方が少なくないかもしれません。家計や企業の例をみれば負債が膨張すると破綻に近づくのが当然のようであり、日本政府の抱える債務が巨額でも大丈夫だなどと本当にいえるのか、なかなか納得がいかないということもあるでしょう。この点について、もう少し掘り下げてみてみます。

すでに貯蓄投資バランスの恒等式から学んだように、民間投資が国内民間貯蓄を上回り、財政支出が大きく財政赤字であれば、国際的な経常収支は赤字になります。そのような状態が続けば、政府の純債務残高が対ＧＤＰ比で上昇していくとともにだんだんと海外からの借入れも大きくなり、対外純債務残高も対ＧＤＰ比で上昇していきます。一方、国内経済が成熟化し、国内貯蓄が潤沢で、投資需要が小さければ、経常収支は黒字の状態が継続し、だんだんと海外への貸付が大きくなり、対外純債務残高は対ＧＤＰ比で低下していきます。場合によっては、ここからさらに対外純債権国に転じ、対外純資産の対ＧＤＰ比が上昇する状況にもなりうるでしょう。

ところが、もし国内の投資需要が国内貯蓄より小さければ、国内の所得はそれが釣り合うところまで減少してしまうことになります。その場合には、需要が足りない分だけ財政支出を増加させることで国内の所得を維持することができるのです。裏を返せば、そのような状態であれば、財政支出増加の余裕があるということになります。財政支出を増加させれば、対外純資産の対ＧＤＰ比が上昇するとともに、政府の純債務残高対ＧＤＰ比も上昇していくことになるわけです。

この構図をグラフで表現してみましょう。横軸に対外純資産の対ＧＤＰ比を、縦軸に政府の純債務残高対ＧＤＰ比をとれば、スマイルカーブ（Ｕ字型）になると考えられます。実際に、多くの国々を集めてグラフをつくってみると、しっかりとしたスマイルカーブが確認できます（図表6－1）。スマイルの左のほうは、対外純債務残高の対ＧＤＰ比が大きく、政府の純債務残高の対ＧＤＰ比も大きい国々です。右のほうは、対外純資産残高の対ＧＤＰ比が大きく、政府の純債務残高の対ＧＤＰ比が大きい国々となります。真ん中あたりは、両者がバランスしている国々で

図表6－1　政府債務のスマイルカーブ

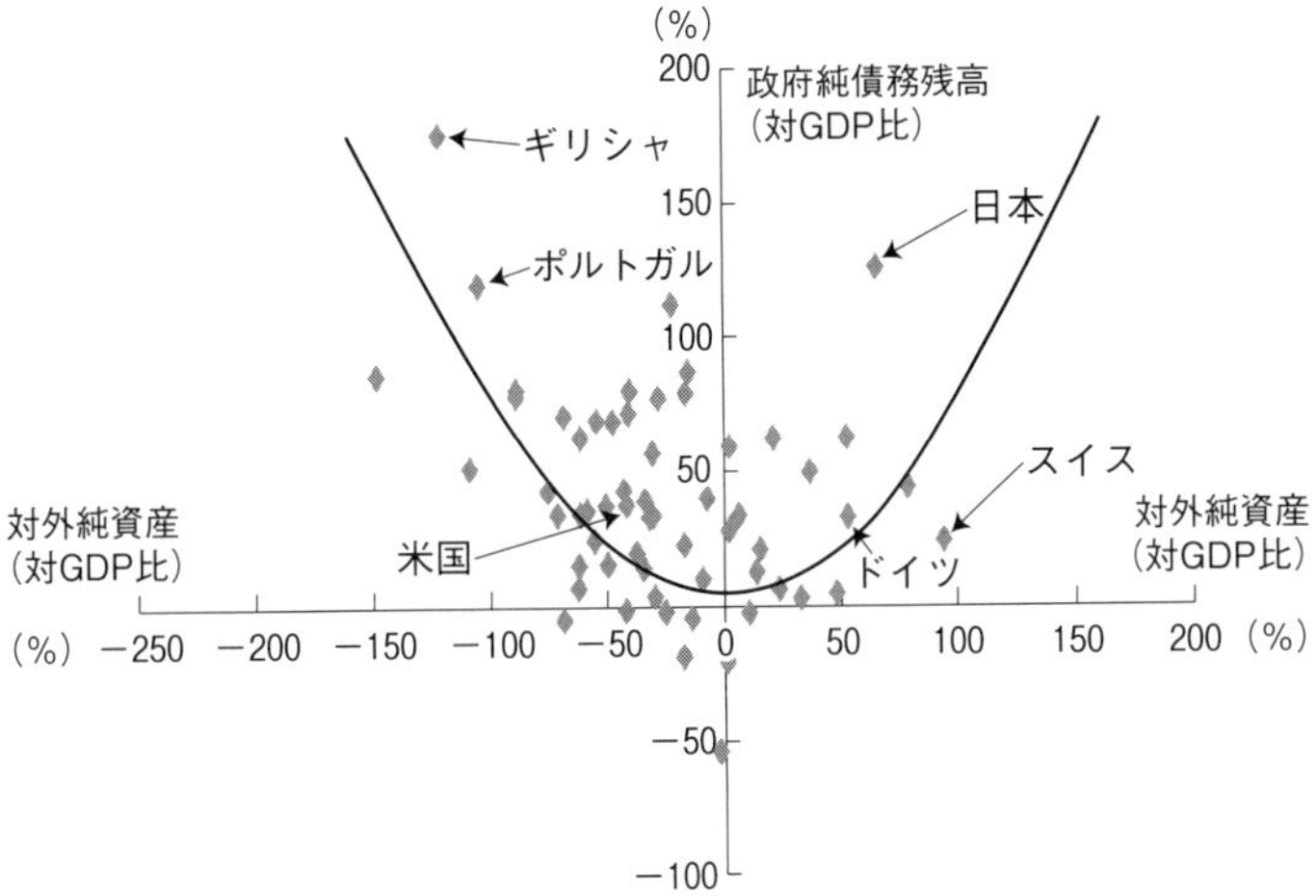

出所：IMF

す。

　マクロ的に望ましい財政政策は、左のほうにいるのか右のほうにいるのかでまったく異なるでしょう。左のほうは財政支出超過であり、増税・歳出削減などの緊縮財政によって純債務残高の対ＧＤＰ比を安定化させることが得策です。一方、右のほうは民間支出が不足しており、民間投資を促す規制緩和や政府支出の増加、需要を喚起する減税などのリフレ政策によって名目ＧＤＰを拡大することにより、政府の純債務残高の対ＧＤＰ比を安定化させることが必要になります。

　財政をミクロで考えると前者しか理解できませんが、マクロで考えると後者も理解できるはずです。会計の帳尻合せで財政を改善させることはできません。財政を懸念している人の多くが、家計や企業と同じように、政府の収支も黒字にして過去の借金残高を減らさなければいけないという会計的な固定観念に縛られ過ぎています。日本は、対外純資産対ＧＤＰ比が大きく、政府の純債務残高対ＧＤＰ比も大きいという右のほうの極に位置しているという点を理解することが必要です。

足元で日本の財政収支が急激に改善しているのは、緊縮財政ではなくリフレ政策によって民間需要を喚起することで財政を改善するという右側の処方箋が正しく実施されているからだといえます。一方、過去に日本で起きていたことは、左のほうにいるギリシャなどの財政支出が過多な国々にとっての処方箋である緊縮財政を追求し過ぎ、民間需要が萎縮してしまって、さらに財政が悪化してしまったという姿です。

スマイルカーブで確認できることは、日本のような右側の国にとって、財政改善への効果的な処方箋は緊縮ではなく、歳出削減という間違った処方箋では逆に悪化してしまうということです。言い換えると、市場経済の失敗の是正、教育への投資、生産性の向上や少子化対策、長期的なインフラ整備、防災対策、地方創生、貧富の格差の是正、貧困の世代連鎖の防止などを目的とした財政支出の増加余地があるということです。まさしく〝スマイル〟になるといえます。

それでも、スマイルカーブの統計的なフィット感はあいまいじゃないかと思う方がいらっしゃるでしょうか。このスマイルカーブを、より直感で理解しやすいきれいな直線にする方法もある

図表６－２　家計貯蓄も考慮した政府純債務と対外純資産の関係

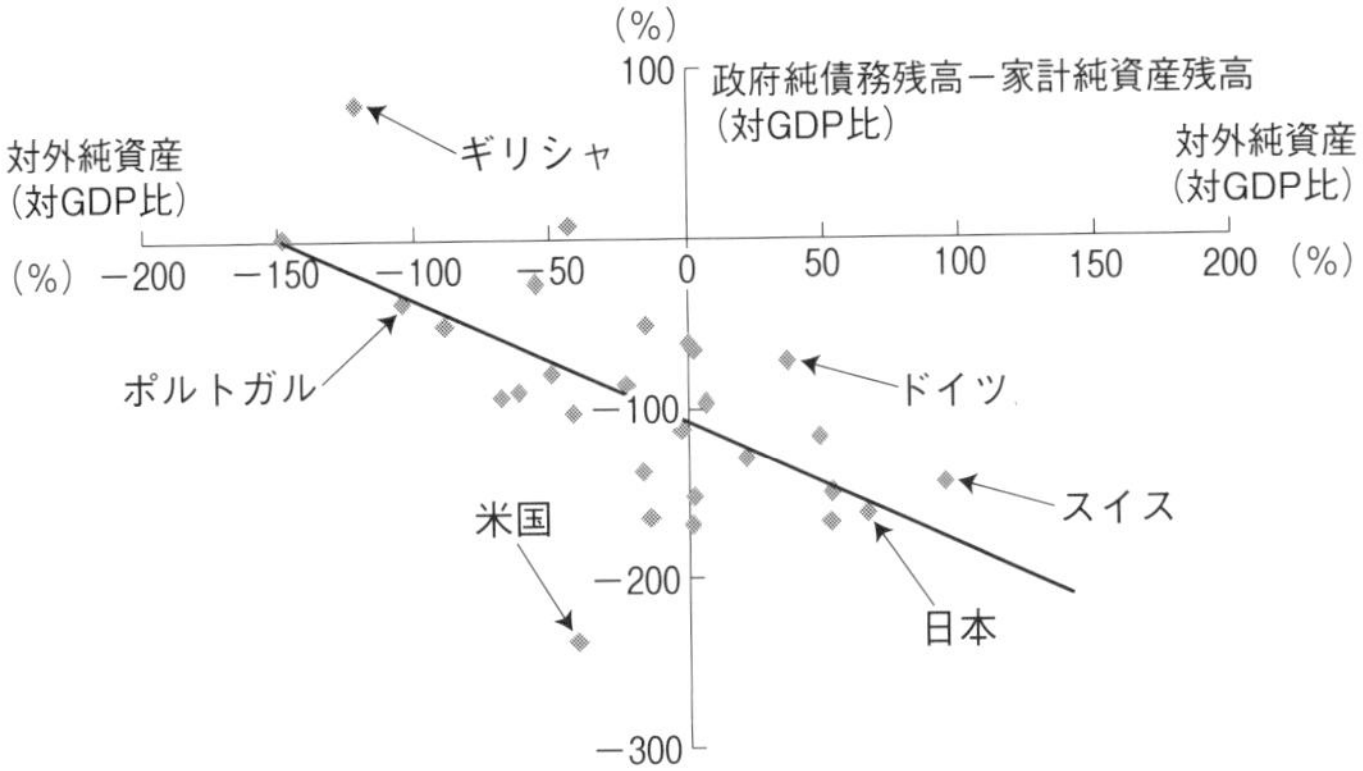

出所：IMF、OECD

のです。図表６－１の左のほうの国々は国内所得に対して国内支出が大きく、家計の純資産の蓄積は小さいと考えられます。一方、右のほうは国内所得に対して国内支出が小さく、家計の純資産の蓄積が大きい国々になります。横軸に対外純資産残高の対ＧＤＰ比を、縦軸に政府の純債務残高の対ＧＤＰ比と家計の純資産残高の対ＧＤＰ比の差をとれば、予想どおり、右肩下がりのきれいな直線となりました（図表６－２）。

このように負債面だけでなく、負債と資産のバランスをみる必要があるのです。右下のほうに位置するのはスイスと日本であり、グローバルな景気・マーケットの不安定感が高まる局面でスイスフランや円が安全資産として買われる理由だといえるでしょう。米国も本当であれば右下にポジショニングするはずですが、基軸通貨であるドルを供給するために対外負債が必然となる構図になっています。

内閣府財政試算の結果は何を意味するか

二〇〇一年に設置された経済財政諮問会議への提出資料として始まった内閣府による「中長期の経済財政に関する試算」(以下、財政試算)は、財政健全化に向けた取組みの根拠となっています。二〇一〇年に当時の菅直人内閣のもとで設定された二〇二〇年度の国と地方の基礎的財政収支の黒字化という目標は、歳出削減と増税による歳入拡大を目指す政策の大義名分になっており、財政試算がこの目標と現実からの乖離を確認するための指標と位置づけられます。

二〇一三年八月八日に提出された財政試算以降、年二回の試算において、その結果は「今後の平均成長率は実質二%程度、名目三%程度となる「経済再生ケース」でも、二〇二〇年度の国・地方の基礎的財政収支は対GDP比マイナスとなり、黒字化目標達成のためには更なる収支改善努力が必要」というものです。そして、直近二〇一七年七月一八日に公表された試算でも「引き続き、経済・財政一体改革を着実に推進していくことが重要」とあります。

つまり、財政試算は、目標の達成は困難であり、財政再建を加速させなければいけないという論調の根拠となってきたといえましょう。たしかに、経済再生ケースでも、直近の試算結果で二〇二〇年度に財政赤字が一五・七兆円も残る推計となっています。しかし、家計と企業を含んだ貯蓄投資バランスに基づいたマクロ分析の視点からは、この試算は長期にわたってかなり高い民間貯蓄率が維持されるため、実は財政再建を急がなくても良い状況だという真逆の結論の根拠にもなります。

民間貯蓄率が高過ぎて経常黒字が巨額であることは、国内需要がまだ弱いことを意味し、少しのショックでデフレに逆戻りしてしまうリスクが残っているということです。財政試算では、二〇二〇年度の民間貯蓄率（企業貯蓄率＋家計貯蓄率）の前提がＧＤＰ対比プラス六・一％となっています。家計貯蓄率は二〇一五年度の実績でプラス六・六％となり、今後もプラス六％程度で推移すると、企業貯蓄率はゼロ％程度でしかありません。ノーマルな経済状況ではマイナスであるべき企業貯蓄率が恒常的なプラスの異常な状態が継続し、企業のデレバレッジや弱いリスクテイク力が問題となっている現状の日本経済から明確に脱出しているシナリオではないのです。

そして、経常収支の前提は、依然としてプラス四・九％という巨額の黒字。団塊世代が七五歳程度となり医療費を含む社会保障費が膨張するとされる二〇二五年度まででも、民間貯蓄率は二〇二〇年度プラス六・一％、二〇二五年度同四・三％、経常黒字は二〇二〇年度プラス四・九％、二〇二五年度同四・二％とそれほど変化がない姿です。高齢化が進行して民間の貯蓄率が大幅に低下し、経常収支は赤字に陥り、その場合には財政支出をまかなうことが困難となるリスクがあるので財政再建を急がなければいけないという状態にはまったくみえません。

経済成長率と長期金利の間の整合性が問題！

二〇一七年七月一八日公表の財政試算には、ほかにも触れておくべきポイントがあります。引き続き経済再生シナリオのほうでみていきましょう。一年前の試算から、二〇二〇年度の見通しにおいて財政赤字は二・七兆円縮小されました。そして、それまでの試算では名目長期金利が急騰して名目GDP成長率を上回っていく推計となっていたことに批判があったため、二〇二〇年度の長期金利は三・四％から一・四％へ下方修正されて名目GDP成長率を下回ることになっています。経済を膨張させる力である名目GDP成長率が抑制する力である長期金利を上回るということは、リフレの力がもう少し続くことが織り込まれたということです（注6－2）。それでも市場参加者がもつ普通の感覚としては、長期金利の前提がまだ高過ぎると感じられるでしょう（図表6－3）。

（注6－2）二〇一七年一月の試算では二〇一九年度まで「名目GDP成長率＞長期金利」という前提だった。それでも依然として「二〇二四年度以降長期金利が名目GDP成長率を上回っていることに留意が必要」と注書きがあり、実際に二〇二四年度以降の数字はそのような想定と

なっている。

成長率の前提が高過ぎるという批判もありますが、それを問うなら長期金利の前提が適切なのかを精査する必要もあります。二〇二五年度の長期金利水準が四・三％になっている経済は、はたしてどのような状況なのでしょう。特に民間の貯蓄超過がある程度の幅で残っており、それを反映するかたちで経常収支の値がそれほど大きくは変化していない構図のもと、長期金利が大幅に上昇していく姿には整合性についての疑問が残ります。あるいは相応にインフレ率が高くなるということかと思われますが、そうだとすれば現

図表6－3　内閣府の貯蓄投資バランス試算

[経済再生シナリオ]　（単位：% GDP、前年比%、%）

部門別収支	2015	16	17	18	19	20	21	22	23	24	25
一般政府	−3.3	−4.7	−4.9	−3.5	−2.6	−1.2	−1.0	−0.7	−0.5	−0.3	0.0
民間	6.6	8.3	8.8	7.7	7.2	6.1	6.0	5.7	5.3	4.9	4.3
経常収支	3.3	3.6	3.9	4.2	4.6	4.9	5.0	5.0	4.8	4.6	4.2
名目GDP成長率	2.7	1.1	2.5	2.5	3.6	3.9	3.7	3.9	3.8	3.8	3.9
名目長期金利	0.3	−0.1	0.1	0.1	0.7	1.4	2.5	3.2	3.7	4.1	4.3

[ベースラインシナリオ]　（単位：% GDP、前年比%、%）

部門別収支	2015	16	17	18	19	20	21	22	23	24	25
一般政府	−3.3	−4.7	−4.9	−3.6	−2.7	−1.8	−1.8	−2.0	−2.1	−2.3	−2.4
民間	6.6	8.3	8.8	7.7	7.2	6.5	6.8	6.9	6.8	6.6	6.3
経常収支	3.3	3.6	3.9	4.2	4.5	4.7	4.9	4.9	4.6	4.3	3.9
名目GDP成長率	2.7	1.1	2.5	2.5	1.9	1.6	1.3	1.3	1.2	1.2	1.2
名目長期金利	0.3	−0.1	0.1	0.1	0.5	0.9	1.3	1.5	1.6	1.7	1.8

出所：内閣府

状から驚くほど大きな変化が生じていることになります。

成長率の前提を低くしたとしても、長期金利がそれより大きく低下すれば、財政収支改善のシナリオを維持することは可能です。長期金利は債務残高ではなく、経済活動の強さとインフレ率が決め手となるということを示しました。財政収支の変化（改善度合い）は、名目GDP成長率（経済・税収をふくらませる力）と長期金利（経済を抑制する力と財政コスト）の差で決まります。実際にこのスプレッドと財政収支の改善幅との間にきわめて強い相関関係を確認できます。当然ですが、名目GDP成長率が長期金利より高くなる方向へスプレッドが拡大すると財政収支は赤字が減って改善するという関係になっています（図表6－4）。

図表6－4が示す関係こそ、財政改善のために必要なことは緊縮財政ではなくリフレ的なマクロ政策による名目GDP成長率の押し上げだという主張の根拠となります。財政計算を保守的にすることの意義はたしかにありますが、それが適切なマクロ政策の手足を縛ることになっては本末転倒です（注6－3）。

（注6－3）　二〇〇六年春頃に小泉内閣のもとで、当時の与謝野経済財政担当大臣と竹中総務大臣が経済財政諮問会議において財政計算の前提のために名目成長率と長期金利はどちらが趨勢的に高いかという「成長率・金利論争」を展開し、与謝野・竹中論争ともいわれた。これは「プライマリー・バランスが均衡している下では、名目GDP成長率が名目利子率を上回れば財政赤

図表6－4　財政収支を左右するマクロ経済の構図

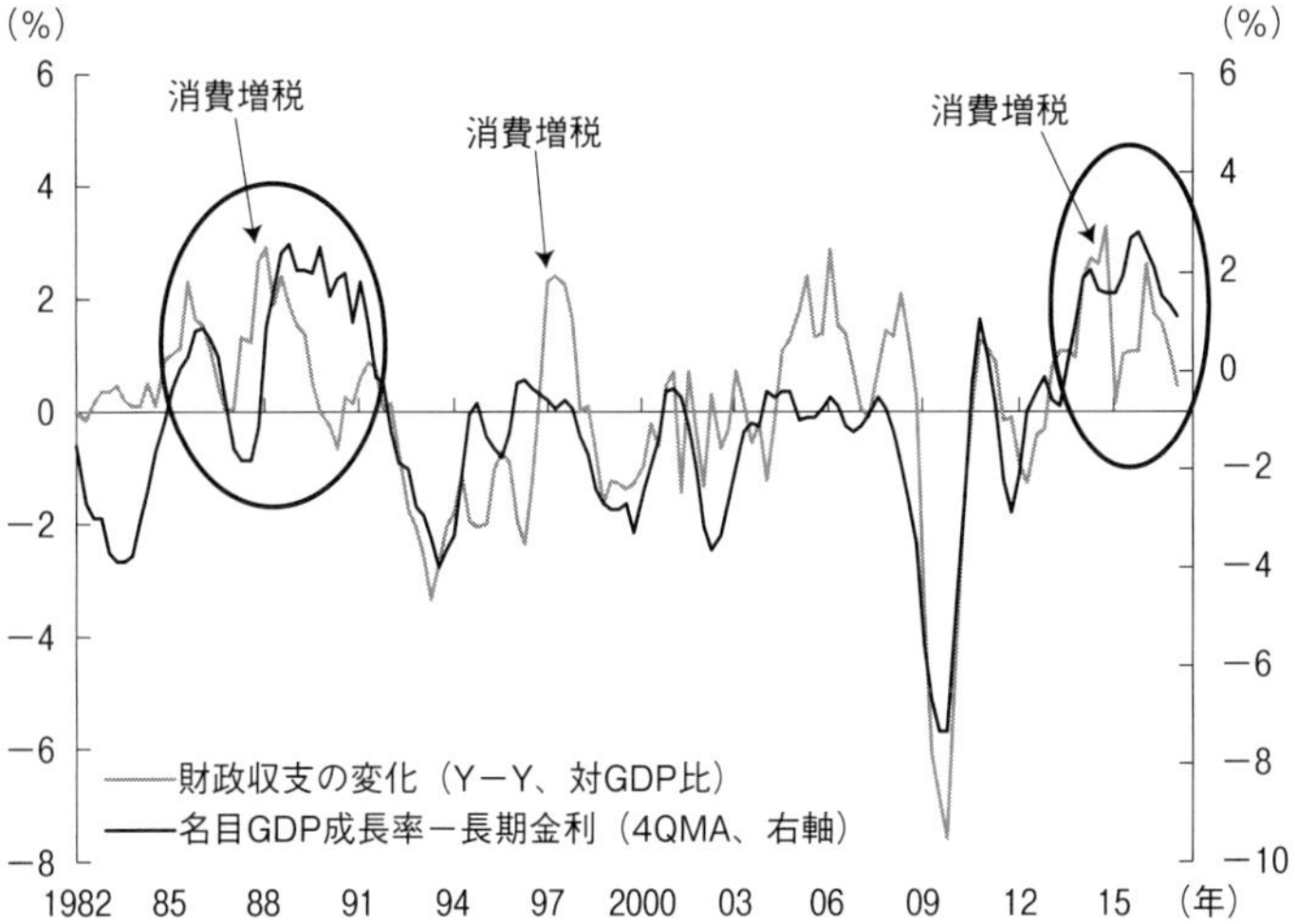

（注）　名目GDP成長率と長期金利の差が大きくなると、リフレの力が強くなり、株価が上昇しやすくなることも確認できる。
出所：内閣府、日本銀行、Bloomberg

字は維持可能である」という内容の定理（ドーマーの条件）に対し、現実はどうかという問いである。「ドーマーの条件」については、高橋洋一氏がG7の主要先進国について一九六〇年から二〇〇四年までのデータではおおかた「名目成長率＞長期金利」が観察されることを示している。OECD各国の歴史的な経緯をみると、一九六〇年代から七〇年代は条件を満たしている国が多い一方、一九八〇年代から九〇年代は逆に満たしていない国が多くなり、二〇〇〇年代の初頭は拮抗するという結果になっているようだ（エレクトロニック・ジャーナル、http://electronic-journal.seesaa.net/

article/14557131.html、二〇〇六年三月一〇日)。これは基本的に、インフレ率が高めな経済では「名目成長率∧長期金利」になる傾向が強く、逆もまた真なりということを如実に示している。つまり、名目成長率と長期金利を比較する際には、やはり特にインフレ率を中心に経済がどのような姿になっているかを現実的に想定したうえでしか、適切な前提に基づく議論にならないということだろう(名目成長率と長期金利に関する考察は、さらに第八章を参照)。

団塊世代が七五歳程度となり、医療費を含む社会保障費が膨張するとされる二〇二五年度まで推計が延ばされています。将来世代に借金のツケを回すなという情緒的な議論がありますが、その二〇二五年度においても、民間貯蓄率はGDP対比プラス四・三%であり、実際のところそのツケ以上に貯蓄を残せている状態にあるといえます。むしろ、政府債務の増加をおそれて名目GDPを縮小させているほうがより大きなツケを回すことになるのではないでしょうか。

そして、巨額の民間貯蓄と経常黒字が維持された状況を考えると、本当に二〇二〇年度までに基礎的財政収支を黒字化する必要はあるのでしょうか。これだけの民間貯蓄があれば、二〇二五年度で四・三%という長期金利の前提は高過ぎると思われますし、財政をまかなうことが困難となって長期金利が暴騰するようなリスクはほとんどないはずなのです。EU諸国のように、財政収支の赤字はGDP対比三%以内という、より現実的な目標でもまったく問題ないと考えられます。

プライマリー・バランスの追求は財政の景気自動安定化機能を破壊する

財政展望をめぐる昨今の議論の状況をもう少しみてみましょう。財務大臣の諮問機関である財政制度審議会の二〇一八年度の政府予算編成に向けた建議は、日本の財政状況が深刻で、財政健全化は将来世代に対する責務であると謳っています。そして、政府が掲げている二〇二〇年度の「プライマリー・バランス（ＰＢ）（注6―4）黒字化」の実現の旗を降ろすことは許されないとも主張しています。

（注6―4）国の基礎的財政収支のことをいい、国債の発行などによる借入金を除いた税収などの歳入と、国債の利払費と国債償還費を除いた歳出の差額。

具体的には、「ＰＢは、現在の政策的経費を税収等でどの程度賄うことができているかを表す指標である。ＰＢが赤字であるということは、今を生きる我々が、過去の債務の償還・利払いに加え、自らの直接的な受益に見合う負担も負わず、将来世代にこれらの負担を押し付けていることを意味する。負担を押し付けられた将来世代は、自分たちの税収を自由に使う選択肢を奪われてしまう。そのようなことを避ける「ＰＢ黒字化」は、将来世代に対する最低限の責務である」というわけです。

こう説明されると、ＰＢを黒字化しないことに対して皆が罪悪感をもってしまっても不思議ではありません。しかし、日本でＰＢの議論をするときに、グローバル・スタンダードに比べて違和感があるのは、まさにＰＢそのものがターゲットになっているからです。第四章で示したように、財政には、政策に変更がなくても、景気の良いときには税を多くとることで景気を抑制し、景気の悪いときには税を少なくとることで景気を刺激するという、景気自動安定化機能が内在しています。ＰＢそのものを黒字化することに注力すれば、この財政の自動安定化装置が働かなくなってしまいます。景気が悪いときには税収が減少した分だけ財政支出を抑制するため、総需要が破壊されたままとなり、雇用・所得環境の悪化を通して、家計の富が奪われることになってしまうでしょう。

景気の動向にかかわらず、ＰＢそのものの黒字を目指すことは、景気の下方へのブレを大きくしてしまうことを意味します。そのようなことを避けるため、グローバル・スタンダードでは、景気循環要因を除いたＰＢ、すなわち「構造的基礎的財政収支」をターゲットにしています（注6－5）。景気が悪いときにはターゲットが低くなり（赤字がより許容される）、逆に景気が良いときにはターゲットは高くなります。二〇一八年度の政府予算編成に向けた骨太の方針では、債務のＧＤＰ比率の安定化が、ＰＢの黒字化と同等の目標に格上げされました。ＰＢの黒字化は、債務のＧＤＰ比率の安定化というグローバル・スタンダードにおける財政安定化目標の手段でしかなく、手段が目標より格上だったこれまでは異常であったといえます。

（注6－5） 第四章（注4－5）も参照。

安倍政権で内閣官房参与を務めている藤井聡氏は『プライマリー・バランス亡国論』（扶桑社、二〇一七年五月）で、「諸外国は収支を算定する時に、不況による減収分は考慮しないため、不況時に大きく税収が落ち込んでも、それによって支出のレベルが制限されることはない、という規律になっている」と指摘しています。ＰＢの黒字化という目標は政策運営としては経済を望ましくない方向へ導くものであり、債務のＧＤＰ比率の安定化を目標とするのであれば、撤廃されてしかるべきものでしょう。財政目標の設定方法は、マクロ経済への影響を考慮した、より適切なものでなければならないのです。

構造的財政収支について、さらに別の角度から考えてみます。財政収支は、成長通貨供給、景気循環的財政収支、そして構造的財政収支に分解することができます。

財政収支＝成長通貨供給＋景気循環的財政収支＋構造的財政収支

ということです。成長通貨供給というのは第三章で説明していますが、中央銀行（日銀）が不換紙幣を法定通貨とした金融制度において経済活動の拡大にあわせて通貨供給量を増やす必要があるという政策行為のことでした。第三章の（注3－7）に示したように、日銀はかつてその目的で国債の買切りオペを実施していたわけです。その分の国債発行、すなわち財政赤字が常に必要ということであり、それが財政収支の一部を形成します（注6－6）。後は、財政収支が景気の変動によって改善・悪化する部分と、景気には無関係に形成される構造的な部分に分けられます。

（注6－6）　第八章の補遺（FTPLについて）も参照。

景気循環的な部分というのは、税収などを通じた景気自動安定化機能が働くことによって生じる動きです。第四章と第五章のなかで何度か財政収支と企業貯蓄率は逆相関の関係にあることを指摘しました。企業貯蓄率は企業活動の強さを表す代理変数であり、企業のデレバレッジやリストラなどで企業貯蓄率が上昇すると、往々にして景気動向が悪化する局面になることも多く、税収が減少するなどして財政収支も悪化します。逆に、企業の設備投資や雇用拡大などで企業貯蓄率が低下すれば、景気動向は改善し、税収が増加するなどして財政収支も改善します。

言い換えれば、企業貯蓄率から財政収支を推計することにより、景気循環要因の財政収支を測ることができるということになります。実際に二〇〇〇年からのデータを使って、それを計測してみると以下の関係になります。

財政収支(GDP比%)＝－1.5－0.73×企業貯蓄率(GDP比%)＋残差：R^2=0.54

この式のかたちは、先にみた財政収支を分解した式と同じようになっている点にお気づきでしょうか。推計式の定数項として出てきた「－1・5」は、成長通貨供給、つまり財政赤字が常に対GDP比で一・五%必要なことを意味します。そして、企業のデレバレッジが完全に止まり、総需要を破壊する力がなくなってデフレ完全脱却となる境目の企業貯蓄率はゼロ%であると考えられるので、その時の景気循環要因の財政収支がゼロ%だとすると、景気循環要因の財政収支(GDP比%)は「－0・73×企業貯蓄率」であると読めます。

この二つ、成長通貨供給と景気循環要因で説明できない残差が、構造的な財政収支ということになるわけです。構造的な財政収支には、消費税を含む社会保障関連など、景気要因以外の政策が含まれると考えられます。高齢化などによる社会保障支出の拡大や「将来世代に負担を押し付ける」ような野放図な財政支出が手に負えない状況になってしまっているのであれば、この構造的な財政収支の赤字幅は拡大傾向にあるはずです。

また企業貯蓄率がプラスで高ければ、民間貯蓄が潤沢ということであり、財政ファイナンスも容易となるため、財政収支の赤字は大きくても金融は安定的だと想定され問題ではありません。その際にはむしろ、大きな財政赤字が需要を追加し、経済活動の縮小を防止するために必要で

図表6－5　財政収支の分解

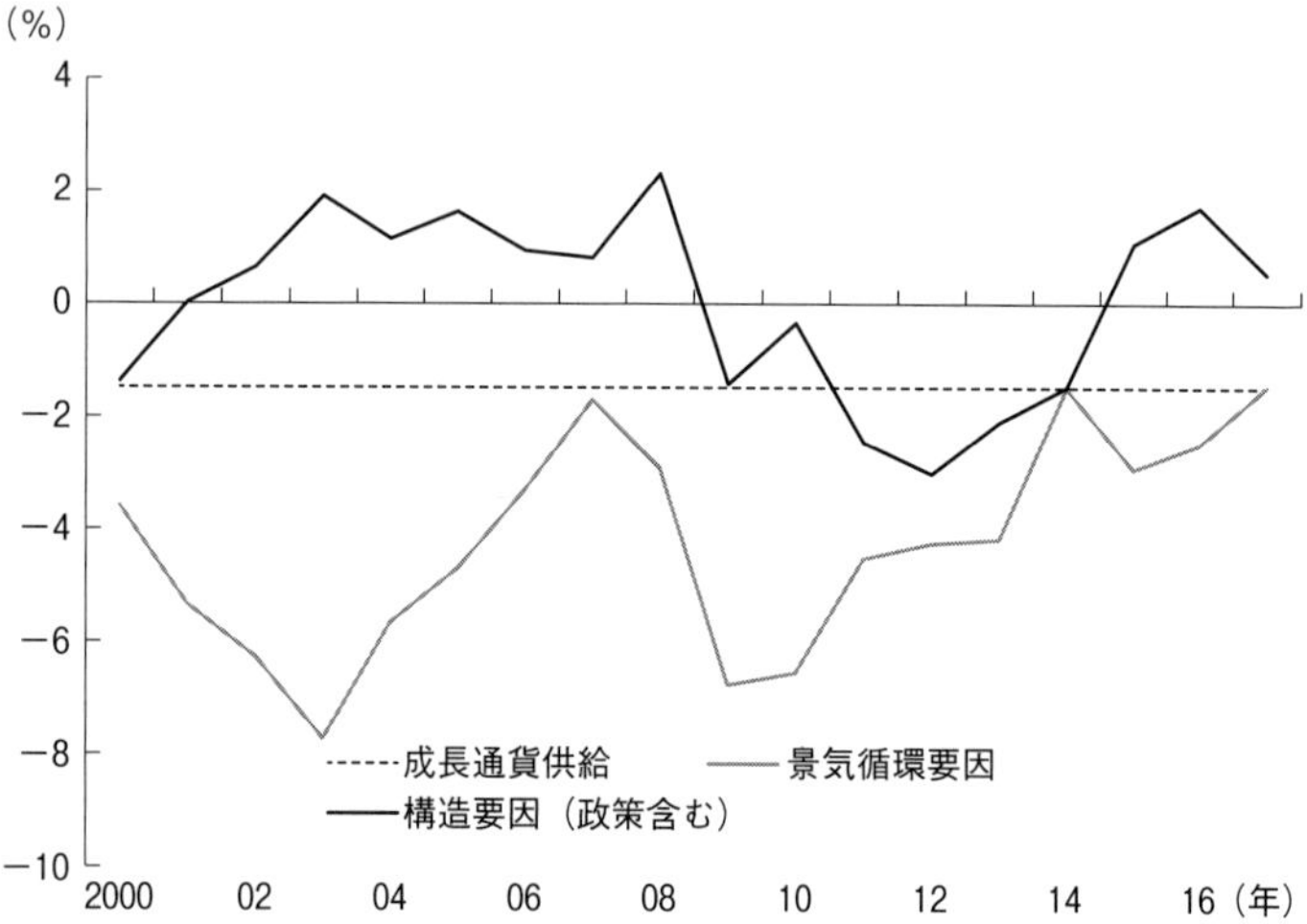

（注）この3つを足し合わせると、図表4－3や図表5－1で示した財政収支の値と同じになる。
出所：日本銀行

す。企業貯蓄率がプラスである異常な状態であれば基礎的財政収支が赤字になるのはほぼ当然のことであり、その状況下で強引に黒字を目指す意義はないどころか、害さえ及ぼす可能性が大きいといえます。

先ほどの推計式において残差である構造的財政収支を推計すると（注6－7）、二〇〇〇年から現在までほぼGDP対比三％以内の安定的なレンジに収まっていることがわかります（図表6－5）。さらに、二〇一五年からは構造的財政収支はすでに黒字化していることもわかるのです。つまり、景気循環要因を除いた「構造的基礎的財政収支」をターゲットにするグローバル・スタンダードでは、日本の財政収支はすでにかなり安定的になっているというのが事実です。または、財政再建目標はすでに達成しているとさえいえることになるでしょう。この現実があらためてしっかりととらえ直されなければなりません。

（注6－7）この筆者らの推計による構造的財政収支は、ＯＥＣＤがWorld Economic Outlookのなかで示すStructural Balances（つまり、構造的財政収支）とは異なる。図表8－3を参照。ＯＥＣＤによる構造的財政収支は、需給ギャップの値を利用してその大きさの変化を景気循環要因とし、それによる財政収支の変動を取り除くことで計測している。しかし、第五章で論じたように、需給ギャップを計測する潜在ＧＤＰやＧＤＰそのものの推計は複雑でむずかしく、本章のように企業貯蓄率を循環要因の代理変数とみなして推計するほうが直接的であり、現実のより適切な姿を表していると考えられる。

第七章

高齢化論や人口動態論と経済情勢

● この章のまとめ ●

・社会保障支出は、財政再建を目指した削減の必要性が叫ばれることの最も多い項目です。本章では、そうした主張の妥当性を考えてみます。

・社会保障支出に関しては「政府債務を増やすことは将来世代へのツケ回しである」「高齢化社会に備えて削減が必要」という意見がありますが、財政を単体としてみた一面的な議論であり、経済全体をとらえたマクロ分析になっていない場合が多いと思われます。

・日本における社会保障支出は国際比較でみると、高齢化の度合いの割にはむしろ過小だといえます。少子化対応策としても、支出を減らして不安を増大させるのではなく、むしろ増やして施策を充実させるほうが経済全体にとって望ましいという発想の転換が必要です。

歳出削減は社会保障分野でといわれるが……

歳出を削減する、あるいは増やさないようにするために、では、どの支出を減らすべきかと問われると、やり玉にあげられることが多いのは社会保障の分野です。本章では、少子高齢化や人口減少という人口動態に深くかかわってくる社会保障分野の支出を削減すべきだという主張の妥当性を評価してみましょう。社会保障にかかわる支出は非常に複雑で、定義や切分け方によってデータの見え方が違ったりするむずかしい領域です。筆者らはこの分野の専門家ではなく、専門的な見地からの評価とは異なるかもしれません。それでも、財政の議論におおいにかかわるこの論点について、筆者らの観察を提示しておく意義はあるように思われます。

社会保障支出には、国税のみでまかなわれる、社会保障制度の維持に係る費用を指す国家予算項目としての社会保障関係費と、国税だけでなく地方税や国民が直接支払う保険料も加えた合計を原資にして社会保障制度により提供される便益の合計金額を指す社会保障給付費（給付金）という二つの概念があります。つまり、国家予算の話をする場合と、社会保障全体の話をする場合とがあり、それぞれ意味は異なってきます。社会保障給付費のうち社会保険料収入でまかなえない差額部分を国や地方政府が予算のなかで税金を使って負担することになり、そのうちの国庫による負担部分が国家予算の社会保障関係費に対応するという関係になります。社会保障給付費という社会保障制度全体の視点と、国家予算という財政的な視点が交錯して間違わないように注意してください。

社会保障に関しては、次のような状況が一般的に認識されています。高齢化の進展に伴って年金・医療・介護などの社会保障給付費が大きく伸びている一方、社会保険料収入が横ばい傾向で推移しているため、差額の国や地方政府が負担する部分がどんどん拡大しており、それが財政赤字の拡大につながる。そして、国民負担率という、国民所得に占める税と社会保険料の負担割合を主要先進国と比べた場合、日本は米国を除けば相対的にかなり低い。こうした状況から、財政赤字を増やさずに社会保障制度を維持していくために、社会保障に絡む支出を減らすか、国民負担を増やすのが適当だという見方が示されます。

支出側では、社会保険料収入と社会保障給付費の差額が毎年一兆円のペースでふくらむ見通しに対し、給付費が増えていくのを抑え込む改革が必要との意見が強まっています。また、国民負担率の引上げとしては、国民負担率の内訳である租税負担率をみれば、なかでも所得税と消費税の割合が国際比較で低く、それらを引き上げるという選択をとらざるをえないという論調になります。

たしかに、比較対象を少し広げてＯＥＣＤ諸国とし、そのなかで「社会支出（social expenditures）」という社会保障給付費に相当するデータを比べると、日本の社会支出の対ＧＤＰ比は中程度。それに対して、国民負担率は低いというバランスの悪さが指摘できます（図表７－１）。中長期的な社会選択として、このバランスをどう是正していくかという課題はあります。しかし、それと、社会保障給付費と社会保険料収入の差額が近年ずっと拡大して財政赤字の増大につな

図表７－１　財務省の資料が示す日本の社会保障支出の現状

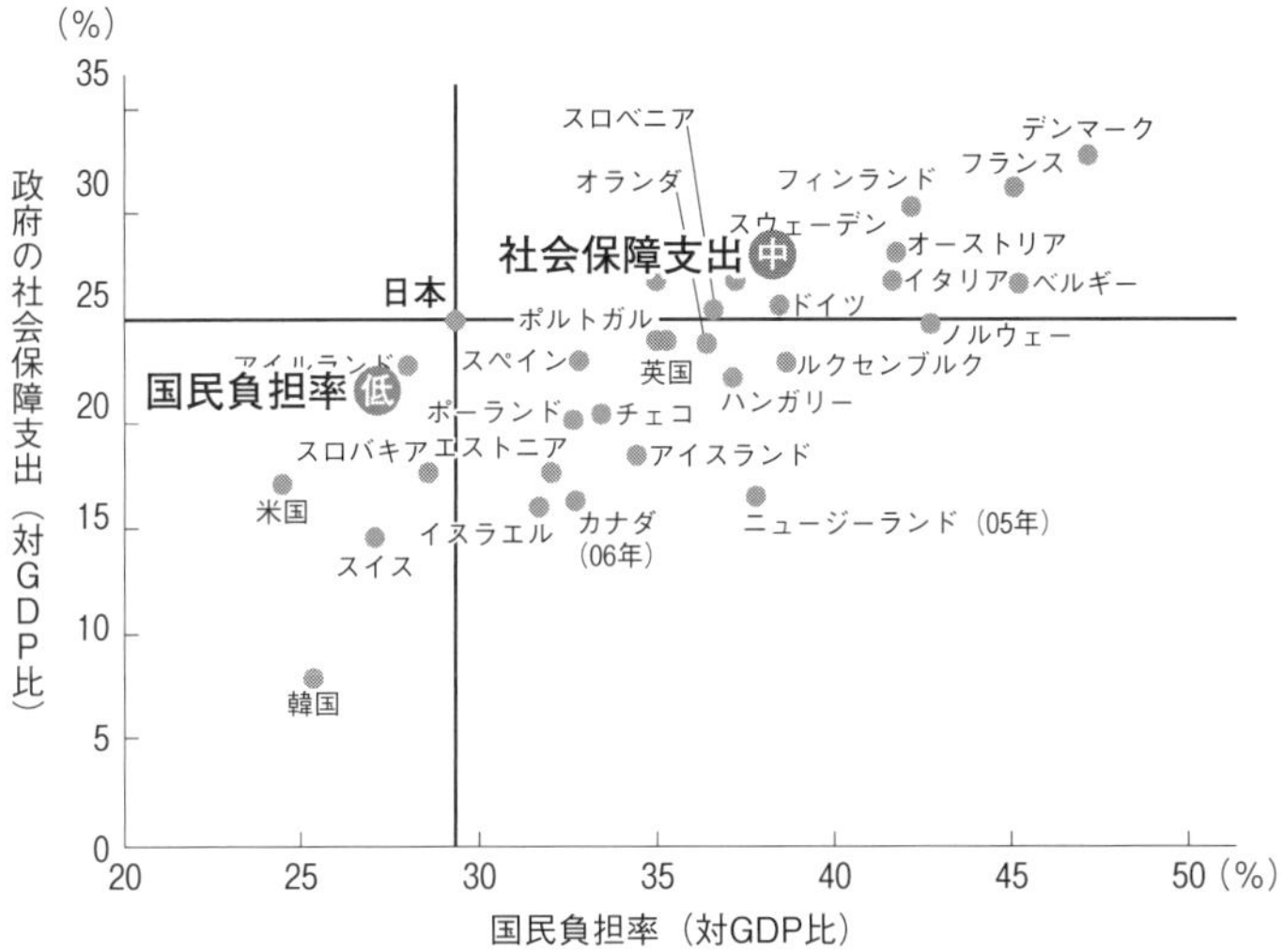

出所：財務省“諸外国と比べて日本の社会保障支出と国民負担率の関係は？”「動画で見る財政の今と未来」の各資料より（2016年）

がっていることへの対応という問題は、別の話ではないでしょうか。

　本書ではすでに財政にかかわる議論において、二つの重要なポイントを確認してきました。一つは、社会保障の支出を含む歳出の合計額が徐々に増えていく傾向は国際比較においてもごく自然なことであり、財政支出を減らすことは異常だといえるばかりでなく、現状の日本経済の環境からすると逆効果をもたらす可能性があるということ。もう一つは、日本において税収（歳入）が小さくなっているのは、マクロ経済環境に起因する部分が非常に大きいという事実です。

社会保険料収入についても、税収と似たことがいえます。個人の社会保険料は当人の給与所得に比例する設計になっており、社会保険料収入の総額は給与所得の総額に比例するからです。名目GDPが増えていない状況では給与総額も増えません。したがって、社会保険料収入も増えないということになります。また、社会保障給付費（支出）の対名目GDP比が上昇してきたのは高齢化による支出増だけが原因ではなく、比率の分母である名目GDPが減りこそすれ増えていなかったことも大きな原因です。名目GDPが増えると社会保障給付費と社会保険料収入の差額の対GDP比は増えにくくなるはずで、減る可能性さえあります。

たとえば、医療費を含む国の社会保障支出は（全額が海外で使われない限り）国内の所得を生み、すべてではないにせよ多くの部分が税収と社会保険料収入の増加として国に返ってくると考えられます。したがって、逆に所得の増加をまったく考慮せずに、ミクロ会計の視点で帳尻をあわせようと社会保障支出の増加に対して同規模の増税や別の歳出削減を前倒しでしてしまうと、緊縮財政として景気に下押し圧力がかかってしまうという理解が必要です。社会保障支出の増加と増税の関係は、社会保障の支出の増加による需要の増加が、マクロの需要超過にどれほどつながるのかという議論が必要になります。

仮に支出増加による需要超過が大きいのであれば、需要超過と過度なインフレを抑え、経済を安定させるために歳出削減や大きな増税が必要になります。一方、需要超過がそれほどでもなければ、そのような手当は必要にならず、国の社会保障支出の増加は経済成長率を押し上げることにもなるでしょう。

一兆円の支出の増加に対して一兆円の増税をするという単なる帳尻合せの議論より、高齢化でもしっかりとした成長ができる経済の仕組みをどうつくるか、どうすればイノベーションによって高い生産性を維持し、経済成長によって税収を増やしていけるかを議論するほうが重要なことは明らかです。そのかたちがしっかりしていれば、潜在成長率が上昇して需要超過になる水準も上昇するので、増税による国民の追加的な負担をより小さくすることができ、国内の所得の増加と社会保障の持続性の両立が可能になると考えられます。

非常に簡略なものですが、具体的な数字のシミュレーションとしては次のようになります。需要不足のもと、金利上昇による民間需要のクラウディングアウトがなく、国債を増発して社会保障の支出を一兆円拡大したとしましょう。民間の所得は一兆円増加します。最初の支出が所得になり、所得が次の支出へつながる乗数効果が考えられます。そして、景気回復による企業活動の活性化による支出の増加も考えられ、結果として、民間の所得は一兆円以上増加する可能性が高いはずです。そして、その所得の増加を背景として税収も増加するとみられます。所得の最終的な増加が一兆円のX倍で、税率がY％だとすると、税収から支出を引いた財政収支の変化△は、

△財政収支＝1×X×Y／100−1

という式に表される分になります。たとえば、Xが四倍、Yが三〇％だとすれば、財政収支は〇・二兆円改善する計算になります。仮に乗数効果が弱めで改善までは行かなかったとしても、社会保障の実質的な負担は支出分の一兆円ではありえず、非常に小さいものです。そして、経済をデフレ完全脱却の方向へ促すなどの景気回復効果も考慮すれば、一兆円の支出の増加に対して一兆円の増税をしなければならないという単純過ぎる議論はまったく適切でありません。

将来世代へのツケを考える

政府債務の増加は将来世代にツケを回すといわれます。しかし、政府債務の増加をおそれて名目GDPを縮小させているほうがより大きなツケを回していることになるのだということを認識する必要があるでしょう。デフレ的な環境のもとで政府債務を削減しようとして歳出を減らすことは、成長を犠牲にして名目GDPを縮小させてしまうことになります。名目GDPが縮小していることは、若年層の現在の負担でもあり、経済全体の将来の負担でもあります（注7−1）。

（注7―1）　社会保障制度研究の第一人者である権丈善一慶應義塾大学商学部教授は、日本経済新聞「やさしい経済学」欄に連載した「公的年金保険の誤解を解く」（二〇一六年一二月二三日から三〇日）で、ニコラス・バーLSE（ロンドン・スクール・オブ・エコノミクス）教授の表現を引用しながら、「生産物こそが重要（Output is central）である」という観点を解説している。筆者らの主張は、権丈氏がこの記事で意図している内容とやや異なるかもしれないが、アウトプットとはまさに名目GDPであり、それが縮小する経済で年金財政や社会保障制度の充実は期待できないことを指摘する点は同じである。

名目GDPの縮小は、経済が使えるお金の量が減少するのと同じです。資産価値の暴落はすでに資産を持っている人々により大きなダメージを与えますが、名目GDPは所得というフローの概念であり、名目GDPが減少すれば、すでに豊かな人々へ渡るお金の量より、貧しい人々へ渡るお金の量のほうが減少する、または増える機会が奪われることになり、不平等はより大きくなってしまいます。

格差の拡大には二パターンあり、皆の所得が増えるなかで上位のペースがより速いという拡大と、増えるグループと減るグループに分かれて拡大する場合に分けられます。どちらも望ましくありませんが、それでもあえていえば、前者のほうが後者よりはましな状況でしょう。そして、日本においてはデフレ的な環境のもとで後者の傾向が強く、それが貧困という問題につながっています。

持たざる人々に渡るお金の量が増える機会を維持することにより不平等を緩和し、リスクをとって生産性を上げるインセンティブを働かせるためにも、日銀の金融緩和や財政拡大を通じて政府債務を増やしてでも名目GDPを拡大させる必要があるといえます。その結果としての債務の増加は、豊かになる機会が与えられる若年層にとっては決して単純な負担ではないはずです。

若年層からしてみれば、「債務なんて負担するから、挑戦するチャンスを与えろ」といいたいところではないでしょうか。政府債務を「償還する」という考え方を先進国でもっているのは日本だけだという点はすでに触れたとおりです。ひょっとしたら、日本だけが政府債務を将来世代へのツケと考えているのかもしれません。他国では将来のための支出をまかなう政府債務の増加は、投資とも考えられているようです。

高齢化問題への適切な視点

深刻な高齢化によって、日本はもはや財政を維持することができないという固定観念もあります。こうした悲観論が、ここ二〇年ほど続いている日本経済の停滞の一因になっていたと考えられます。先に言及した「高齢化によって国の社会保障の支出が毎年一兆円程度増えるので、増税などで同額の財源を手当しなければいけない」というのも、マクロ経済学的には問題が大きい考え方です。

何度も指摘しているように、社会保障に限らず、国の支出は国内の所得を生むため、一兆円のすべてではないにしても、その多くの部分が税収の増加として国に返ってくると考えられます。こうした所得の増加を考慮せずに、財政単体をミクロで考えて一兆円の支出の増加に対して一兆円の増税をしてしまうと、中立的な財政ではなく、緊縮財政となって景気に下押し圧力がかかってしまうのです。また、財政を一家計や一企業と同じようにとらえて、借金が膨張すると破綻すると単純に考えてはいけないことも確認してきました。

では、マクロで考えると、どのような状態になると財政は破綻すると考えるべきなのでしょうか。過度な楽観論も過度な悲観論も、財政破綻につながる可能性があります。過度な楽観論の破綻シナリオとは、将来を楽観視して国も民間も過大な借金を背負ってバブルが生成され、その後のバブル崩壊によって財政破綻・ハイパーインフレが起こるというものですが、日本で当面警戒すべきは過度な悲観論のほうだといえます。しかも、過度な悲観論のシナリオは直観的ではなく、あまり理解されていないので注意が必要です。

高齢化に対する過度な悲観論が広がって財政緊縮が過度に進むと、高齢化の進行以上に貯蓄が大幅に前倒しされ、総需要が破壊されてしまいます。そして、デフレ圧力を伴う経済パフォーマンスの悪化が企業活動を抑制し、企業の意欲と活動が衰えるとイノベーションと資本ストックの積上げが困難になります。さらに、若年層がしっかりとした職を得ることができずにラーニングカーブを登れなくなるでしょう。その結果、高齢化に備えるために最も重要な生産性の向上が困難になってしまいます。

生産性の向上がなくなり、低下し始めると、一転してインフレと景気低迷が同居するような展開が予想され、果ては財政破綻・ハイパーインフレが生じかねないというシナリオも描けるでしょう。悲観論が意図せざるかたちで自己実現する流れです。社会保障支出への備えや財政赤字削減を目的として二〇一四年に実施した消費税率引上げによって総需要が破壊され、アベノミクスによって生じたデフレ完全脱却へのモメンタムを消してしまったことは、こうしたシナリオが絵空事とはいえないことを示しています。

過剰な危機感による過剰な準備が、かえって危機のリスクを高めることになるという教訓は非常に大切です。高名な国際政治学者であった高坂正堯氏の名著『文明が衰亡するとき』（新潮選書、一九八一年一一月）にある、「衰亡は、避けなくてはならないという気持ちをへたに持つと、かえって破局が早くやってくるというところがある」という警句は、現在の日本によく当てはまるのではないでしょうか。

将来世代へのツケにせよ、超高齢化社会への備えにせよ、センセーショナルな言葉には注意が必要です。国民は危機に気づいていないから悲観論を誇張してでも準備を早めなければいけないいという考え方にこそ、危険が潜んでいます。国内貯蓄が潤沢にある間は、リフレ的な政策による企業活動への刺激で経済のパイを大きくすることを目指すのがベストで、国内貯蓄に不安が出た時になってはじめて、社会保障の支出の削減や大幅な増税などの財政再建が重要になります。どうみても日本が前者であることに間違いありません。

高齢化と家計の貯蓄率の関係

恒常的な財政赤字と、高齢化によって低下している家計貯蓄率を合わせた、国内貯蓄の積上げが弱くなっていると指摘されることがあります。これは、復活する企業の資金需要を国内貯蓄でまかなえなければ、経常収支が黒字から赤字に転じるなどして金利が上昇し、成長の制約となるという主張につながります。次に、こうした主張の真偽を吟味してみましょう。

まず、家計の貯蓄率には二つの考え方があることを認識する必要があります。一つ目の貯蓄率は、貯蓄額を可処分所得で割る家計の貯蓄率です。内閣府の国民経済計算確報で公表されています。二つ目は、金融資産の変化から金融負債の変化を差し引いたネットの金融資産の増加分（資金過不足）を名目ＧＤＰで割る家計の貯蓄率です。日銀の資金循環統計で公表されるデータから計算されます。この二つの貯蓄率の違いを認識しておかないと、実践的な日本経済のマクロ分析

図表7－2　2つの家計貯蓄率

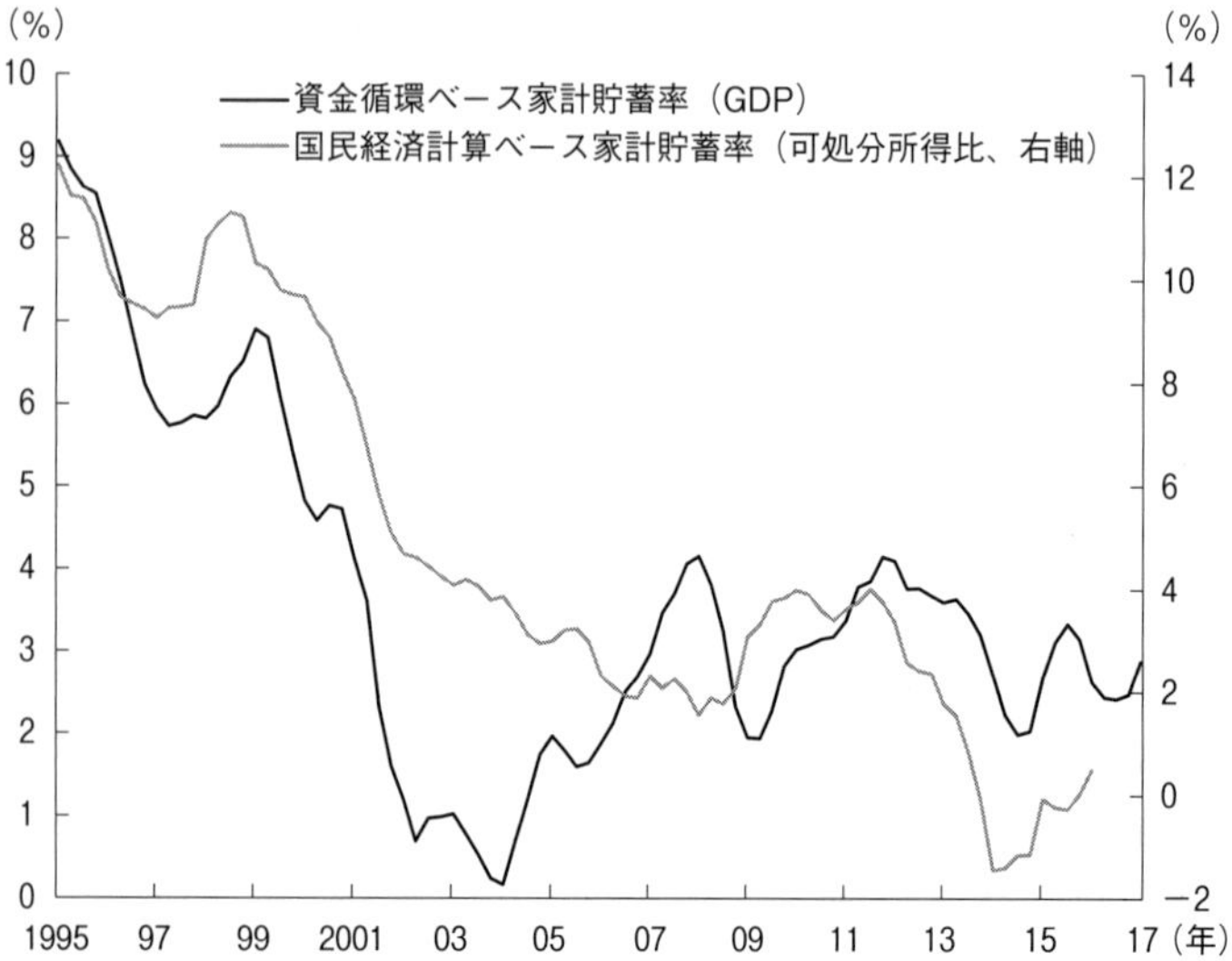

出所：内閣府、日本銀行

と政策運営を誤るリスクがあります。

二〇一三年度の国民経済計算確報では家計の貯蓄率はマイナス一・三％と、すでにマイナスとなってしまっていました。一方、日銀資金循環統計では、家計の貯蓄率は二〇〇八年一〇－一二月期のプラス〇・九％を底に二〇一一年四－六月期にはプラス四・六％まで回復し、二〇一四年四月の消費税率引上げ後に少し下押したものの二〇一五年七－九月期時点でプラス三・八％となっています。つまり、二つの家計の貯蓄率に明らかなデカップリングが起こっています（図表7－2）。

貯蓄額を可処分所得で割った貯蓄率は、キャッシュフローに注目した概念です。資産の動きのみをみています。一方の金融資産の変化から金融負債の変化を差し引いたネットの金融資産の増加分（資金過不足）を名目GDPで割った貯蓄率は、キャッシュを含む金融資産だけではなく、金融負債の動きも考慮したバランスシートの変化に着目する概念です。家計の金融状況がどう動いているかを総合的に正しくとらえるには後者でみるべきだと考えられますが、一般論としてわかりやすい前者だけでみることが多く、その傾向には問題があります。

たしかに、高齢化によって労働力人口が減少し、総賃金というキャッシュフローが減少するため、前者の貯蓄率には低下圧力がかかります。しかし、それは資産側の動きしかみていません。高齢化によって住宅ローンなどの家計の負債も減少していくので、後者の（家計における資産と負債の状況という意味での）貯蓄率はそれほど低下していかないと考えられるのです。たとえば、高齢化により後継者のいない自営業者が廃業した場合、運転資金のための銀行借入れや買掛金などの企業間信用が減少するため、バランスシートが収縮して家計の負債は大きく削減されることになります。

二〇〇三年辺りまでは二つの家計の貯蓄率は同じような動きを示してきたため、混同してもそれほど問題ではありませんでしたが、デカップリングが激しい昨今では、両者の違いをしっかり認識しておくことが重要になっています。貯蓄投資バランスはキャッシュフローの概念ではなく

図表7－3　家計の貯蓄率と65歳以上人口比率

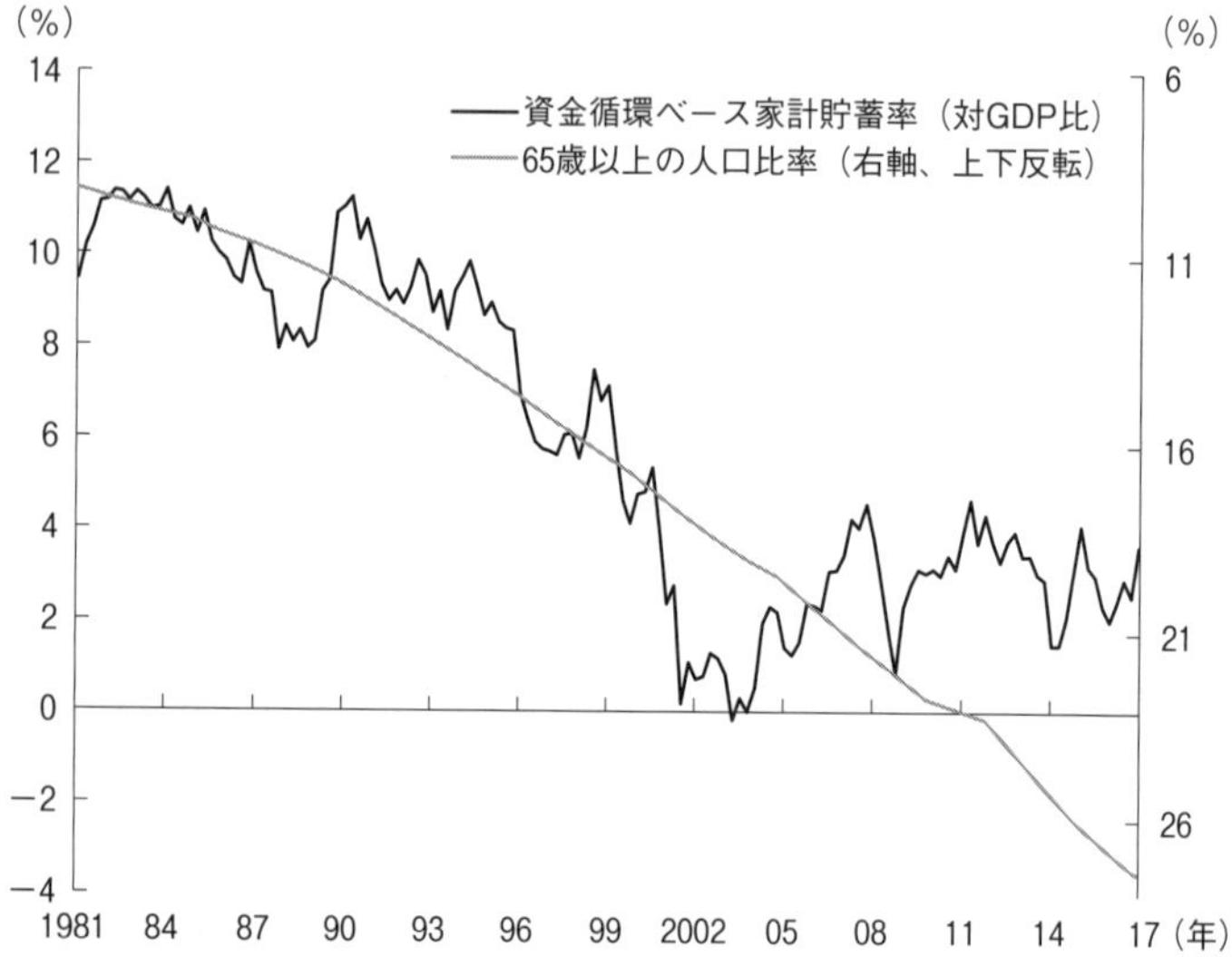

出所：日本銀行、内閣府、人口問題研究所

バランスシートの概念であり、金融のマクロ分析をする際には家計の貯蓄率もバランスシートの観点でとらえたほうを重視するべきなのです。

もっとも、資金循環統計ベースの家計貯蓄率（ネットの金融資産の名目GDP比）であっても、一九九〇年頃のプラス一〇％程度から現在のプラス二・五％程度まで大きく低下していることは事実です。この間に高齢化率は一二％程度から二七％程度まで倍以上になっています。ここから、今後、高齢化がさらに進めば、家計貯蓄率はより減少することになるといえるでしょうか。

実際には高齢化率の上昇と家計の貯

図表7－4　ネットの資金需要と家計の貯蓄率

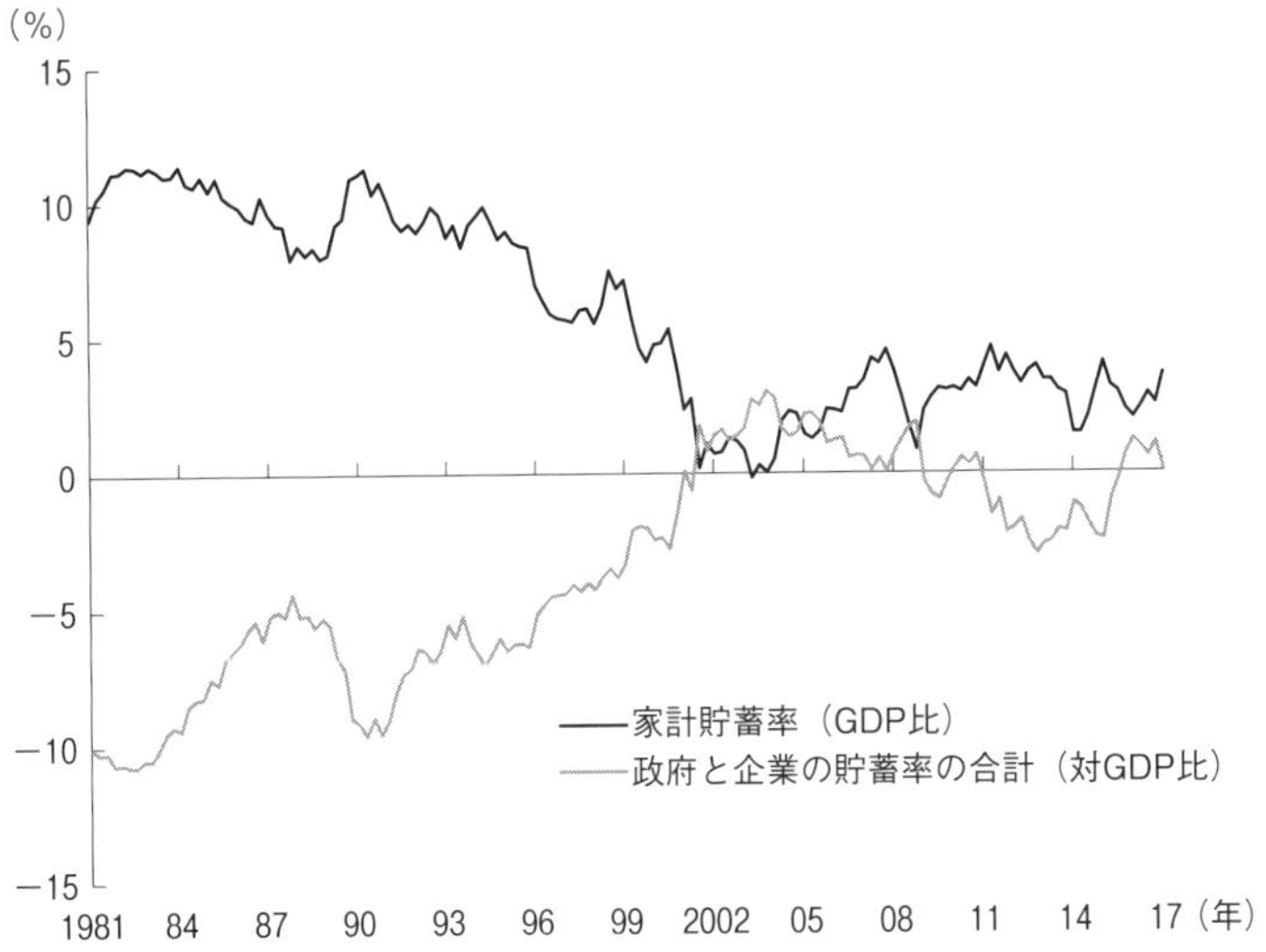

出所：内閣府、日本銀行

蓄率の低下の間の相関関係が強かったのは二〇〇〇年代前半までで、それ以降の相関関係は弱くなっています。特に負債の動きもとらえたバランスシート・ベース（すなわち、資金循環統計ベース）の貯蓄率ではそれがはっきりしていて、高齢化率は引き続き上昇していますが、家計の貯蓄率は持ち直しています（図表7―3）。

マクロ経済では支出されたものはだれかの所得となるため、企業と政府の支出する力が強くなると、家計に回ってくる所得も大きくなります。したがって、ネットの資金需要と家計の貯蓄率にはほぼ完全な逆相関が確認できます（図表7―4）。一九九〇年頃はしっかりとしたネットの資金需要（GDP対比マイナス九％程度）が存在し、家計に所得が回るメカニズムが存在していました。

つまり、家計の貯蓄率はネットの資金需要と高齢化率で推計できますが（一九八二年以降）、ネットの資金需要の影響のほうが圧倒的に大きいといえます。高齢化率が一〇％程度上昇しても、ネットの資金需要が二％程度拡大すれば、その影響はオフセットされてしまう程度になっています。

家計の貯蓄率＝5.78－0.73×ネットの資金需要－0.14×高齢化率：R^2=0.94

一九九〇年代以降の家計貯蓄率の低下は、ネットの資金需要が弱くなったため、総賃金に縮小圧力がかかったことが寄与したといえるでしょう。この構図が長く続いたため、家計のファンダメンタルズは弱体化し、家計の消費動向は、企業と政府の支出する力に対する単純なリアクション・ファンクション（反応関数）になってしまったと考えられます。

図表４－２で確認したように、デフレ的な環境における貯蓄投資バランスの因果関係では、家計の貯蓄率が残差として決まります。つまり、社会保障を考える際、高齢化によって家計の貯蓄率が下がり、財政をまかなうことが困難になるため、財政再建を優先させねばならないというロジックは、現実とはまったく逆方向の因果関係を前提とするものであり、適切ではありません。

国富の拡大の停滞は高齢化が原因か

同様に、高齢化と国富の関係をみてみましょう。日本ではフローでの財政赤字が累積して、ストックでの一般政府の金融負債残高は日銀資金循環統計ベースで対GDP比二三七％程度となる一二七四兆円まで拡大しています（二〇一六年末時点）。これはグロス（総額）の数字であり、日本の政府は巨額の金融資産ももっているため、ネット（純量、正味）の金融負債残高は対GDP比で一三三％とだいぶ小さくなります。政府の金融資産の四〇％が社会保障基金であり、これは将来の年金支払いのためのものです。社会保障基金は家計のかわりに将来のために備えることだから、この部分は家計の強制貯蓄とみなすこともできます。将来に年金として支払われれば、その資産は政府から家計に移転されることになるわけです。

そして国富という概念がありますが、それは国民全体の資産から負債を差し引いた正味資産（または純資産）のことで、内閣府が推計しています。国民全体が保有する正味の金融資産といえるものです（注7－2）。資産の裏側には負債があるという点をふまえると、企業部門と海外部門を足し合わせたネットの金融負債が日本のネットの金融資産の裏付けになっており、日本のネットの金融資産は政府部門と家計部門を足し合わせた合計に相当することになるということがおわかりいただけるでしょうか。前者の額と後者の額は、貯蓄投資バランスの構図として必ず同じになります。日本の国富、そして財政の安定性を考えるときには、政府と家計のネットの金融資産の合計がしっかり拡大していくかどうかが重要となるわけです。

（注7－2）国富といった場合に、資産の側に金融資産だけでなく土地などの実物資産を含める場合も多いが、ここでは筆者らが重視している資金循環統計が対象にする金融資産に限定して考えていくことにする。

たとえば、将来に年金が支払われ、家計がそこから支出した場合、その支出のほとんどが国内でだれかの所得となれば、政府と家計のネットの金融資産の合計にほとんど変化はないはずです。一方、そのほとんどが海外の所得となれば、政府と家計のネットの金融資産の合計は大きく減少し、いずれ財政の安定性も損なわれると考えることができます。そして、今後さらに進展していく高齢化により、所得を上回る支出をする家計が増加すると、そのリスクが大きくなるとみられることが、社会保障を含めた財政の安定化への懸念となります。政府と家計のネットの金融資産の合計は、一九八〇年代から二〇〇七年前後まで名目GDP対比六〇％台から一八〇％台まで拡大し、国富が増加していました。しかし、そこをピークとして現在は一二〇％から一五〇％前後の推移が続く状況となっています（図表7－5）。

もう少し詳しくみると、一九九七年から一九九八年の金融危機以降は、一二〇％から一五〇％

図表7－5　国富の推移

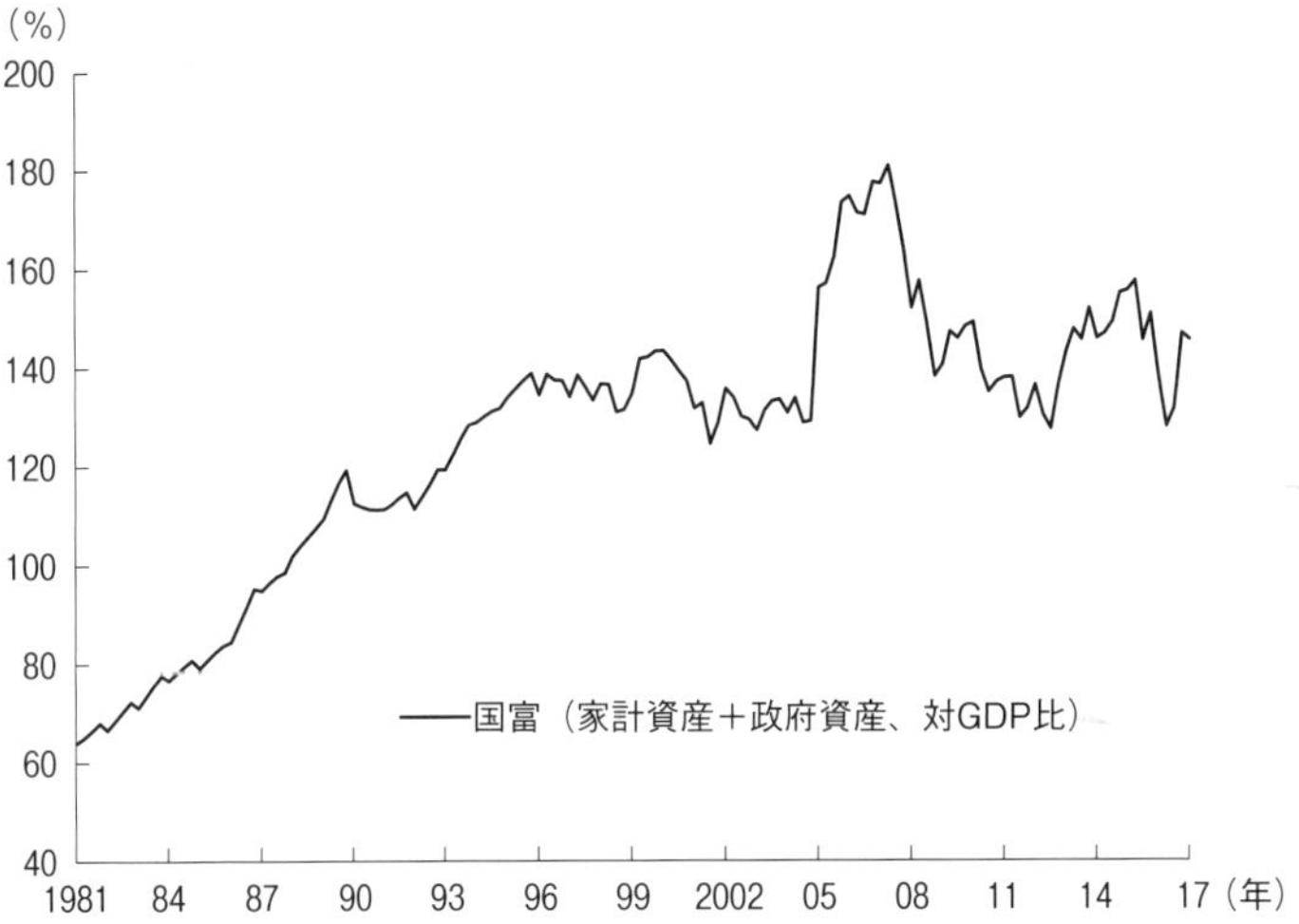

出所：日本銀行、内閣府

のレンジにだいたい収まっており、それまでにみられたような持続的な拡大がなくなっています。この間、団塊世代の動きにより、六五歳以上の人口比率（高齢化率）は一六％程度から二七％程度まで上昇し、高齢化が急速に進行してきました。このため、国富の拡大が停滞した原因は、急速に進む高齢化だという説があります。高齢化によって金融資産を取り崩す家計が増加するとともに、社会保障費の増大により政府の財政負担も大きくなると考えられるため、国富拡大の停滞につながるとされるわけです。

はたして適切な理解でしょうか。一方で、大部分の金融資産が高齢者によって保有されているという事実もあります。

たしかに、高齢者は金融資産を取り崩して生活をすることになるでしょう。しかし、高齢者は住宅ローンなどの金融負債も減少しているため、ネットの金融資産は増加することも考えられます。

筆者らは、国富の停滞の原因を次のように考えています。日本では一九九〇年代から企業貯蓄率は恒常的なプラスの異常な状態となっており、企業のデレバレッジや弱いリスクテイク力が、内需低迷やデフレの長期化の原因になっています。企業部門と海外部門のネットの金融負債が国富としての日本のネットの金融資産の裏付けであるとすれば、企業活動が弱く、企業の金融負債が削減されると、国富の拡大の停滞につながります。実際に、企業のネットの金融負債は二〇〇六年一―三月期の一四〇・五％をピークとして、二〇一七年一―三月期には八一・九％に減少しているのです（図表4―4、「株式・出資金を除かないベース」を参照）（注7―3）。

（注7―3）　図表4―4に登場する「株式・出資金を除く企業のネットの金融負債」は、企業の純粋なレバレッジをみるために株式・出資金を除く金融負債から金融資産を引いたものを示した。ここでは国富の裏付けという観点から、株式・出資金を含めたネットの金融負債を議論の対象とする。

もし企業活動が活発であれば、労働生産性の向上と総賃金の拡大の結果として、家計の富も増大していくことになるでしょう。こうして家計が高齢者世帯になるまでに十分なネットの金融資産を積み上げることができるような状況が維持されていれば、家計の高齢者比率が増加することは、ネットの金融資産を多くもった世帯の増加を意味するため、高齢化のみにより国富の拡大が停滞することはないはずです。国富の拡大の停滞を防ぐとともに、財政の安定性を損なわないためには、財政緊縮よりも、企業活動を刺激していくことが重要になると考えられます。

データで確認してみましょう。政府と家計のネットの金融資産の合計で表す国富（対ＧＤＰ比％）を、企業のネットの金融負債（対ＧＤＰ比％）と高齢化率（六五歳以上の人口比率、％）で回帰してみます。一九八〇年からの暦年データで推計してみました。結果は次のとおりです。

国富＝－31.2－0.91×企業のネットの金融負債＋3.96×高齢化率；R^2＝0.938

企業部門と海外部門のネットの金融負債が国富としての日本のネットの金融資産の裏付けであり、企業活動が弱く、企業の金融負債が削減されてきたことが、国富の拡大の停滞につながっていた可能性が高いという結果が確認できます。一方、国富は高齢化率とは正の相関関係にあり、高齢化で国富の拡大が停滞するとは単純に言い切れないことも確認できました。結論として、これまでの国富の拡大の停滞は、企業活動の停滞で家計が十分なネットの金融資産を築けなかったことが大きな原因であったと考えられます。高齢化が大きな原因ということではないのです。

日本の社会保障支出は過小だという現実

以上のような考察から、政府債務の増加が将来世代へ与える影響や高齢化の影響に関して、一般的に喧伝されている内容とはずいぶんと異なるイメージが浮かび上がったのではないでしょうか。次は、これまでの通説的な議論のなかでは削減が必要とされる社会保障支出そのものの現実をみてみましょう。先に、日本の社会支出（社会保障給付費に相当）の対ＧＤＰ比はＯＥＣＤ諸国の中程度になっているという事実に言及しました。「中福祉」という表現がされますが、中程度に位置しているということは、「まあ平均的だから悪くはない充実度」というイメージになりそうです。

しかし、福祉の水準を測る材料として社会保障支出を国ごとに比較する場合、高齢化度合いの差を考慮する必要があります。福祉の水準を下げなければ、高齢化に伴って社会保障費が増えるのは当然だからです。図表７－６が示すように、縦軸に社会支出の対ＧＤＰ比をとり、横軸に高齢化率（六五歳以上人口の割合）を合わせて散布図にすると、ＯＥＣＤ各国はおおむね右肩上がりの配列で並び、社会保障支出が国民の高齢化度合いに比例することを確認できます。

しかし、日本はその平均的な比例関係の傾向線から大きく外れるアウトライアーに位置していることが一目瞭然です。グローバル・スタンダードに従うなら、日本の高齢化率は世界最高水準

図表７－６　OECD各国における
社会支出対GDP比と高齢化率のバランス

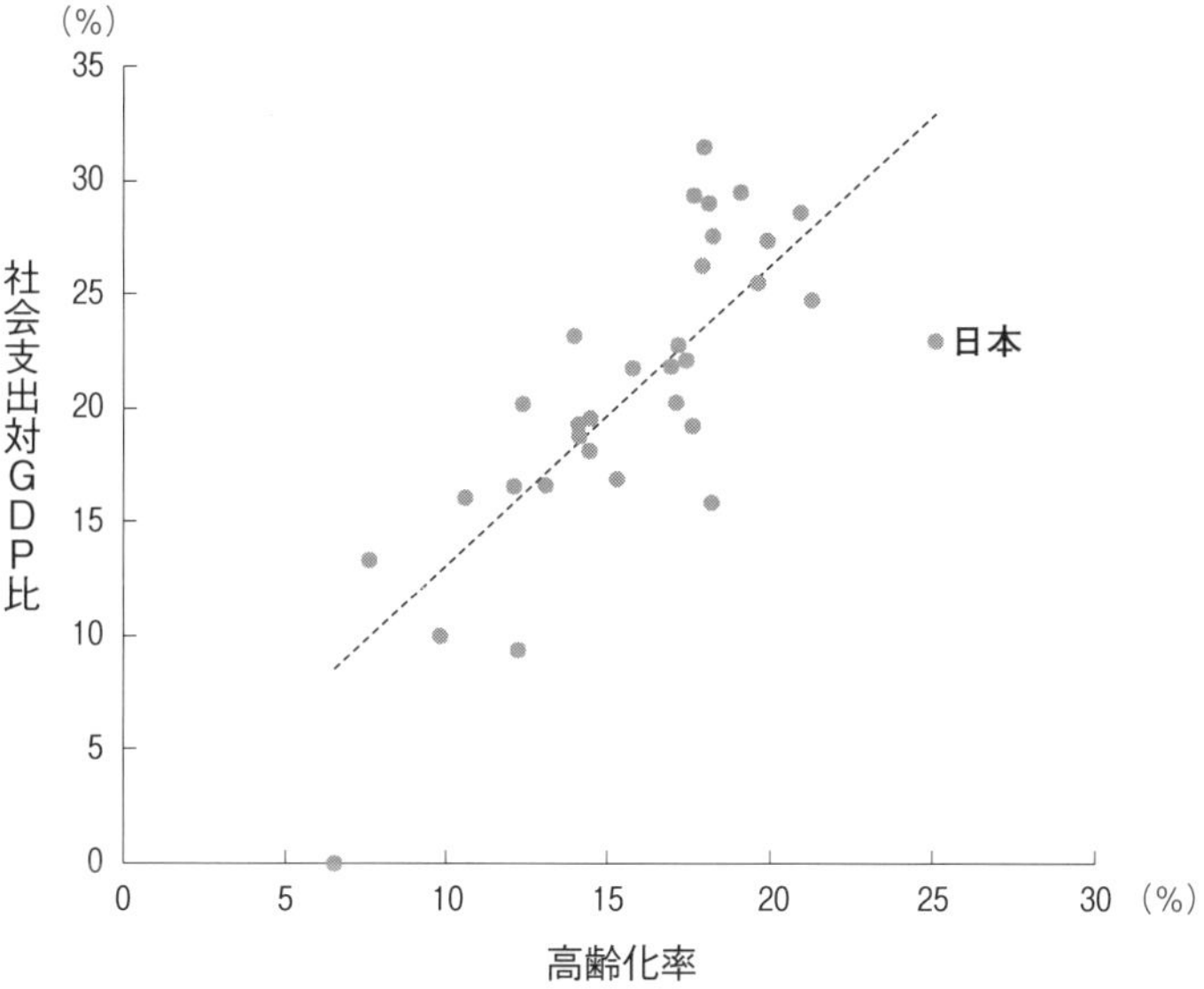

出所：OECD（2013年時点の各国データで表示）

であるため、社会支出の対ＧＤＰ比は現状より一〇ポイント近く増えなければ、平均的な水準とは評価できません。つまり、日本の福祉は中程度ではなく、低水準といってさしつかえないのです。

この事実は、何年か前に統計データ分析家で経済研究者の本川裕氏が運営するサイト「社会実情データ図録」をみて知ることができました。最近そのサイトを再訪すると、社会支出に占める高齢者向け支出の割合と高齢化率の相関図が加えられていて、「一般には高齢化が進むと概して退職年金など高齢者向けのウエイトが上昇する傾向があるが、日本の場合、（この新しく加えられた図の相関における）傾向線よりは上に位置している。すなわち、（省略）社会保障全体では高齢化の割に支出が少ない点が日本の特徴であったが、社会保障に占める高齢者向け支出については、そう低いレベルでないことが分かる。その分、家族向けなどの社会保障にしわよせが生じていることがうかがえる」と説明されています（カッコ内は筆者らによる補足）。筆者らが直近の二〇一三年データでグラフを作成してみても、同じ構図が確認できました。

そこで、単純に高齢者向け社会支出の対GDP比と高齢化率の散布図を描いてみると、日本は社会支出全体の図でみるより平均的傾向線からの乖離度合いの小さい位置にきます（図表7－7）。つまり、社会支出内で相対的にみた場合は、たしかに家族向けなどの社会保障にしわよせが生じていると考えられます。しかし、それでも依然として高齢者向け社会支出の状況が、国際比較でややアウトライアー的な低いほうへの乖離を残しているのも事実です。所得の把握が不十分なために高齢者内の配分が適切でないという問題とは別に、高齢者向け社会支出の総額だけをみても決して平均的な水準に届いているとはいえないでしょう。

こうしてみると、日本経済において高齢者世代の貯蓄率がやや高いと観察されるのは、高齢者にとって緊縮財政の結果で抑制されている社会保障給付が不十分に感じられるため、予備的な動機で貯蓄（予備的貯蓄）を選好する傾向につながっている可能性もあるのではないでしょうか。

図表7－7　OECD各国における
高齢者向け社会支出対GDP比と高齢化率のバランス

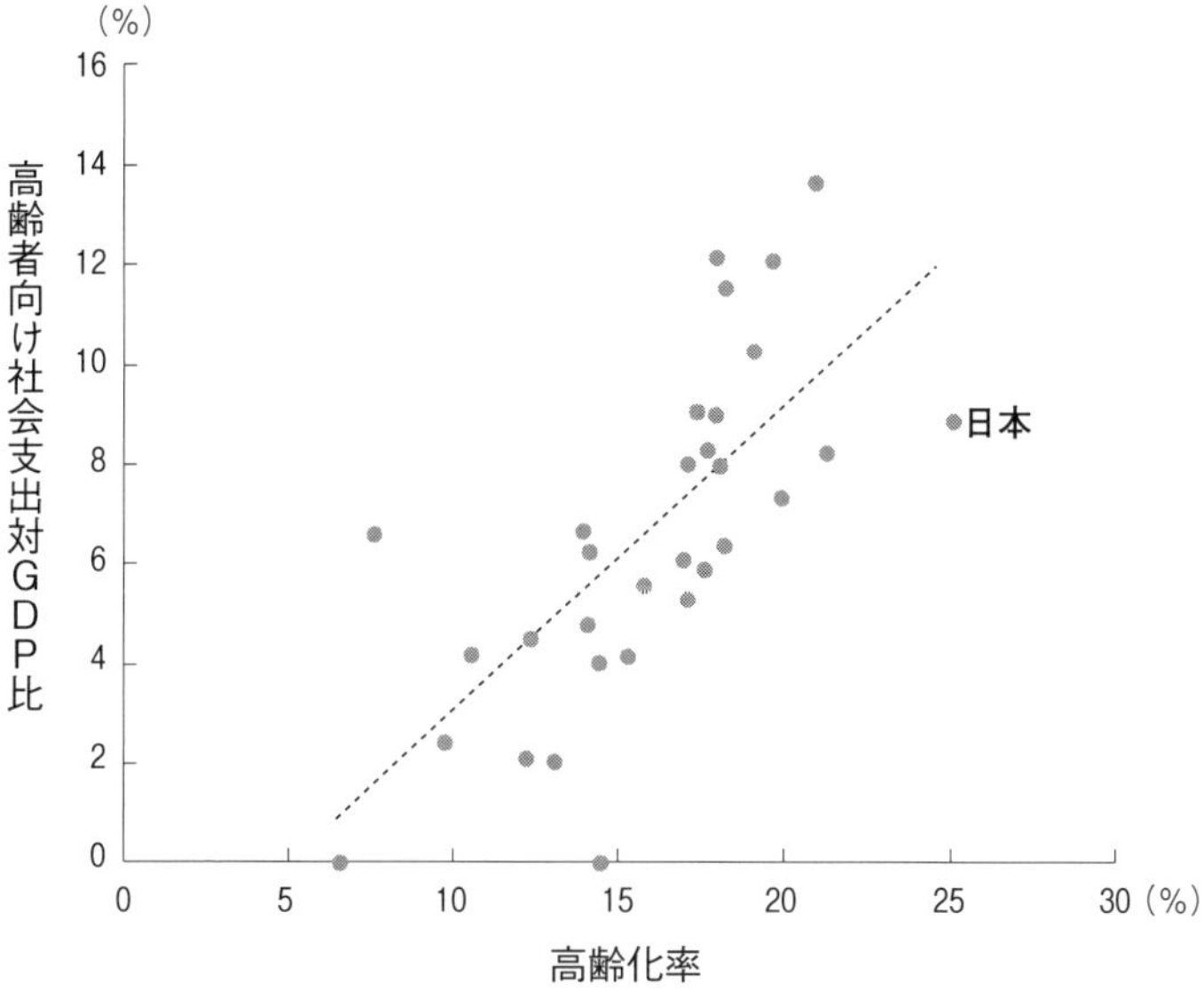

出所：OECD（2013年時点の各国データで表示）

将来の社会保障支出の削減や増税という予測が貯蓄に向かわせているのであり、財政再建こそが不安を取り除いて消費を促すという説（安心効果）とは、まったく異なる視点が浮かび上がります。

少子化対策としての社会保障支出

高齢化と同時に人口減少が日本経済の将来に対する不安につながっているため、子育て支援を厚くするという政策がしばしば取り上げられます。しかし、財政再建のために社会保障支出を抑制しなければならないという論調が強いなかで、そうした政策はまだ不十分なのではないでしょうか。一億総活躍社会という掛け声は悪くないと思われますが、それを実現していくためには女性の社会参加を促す一方で、子育て支援の施策をもっと前面に出す必要があるはずです。二〇一六年に話題になった「保育園落ちた、日本死ね」の叫びは、子育て支援が不十分な現状を如実に示しました。

子育て支援に関しては、規制面での障害が問題なのであり、それを緩和・改正していくことで制度の充実を図れば良く、必ずしも社会保障支出を増やすことが必要ではないとの意見があるかもしれません。たしかに、幼稚園と保育園の根拠法令が異なり、監督官庁も異なるといった状況は合理的ではありません。しかし、先に触れたように「社会支出内で相対的にみた場合は、どちらかといえば家族向けなどの社会保障にしわよせが生じている」という事実も否定できません。さらに、アベノミクスの新三本の矢（目標）で、二〇二五年度までに希望出生率一・八を実現する（注7―4）と掲げているのですから、そのための方策として社会保障における子育て・家族向け支出のいっそうの増大は避けて通れないと考えられます。

（注7―4）「希望出生率」とは国民（人々）の希望が叶った場合の出生率で、「希望出生率＞実際の出生率」となる。二〇一〇年に実施された出生動向調査によれば希望出生率はおよそ一・八という結果になっており、それを実際の出生率として実現させるという目標である。実際の出生

図表7－8　出生率と家族・子ども向け公的支出の関係の各国比較

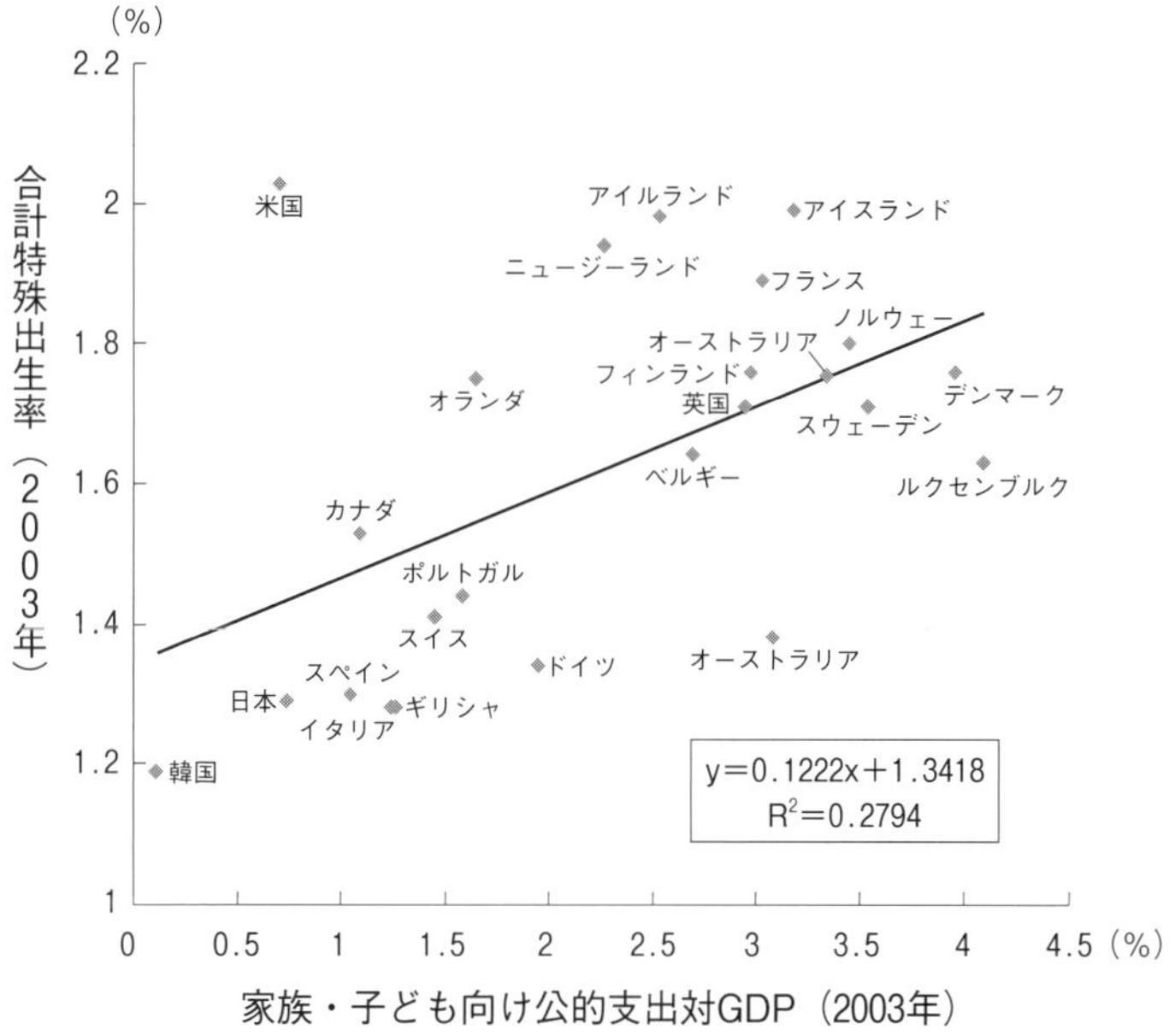

（注）　対象は世銀定義によるOECD高所得国。公的支出は社会保険や税の支出。家族・子ども向け公的支出には児童手当などのほか、出産手当、産休給付金などを含む。

（資料）　世銀WDI、OECD（2007年）、Social Expenditure Database

出所：本川裕「社会実情データ図録」より再掲

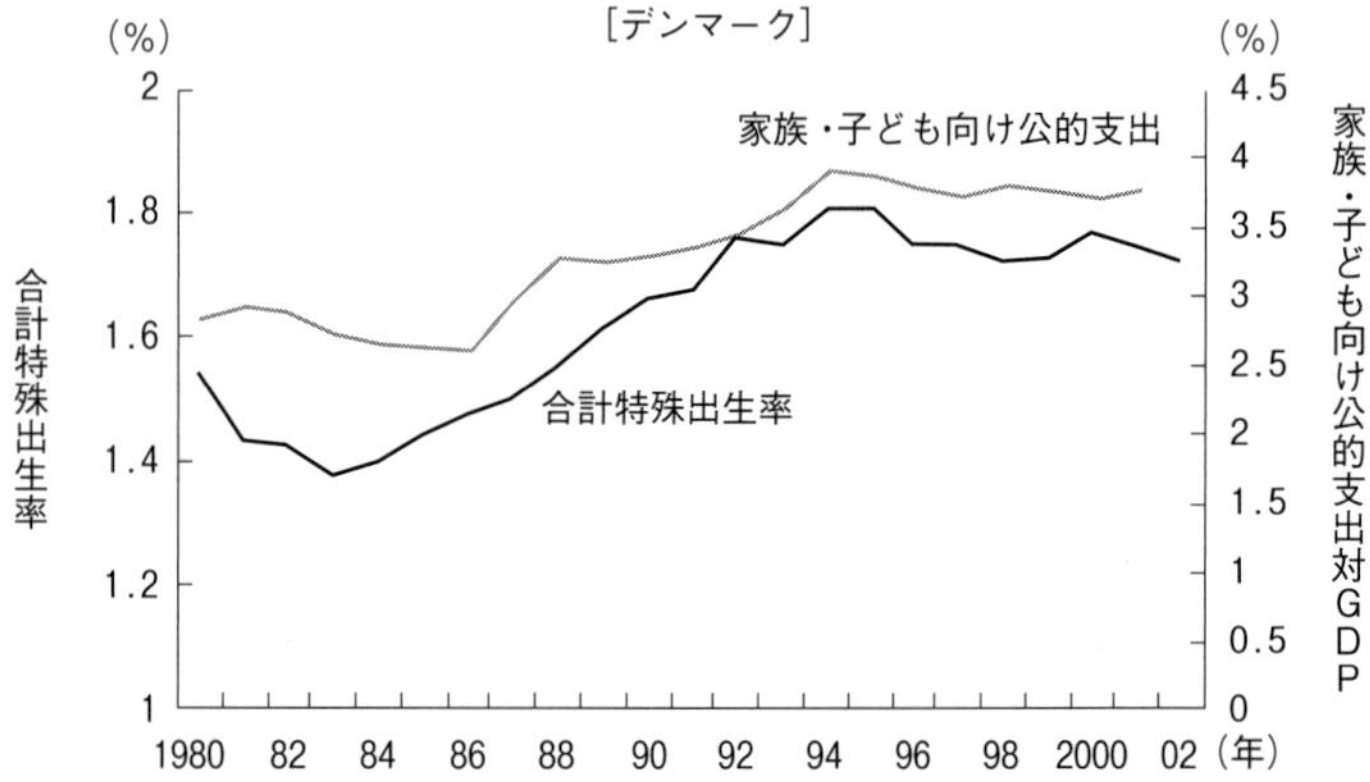
[デンマーク]
(%)
(%)
家族・子ども向け公的支出
合計特殊出生率
合計特殊出生率
家族・子ども向け公的支出対GDP
2
1.8
1.6
1.4
1.2
1
4.5
4
3.5
3
2.5
2
1.5
1
0.5
0
1980 82 84 86 88 90 92 94 96 98 2000 02 (年)

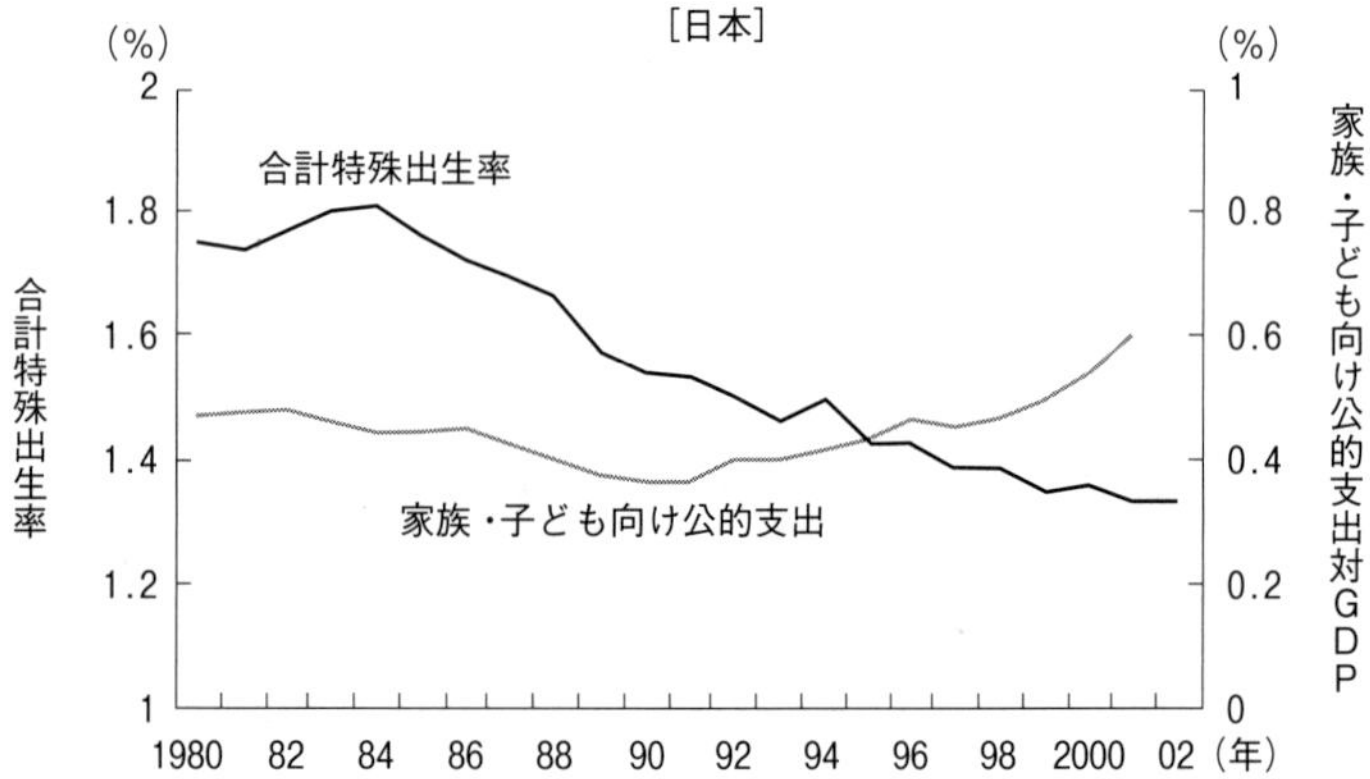
[日本]
(%)
(%)
合計特殊出生率
家族・子ども向け公的支出
合計特殊出生率
家族・子ども向け公的支出対GDP
2
1.8
1.6
1.4
1.2
1
1
0.8
0.6
0.4
0.2
0
1980 82 84 86 88 90 92 94 96 98 2000 02 (年)

図表7－9　主な国における出生率と家族・子ども向け公的支出の関係の推移

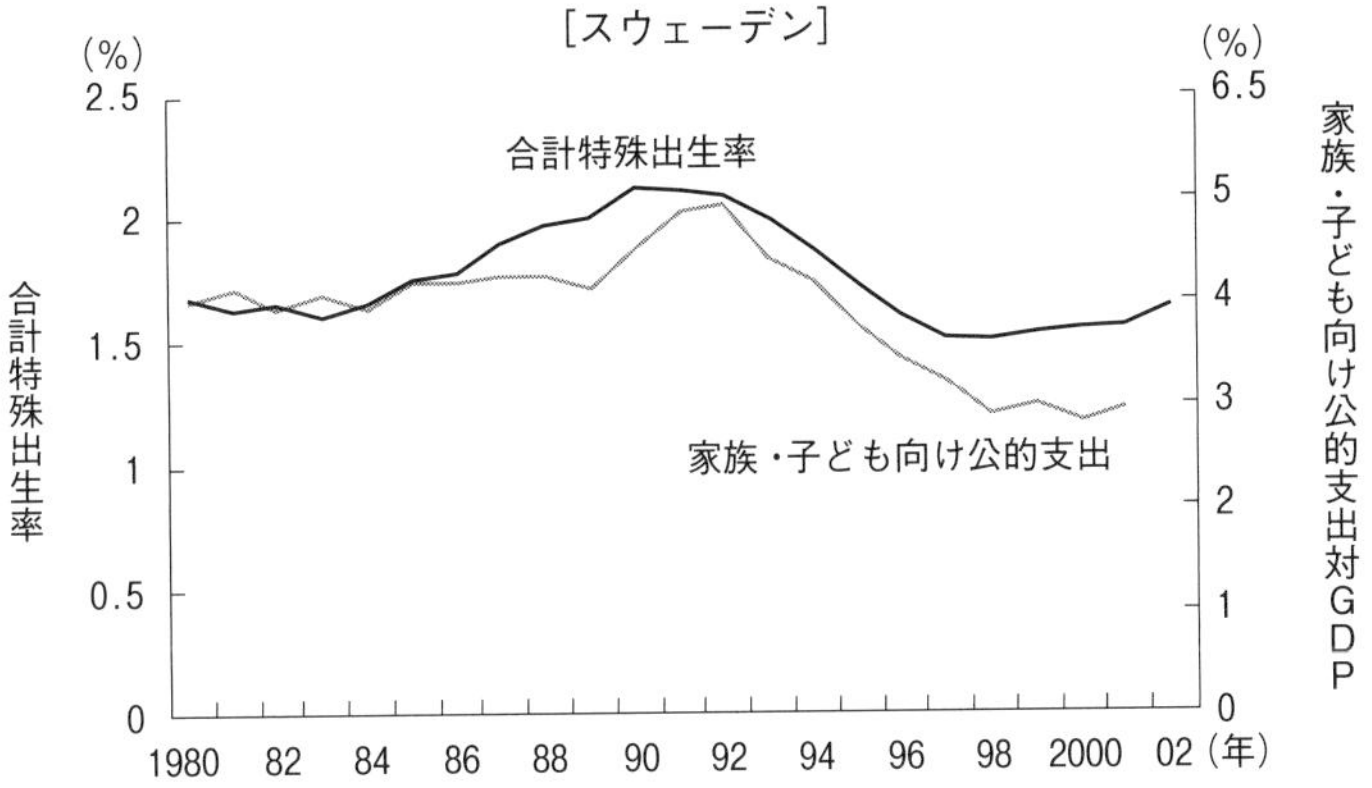

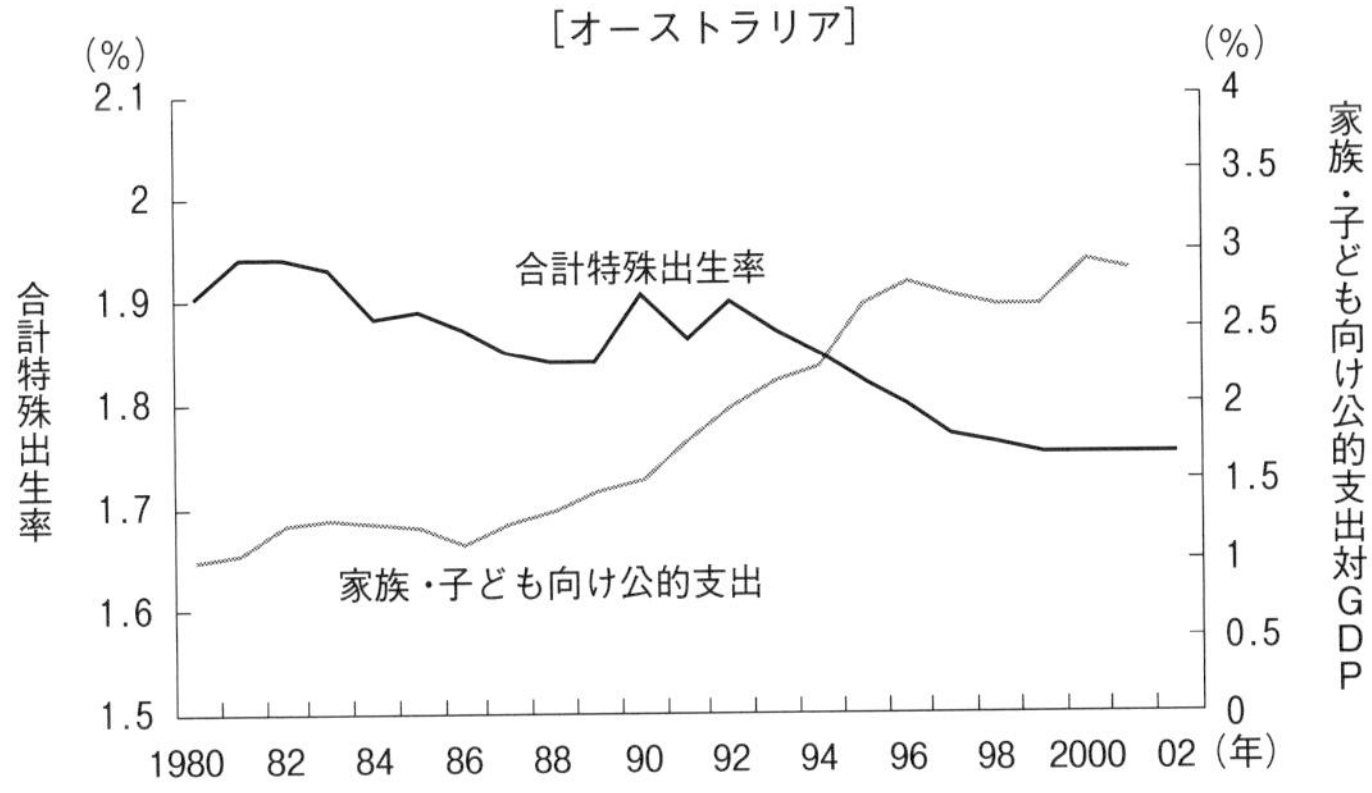

(注)　公的支出とは税や社会保険による支出（public social expenditure)。家族・子ども向け公的支出には児童手当などのほか、出産手当、産休給付金などを含む。
(資料)　世銀WDI、OECD（2004年)、Social Expenditure Database
出所：本川裕「社会実情データ図録」より再掲

率としては、一般的に「女性の年齢別の出生率を合計したもので、一人の女性が生涯に産む子どもの数の平均」を表している合計特殊出生率が使われる。二〇一六年の合計特殊出生率は一・四四。

前に紹介した本川裕氏の「社会実情データ図録」には、先進国における家族・子ども向け公的支出と出生率の相関関係が示されています（図表7－8）。本川氏は、「当てはまり度は高くない（R^2＝0・2794）」と記していますが、ばらつきが大きめなだけで、正の相関という関係性自体はかなりはっきりしているように見受けられます。また、別の図録として、家族・子ども向け公的支出と出生率の時系列が、代表的な数カ国で示されており（図表7－9）、これをみれば、当該社会支出の多少が出生率の高低にとって重要であることが理解できます。

この分野に関するデータはすべて二〇〇三年当時のもので少し古いですが、人間の行動を動機づける基本原理はすぐにそう大きく変わるものでもないはずです。オーストラリアの家族・子ども向け公的支出がそれほど低いわけではないのに出生率が低いままになっている原因はわかりませんが、日本で家族・子ども向け公的支出を増やしてきたにもかかわらず出生率が上がっていないのは、やはりデフレ的な環境における全般的な経済状況の厳しさ（雇用不安や将来所得期待の低さ）のもと、増えてきたとはいっても絶対水準がそもそも低過ぎて支援になっていないからではないかと考えられます。

さらに別の図録では、二〇〇三年当時のデータに基づくと「日本の少子化対策を目的とした児童手当など世帯補助が先進国中最低レベル」だったということです。直近となる二〇一三年のデータで確認しても、OECD三二カ国中の下から八番目タイと、依然として下位グループから抜け出ておらず、少子化対策に力が入っているとはいえません。

いまの日本に適切な社会保障への姿勢

このようにみてくると、社会保障の支出を削減（あるいは、少なくとも増加を抑制）して財政状況の改善を目指すという方向性が、日本の進むべき道とは思えません。少子高齢化社会で人口に減少圧力がかかる状況では、労働力人口が全人口より速いペースで減少するのであり、そのことは労働需給が引き締まるためにインフレ的な要素を持つはずです。にもかかわらず、デフレ的な環境が残っているのは、高齢化社会への準備を促す主張や、マクロの影響を適切に見極めないで財政再建の必要性にとらわれ過ぎた政策の結果だと考えられます。

高齢化への準備を促す社会的な論調が総需要を破壊することで企業の活動意欲を低下させ、生産性向上に向けた投資を抑制してしまうことで、結果として将来的にインフレ率が非常に高まりやすい脆弱な経済になる可能性があります。さらに、家族・子ども向けの公的支出を依然としてケチっている状況では、目指している出生率の上昇や一億総活躍社会の実現はありえないということを、もっと強く認識する必要があるでしょう。いまのまま社会保障に対する考え方を修正しないことこそが、いろいろな面において本当の意味で将来世代へツケを回すことになると思われるのです。

警鐘を鳴らすこと自体が否定されるべきではありません。警鐘を鳴らすことで、実際に早期の対応が可能になる問題が数多く存在するのは間違いないと思われます。しかし、前述の高坂教授の言葉から示唆されるのは、警鐘の鳴らし手は無責任にアルマゲドンを喧伝するべきではなく、また警鐘の聞き手はその前提やロジックを適切に見極めることが必要であり、双方が思い込みで議論しないことなのではないでしょうか。社会選択としての大事な政策に関して、良質の議論が望まれるということです。

第八章

金融政策の現状と中央銀行の独立性

この章のまとめ

・日本では一九九〇年代初頭のバブル崩壊後、金融緩和を早期に積極的にしてこなかった第一局面の後、財政支出を嫌ってマクロ政策を金融緩和ばかりに依存した第二局面の結果として、超低金利の環境が長期にわたって継続しています。現在は、それでも経済活動がそれほど刺激されないという流動性のわなに陥った状況になっているのは明らかです。

・金利は低ければ低いほどいいとは必ずしもいえず、超低金利の弊害が現れています。特に年金資産をきわめて増やしにくい金融市場環境にしてしまっていることが、社会保障に対する不安をもたらしている面があります。

・現状の緩和型の金融政策に拡大型の財政政策をあわせるというポリシーミックスの考え方を前面に出してこそ、マクロ政策の効果を期待できるのであり、中央銀行の独立性はデフレからの脱却を図る経済にとっては役に立たない旗印だといえます。

・「ヘリマネ」との絡みで話題になっている「物価水準の財政理論（ＦＴＰＬ）」も、実践的な観点から評価してみます。

金利は低いほど良いのか

本書ではここまで財政政策について多くのページを割いてきました。それは日本経済の現状を正しくとらえ、適切な政策を打ち出していくために、財政についてどう考えるかがポイントになると筆者らが考えているからです。しかし、マクロ経済や金融市場の動向を実践的に分析するにあたり、金融政策を含む金融面の重要性に目をつぶることはできません。とりわけ、世界的に超低金利の環境が広がり、日本でも欧州に続いてマイナス金利政策が導入されているという状況下、その背景や意義をあらためて確認しておきたいところです。

現状の日本経済においては拡張的な財政政策をとらないことが財政健全化にとってかえって逆効果になると説いてきましたが、実際に過去の日本の政府が十分に拡張的な財政政策を実施してこなかったことが超低金利という状況をもたらしているといえます。政府債務が巨額になっているもとで拡張的な財政政策は望ましくないという誤った理解が、時々の景気対策を中途半端なものにし、景気が少し良くなっただけで財政引き締めに転じ、足りない分を埋め合わせる役割を金融政策に負わせてきたというのが歴史的な経緯です。結果として、日本はデフレ的な環境から脱却し切れず、金利ばかりが下がるという帰結になりました。

一般的に金利は低いほうが望ましいという感覚が強いかもしれません。消費をする際に手持ちの現金では足りない場合や、事業を始めたり拡大したりする際に、資金を借りるにあたっての金利負担は小さいに越したことがないのは当然です。しかし、経済全体をマクロでみた場合には、借入ニーズが控えている環境でこそ、金利が低いほうが望ましいということがいえるのだという点を認識しておかなければなりません。

主流派経済学が依拠するマンデルフレミング・モデルでは、「企業貯蓄率がマイナスで、均衡している貸付資金市場には追加的な資金借入ニーズが控えている」という状況が前提となっていることを確認しました。追加的な資金借入ニーズが控えているから、少し追加的に金利が下がると経済活動が活発化します。経済がノーマルな状況、つまり企業活動が堅調に行われているときに生産性が改善するなどの要因でインフレ率が下がり、それで金利が下がるようだと、おそらく〝望ましい〟展開だといえるでしょう。

これに対して、企業において追加的な借入ニーズがない状況では、追加的に金利を下げても経済活動が活発化することを期待できません。こうした状況に陥っているというのが、筆者らの日本経済に対する診断です。金利がゼロ近辺に近づくと、政府・中央銀行がいくらお金の供給を増やしても、それ以上、金利を引き下げることができない（機会費用がゼロになるので、流動性確保のための予備的な貨幣需要である予備的貯蓄が無限大になる）ことから、経済を刺激することができなくなります。これを「流動性のわな」といいます。

欧州に続いて日本でも金利の非負制約を取り払い、無理やり市場金利をマイナスにするマイナス金利政策が導入されていますが、実体経済のニーズを満たすために資金をやりとりする純粋な民間の貸付資金市場において、貸し手が借り手に金利を払うマイナス金利の水準で需給が均衡することは考えられません。

加えて、超低金利には弊害もあります。金利はお金の価格だという言い方もできるように、お金に対する需要はその価格が低いとき、つまり金利が低いときにより大きくなります。一方で価格を均衡させるには、供給側の事情も同時に考えなければなりません。預金者や債券（または貸付債権証券など）を購入する投資家などの資金の提供者にとって、金利が非常に低い状況は、預貯金への利子が少ないために貯蓄計画がうまくいかなかったり、債券価格が高くて投資の期待利回りが低く、リスクも高いために投資がむずかしかったりする状況を意味します。

債券などの買い手になる投資家の代表例として国や企業の年金基金という組織がありますが、超低金利が続く経済において年金資産を増やすことが非常に困難な環境が続いているのです。年金を含む社会保障制度が持続的に健全に運営されるには、金利がそれなりの水準にあることによって社会保障支出の原資となる資産を増やしやすい状況にあることが大きな助けとなります。逆にいえば、金利が低過ぎることが社会保障制度の持続性に対する疑問を生じさせ、人々の将来不安を助長することになってしまうわけです。

念のために書きますが、だからといって金利を上げれば良いという主張をするつもりはまったくありません。無理に上げれば良いのではなく、上がる状況になるのが望ましいということです。つまり、経済活動が活発になって、金利がそれと整合的にそれなりの水準にある環境にしようということです。

また、「金融政策がもう限界だから、後は財政政策」という考え方が適切だとも思いません。筆者らは「金融政策がもう限界にきてしまったから」ではなく、初めから金融政策と財政政策の組合せ、つまり〝ポリシーミックス〟が常に大切だという見解です。この点は、最近話題になった〝ヘリコプターマネー〟という概念にもかかわってきますので、また後ほど触れます。

再び「名目成長率VS長期金利」

金利はさまざまな要因で形成されます。資金の借り手には低いほうが望ましく、ノーマルな経済状況なら、金利がなんらかの要因で下がれば追加的な資金需要が出てくるでしょう。資金の出し手には高いほうが望ましく、低過ぎると投資行動がむずかしくなります。お金（マネー）が経済の血液にたとえられるように、金利は経済の血圧（または体温）にたとえられます。高過ぎても低過ぎても良くないということをうまく表現しているといえましょう。

では、どのくらいが適切なのか、何か目安になるものがあるでしょうか。固定的な目安はありませんが、適切な金利水準は経済状況によって変わるということはいえます。それが、第六章（注6－3）で触れた「与謝野・竹中論争」の論点、名目成長率と（名目）長期金利の関係です。

名目成長率は、実物的な経済活動から平均的にどれくらいのリターンをあげられるかを表すものといってさしつかえありません。一方の長期金利は、資金を貯蓄（＝債券への投資）に回すという金融活動から得られる期待リターンを意味します。金利のほうがずいぶんと高ければ、皆が貯蓄や債券購入での利殖を目指し、資金を実物投資より貯蓄に回す選択をすることによってお金の供給が増え、金利が下がっていきます。逆に名目成長率のほうが高ければ、皆が実物的な経済活動のために資金需要を増やし、金利が上がっていくことになります。厳密な意味ではありませんが、アービトラージ（鞘取り）的な動きが生じることによって名目成長率と長期金利は離れにくい関係にあるわけです。

したがって、一般論として、本来、名目長期金利は名目成長率に近い値をとることになるはずです。どちらが上か下かを論争するくらいですから、当然ともいえます。そして、第六章の「与謝野・竹中論争」でみたとおり、インフレ率が高めだと「名目成長率＜長期金利」という構図になる可能性が高いという理解ができるように思われます。もっとも、マクロ経済運営の立場からは、「名目成長率が上」になる状況を目指し、それを維持するように政策を操作していく必要があるでしょう。それが逆転している状況は、政策運営があまりうまくいっておらず、へたをすればひどい経済環境だということです。日本経済の経緯も、まさにそのことを物語っていると思われます。

もちろん、実物的な経済活動が活発で名目成長率が高いときは金融活動も活発でしょうし、反対に実物経済活動が低調だと金融活動も低調になります。リターンを上げやすい経済か、上げにくい経済かの違いということになります。したがって、単に「名目成長率＞長期金利」を目指すのではなく、高めの水準でこれを目指すのが望ましい経済運営ということになるでしょう。

図表８－１でみるとおり、日本においては一九九二年頃から二〇一三年頃まで長期金利のほうが高い状況がずっと放置されていました。それも名目成長率がマイナス圏に陥るというひどい状況でした。つまり、経済活動に比べて金利が高過ぎるという金融引き締め状態がずっと続いていたと理解できます。経済活動より貯蓄のほうの利回りが良いことを期待させ、ますます経済活動を弱めて金利を低下させる方向に進む環境といえましょう。

このような状況であれば金融環境を緩和型にする政策の必要性が指摘され、金融緩和策が実施されるのも当然です。「名目成長率＞長期金利」という状況にするために、金利のほうを下げることがまずは必要でしょう。しかし、日本は「企業貯蓄率がマイナスで、均衡している貸付資金市場には追加的な資金借入ニーズが控えている」という状況ではありませんでしたから、金融緩

図表8－1　日本の名目GDP成長率と長期金利の推移

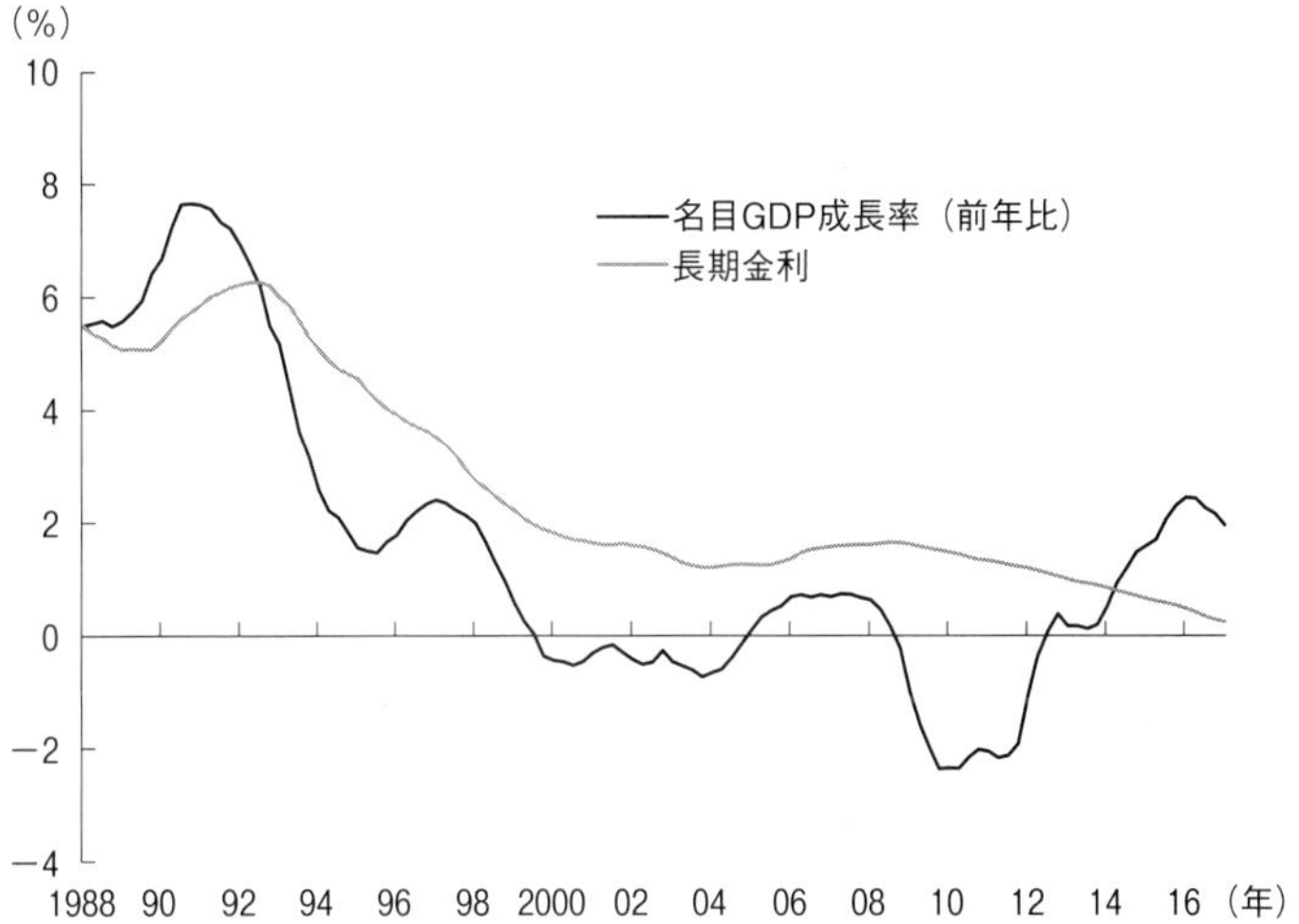

（注）　傾向をより明確にみせるため、それぞれの時系列をともに3年移動平均で表示。
出所：内閣府、日本銀行

和だけによって景気を改善させる、つまり名目成長率を押し上げるのは困難だったのです。いわゆる「流動性のわな」という状況では、金融緩和策はあまり効果を発揮できません。財政政策も一緒に拡張型にすることで、マクロ政策がより効果を発揮するポリシーミックスが実現します。

ポリシーミックスの意義

二〇一三年からの状況は、アベノミクスにおいて金融政策という第一の矢だけではなく、財政政策という第二の矢もあわせたからこそ、名目

図表８－２　日本の株式市場TOPIXの推移

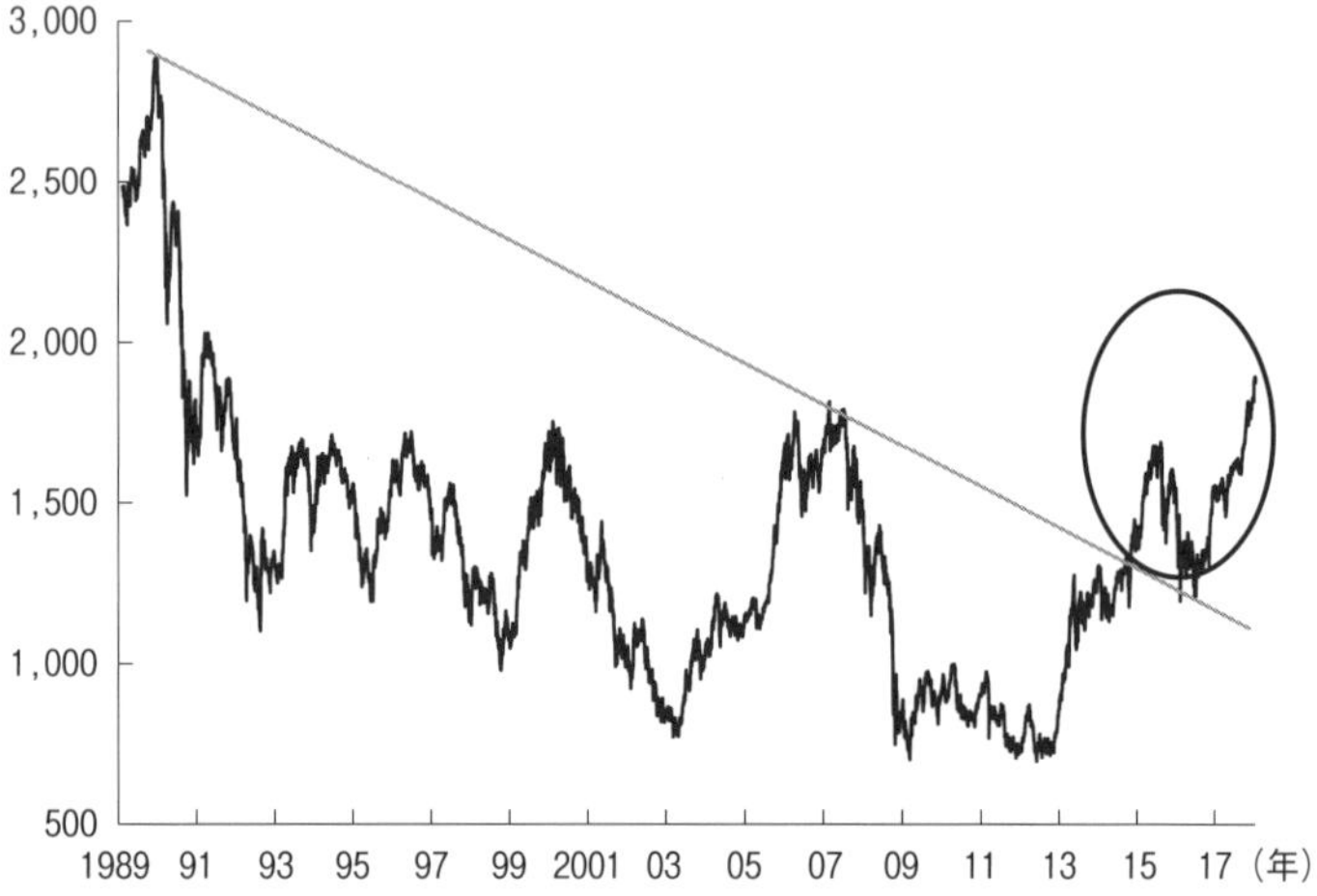

出所：Bloomberg

成長率が改善しながら「名目成長率＞長期金利」を実現する姿になっています。貯蓄より実物的な経済活動の活発化を促す、非常に重要な構図です。そして、この状況は財政の改善にも寄与しています。まさに〝ウィン・ウィン（Win－Win）〟の環境といえましょう。この現実は、やはり当然のように株式市場にも反映されました。

図表８－２はいわゆるテクニカル分析的な絵であって、筆者らのようなファンダメンタルズ（基礎的条件）を分析する者が積極的に利用するグラフではありませんが、実はこのグラフが前の図表８－１と似ていることに気づきませんか。「名目成長率＜長期金利」が続く状況は株式市場の右肩下がりの環境であり、株式市場がその下がり

トレンドの抵抗線を上に抜けてきた時点が「名目成長率∨長期金利」へ逆転したタイミングにほぼ合致しています。このテクニカル・チャートは、ファンダメンタルズにとって無意味ではないといえるのではないでしょうか。

しかし、二〇一四年度辺りからは消費税率引上げの影響や、低調な海外景気も手伝って、「名目成長率∨長期金利」の状況を維持したままであっても、デフレ的な環境からの完全な脱出へ向けてそれほどしっかりとした足取りとはいえない状況です。欧州債務危機や米国での「財政の崖」がテーマになっていた二〇一二年から二〇一三年は欧米の財政政策がかなり厳しい引き締め型でしたが、その後の二〇一四年からの二年間でみると、一転して顕著に日本が最も引き締め型の財政政策をとっていたという事実があります（図表8－3）。

国内民間経済が依然としてノーマルな状況になり切っていないうちに財政引き締めをしてしまっては、低調な海外景気プラス円高の影響をまともに受けてしまっても不思議ではありません。そして、デフレ脱却（二％の物価安定目標の達成）を目指して金融緩和に依存し、金利はとうとうマイナス圏に突入することになりました。前述のように、金利が低過ぎることによる弊害は確実にあります（注8－1）。マイナス金利政策の評価はもう少し後で触れますが、金融政策への依存がこうした帰結の背景といえます。

図表８－３　近年における先進国間の財政政策比較

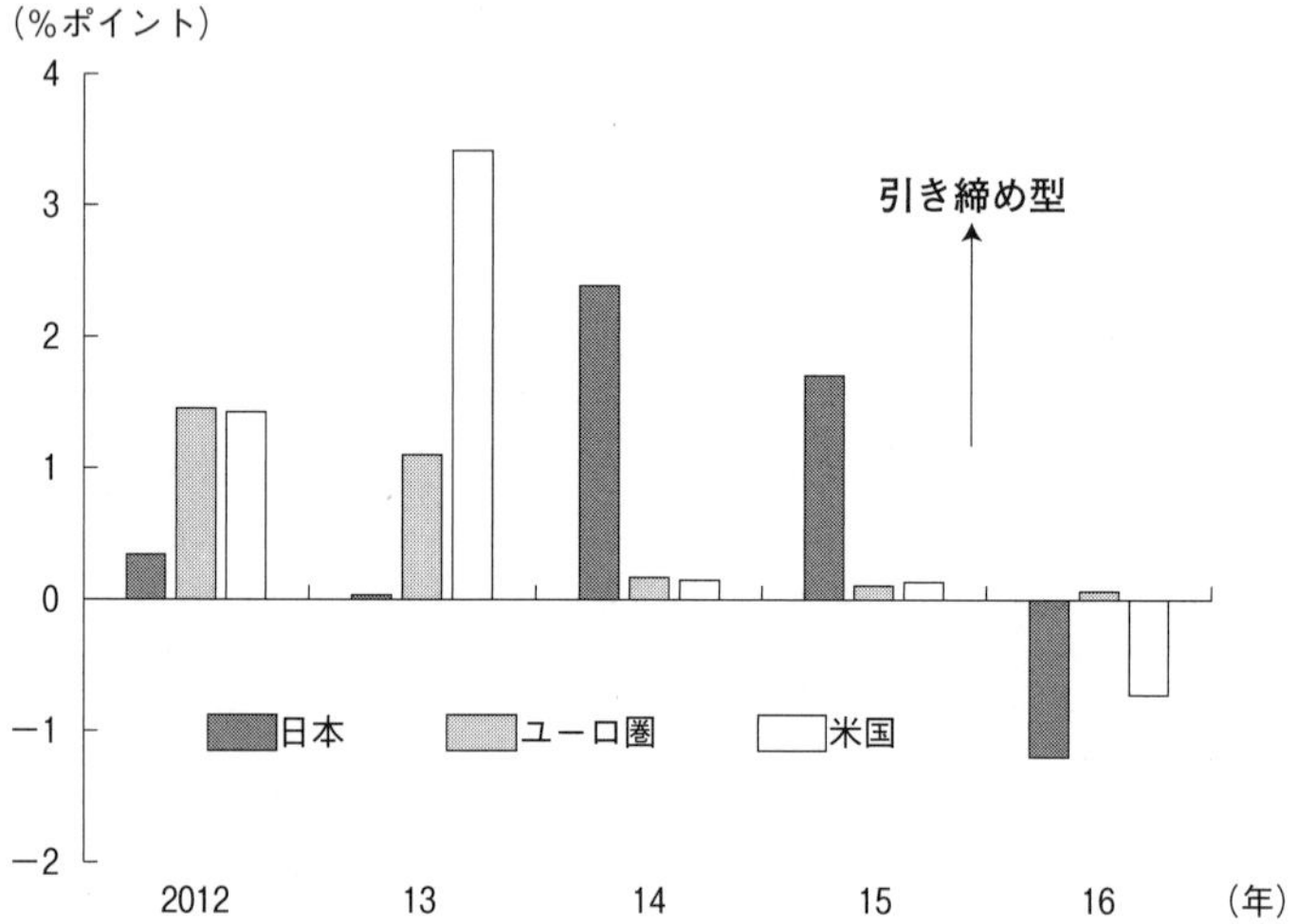

（注）　構造的財政収支（対GDP比）の前年差（%ポイント）を示す。財政支出の変化が単純にGDPに影響を与えるという意味で“fiscal impulse”と呼ばれる（厳密な定義による計測法はいくつかあるが、簡易な計算の指標で表示）。OECDによるStructural Balances（つまり、構造的財政収支）のデータをそのまま利用しており、第６章の最後の部分で登場する筆者らの推計で用いた言葉とは意味が異なる。日本と米国は、社会保障基金を除いた財政収支の値。第６章（注６－７）も参照。

出所：OECD World Economic Outlook（2017年６月）

（注8－1）　年金基金のような資産運用を生業とするアセットオーナーは、超低金利環境において本当に運用が困難になっているという点にはすでに触れた。加えて、金融機関にとって、金利がマイナスも含めてほとんどないという状況では、信用リスクを中心としたさまざまなリスクをとって資金の出し手と取り手の間の金融を仲介するという活動の根幹を破壊されたに近い。資金調達を助け、新たな経済活動を引き出すために低金利は望ましいが、流動性のわなに陥って追加的な金融緩和を行っても新たな経済活動をあまり引き出せない状況では、低過ぎる金利環境を定着させるだけで金融業に必要以上の負担を負わせることになりかねない。経済活動が活発化して金利が自然と上がる状況に持っていくには、金融政策ではない別のマクロ政策が必要となる。もちろん、財政政策だ。

金融政策に限界をみて、財政政策も嫌う論者は、だから成長戦略だという主張になるでしょうか。成長戦略の重要性は否定しませんが、その多くはマクロ政策とはいえません。やはりマクロ政策としては金融と財政であり、流動性のわなに陥った状況であっても、依然として金融政策も重要な役割を果たすことは否定しえません。それがポリシーミックスです。（注8－2）。

この金融と財政によるポリシーミックスの効果はどのようにとらえることができるでしょうか

（注8－2）　ポリシーミックスとは・般的に、「いくつかの政策手段を同時に使い、政策目的を実現す

ること」という定義がなされる。「それぞれの政策の長所や短所が組み合わさった相乗効果が期待できる」という解説もある。マクロ経済政策だけではなく、規制などかなり幅広い政策手段を念頭に置いている。アベノミクスは総合的なポリシーミックスの好例。だが、本章ではマクロ経済政策における、財政政策と金融政策との組合せという狭い意味で使う。

マンデルフレミング・モデルでは、財政出動はノーマルな経済であれば金利に上昇圧力がかかるため、意図する景気刺激効果が国内で発揮されない、または相殺されてしまうという理解になるのに対し、筆者らは現状の日本経済においては金利に上昇圧力がそもそもかからない、少なくともかかりにくい環境であることを説明しました。したがって、財政支出を増やして財政赤字を拡大しても、「名目成長率>長期金利」の構図を維持することはできると考えられます。それでも、もし海外要因等のなんらかの事情で財政支出を増加させると金利に上昇圧力がかかることが懸念される場合には、金融政策をいわば保険的に利用して、その上昇圧力を抑制することが望ましいでしょう。こうして金融政策も財政政策もともに拡張的に行うことによる相乗効果が期待でき、マクロ政策がより大きな力を発揮するわけです（注8－3）。

（注8－3）　榊原による『週刊エコノミスト』（二〇一三年四月二日号）の記事「アベノミクスで名目GDP増なら財政再建が進む可能性は高まる」を参照。

金融政策の光と影、そして過信

さて、主流派の経済学には財政政策に対する忌避感があるため、結果的に金融政策に頼るという構図になっているわけですが、それ以上に金融政策には絶大な信頼感が築かれてきました。いまとなってはリーマン・ブラザーズの破綻につながった住宅バブル（サブプライム危機）の種をまいたという批判もあって、かつてのような称賛のされ方はしなくなりましたが、いまから二代前にFRB議長を一九年間務めたグリーンスパン氏は当時〝マエストロ（巨匠／名指揮者）〟と呼ばれ、その金融政策運営の手腕が高く評価されていました。前任者のポール・ボルカー氏から引き継ぎ、経済をインフレの時代から〝グレート・モデレーション（great moderation＝おおいなる安定）〟の時代へと移行させた立役者というわけです（注8―4）。金融政策が米国経済の黄金時代の実現におおいに寄与したと認識されていました。

（注8―4） 現ワシントンポスト紙編集主幹で、米国を代表するジャーナリストのボブ・ウッドワードが二〇〇〇年一一月に"Maestro: Greenspan's Fed and the American Boom"という著書を出版し、グリーンスパン議長へのマエストロという呼称が定着していった。邦題は『グリーンスパン』（山岡洋一・高橋裕子訳、日本経済新聞社刊、二〇〇一年五月）。そして、グリーンスパン氏の後任としてFRB議長に就任したベン・バーナンキ氏が、まだFRB理事だった

二〇〇四年二月の講演で「たしかに唯一の要因ではないにせよ、おそらく金融政策の改善がグレート・モデレーションの重要な源（source）であったというのが自分の考えだ」と表現している（Remarks by Governor Ben S. Bernanke, *"The Great Moderation"* At the meetings of the Eastern Economic Association, Washington, D.C., February 20, 2004）。

では、そもそも金融政策というものはどのように経済に影響を与えると理解されているか、簡単におさらいしておきましょう。まず、第五章でネットの資金需要という概念を説明した際、「経済は、政府による国債の発行を利用して中央銀行が成長通貨を供給し、民間銀行が信用創造するのにあわせて成長」すること、そして、信用創造が「銀行預金と銀行借入れの繰り返しによって増えることでマネーサプライの増加を支える仕組み」であることを確認しました。

信用創造は、ある民間銀行が受け入れた預金を元手にして貸し付けることによって展開します。すなわち、だれかが銀行から借り受けた資金は、その人（または企業）の預金としてその銀行口座に振り込まれることになり、この銀行はその預金をまた貸付に回すという繰り返しのメカニズムです。貸し付けられた資金が引き出されて使われても、使われた先の資金の受取り手が利用する銀行のところで同じ流れが生じていくため、いずれにしても銀行制度全体のなかで信用が創造されていきます。

この時、民間銀行は一般的な銀行制度のもとでは預金の全額を貸付に回すことはできず、中央銀行に支払準備のための当座預金として預けることになっています。準備預金制度です。中央銀行に預入れを義務づけられた当座預金の最低金額を「法定準備預金額」あるいは「所要準備額」といい、それは預金の種類と保有している預金の規模ごとに預金準備率といわれる一定の値を掛けた額になります。この準備預金分が差し引かれながら信用創造が繰り返され、マネーサプライ（通貨供給）を形成していくわけです。

また、このメカニズムのなかでだれかが預金を引き出し、使わないで現金としてそのまま保有してしまう場合もあり、その手元にある現金は繰り返しのシステムからもれることになります。これらを調整して、信用創造のもとでマネーサプライがどれだけ増えるかを表現しているのが貨幣乗数（あるいは信用乗数）と呼ばれる係数です（注8－5）。

（注8－5）第一章で経済学において数学が便利であることを指摘した際に例示した等比級数は、まさに信用創造の過程で現金保有によるもれがない場合の繰り返し（等比数列）の和を求めるかたちになる。このような場合なら、預金準備率をｒとすればマネーサプライMSは、

$MS = 1/(1-r) \times$ 本源的預金

で求められる。しかし、実際には現金保有の「もれ」が生じるため、現金通貨をcurrencyのC、預金をdepositのD、準備預金reserveのRとして、貨幣乗数は以下の式で表現される。

$MS = (C/D+1)/(C/D+R/D)$

C／Dは現金・預金比率、R／Dは準備・預金比率（＝預金準備率、先のｒ）という。また、

ここで本源的預金はマネタリーベース（ベースマネーともいう）のことで、現金通貨（日本銀行券と硬貨の合計）と中央銀行に預けられた民間銀行の当座預金（＝準備預金）をあわせたもの。それが貨幣乗数によって何倍ものマネーサプライを生み出すという構図からハイパワードマネー（high-powered money）とも呼ばれ、文字Hが当てられている。つまり、貨幣乗数をmとして、

MS＝m ×H

と表される。

マネーは経済の血液にたとえられ、このマネーが健全に循環してどれだけ経済のなかにあるかが経済活動のバロメーターになるため、マネーがどれだけ供給されているかを表すマネーサプライは、経済を金融面からみる際に非常に重要な指標です。貨幣乗数のメカニズムで信用創造が行われる結果としてマネーサプライ（ＭＳ）が決まってきますから、本章（注８－５）で示す「ＭＳ＝m ×Ｈ」という式は大きなカギとなります。

中央銀行がマネーサプライに対して直接的に多大な影響を与えると理解されるのは、金融調節を通じてＨの内訳の一項目である準備預金の額（量）を左右することができると考えられているためです。金融政策のメカニズムにかかわる詳細は割愛しますが、中央銀行は金利水準の上げ下げにより経済活動へ影響を与えるだけではなく、Ｈの量の決定に関与し、それがm倍されてＭＳとなるという構図ですから、ＭＳのコントロールを担う責任者だということになります。Ｈが大

きければ、ＭＳが大きくなるという関係だからです。

「マネーが健全に循環してどれだけ経済のなかにあるかが経済活動のバロメーターになる」という点を表現したものに、フィッシャーの交換方程式あるいはケンブリッジ方程式と呼ばれる概念があります（注８－６）。ＭＳをマネーサプライ、Ｖを貨幣の取引流通速度、そしてＰを物価、Ｔを１期間における財・サービスの取引量と置いたとき、フィッシャーの交換方程式は、

$$MS \times V = P \times T$$

という関係として表現されます。これは恒等式です。経済のなかにお金があり、経済活動はそのお金が使われることで成立するといえますから、供給されたお金の量にそれが一定期間内に何回使われるかという回転数（つまり、取引の速度）を掛けることで、一定期間内に使われたお金の合計金額が表現されます。それは、価格と取引量を掛け合わせたものと等しくなるはずです。

（注８－６）本章の終盤に、フィッシャー方程式という似た名前ながら別の概念が登場する。ともに米国の経済学者アーヴィング・フィッシャーによって提唱された。

ケンブリッジ方程式は、フィッシャーの交換方程式における取引量Ｔは経済活動の実質価値に置き換えられると考えて、それを実質ＧＤＰ（Ｙ）とし、並べ替えて、

MS＝（1／V）×P×Y

と表現します。さらにVの逆数をkと置き、

MS＝k×P×Y

という式としてマネーサプライと経済の関係を表現します。このkは「マーシャルのk」と呼ばれています。フィッシャーの交換方程式では〝使われなかった貨幣〟をどう扱うかという疑問が内在しているなどの問題もあり、学問的にはケンブリッジ方程式との差異もいろいろと指摘されているようですが、実践的な立場からは両者が数学的にほとんど同じ式であり、いずれも「貨幣数量説」という考え方を表現したものだという理解で十分でしょう（注8－7）。

（注8－7）詳しくはウィキペディアの「貨幣数量説」、奥山忠信「貨幣数量説における交換方程式の考察」（『埼玉学園大学紀要（経営学部篇）』第一二号、二〇一二年）などを参照。

貨幣数量説は、社会に流通している貨幣の総量とその流通速度が物価の水準を決定しているという経済学の仮説です。よく聞かれる、「インフレーションは、いつでも、どこでも、貨幣的現象である」という言葉を残したのは、マネタリストの始祖ともいわれ、ノーベル経済学賞を受賞

したミルトン・フリードマン教授です。マネタリストは貨幣数量説を出発点として、「貨幣の供給量（マネーサプライ）の変動が短期における実質経済成長、および長期におけるインフレに対して決定的に重要な影響を与える。そして、その増え方が経済生産（アウトプット、すなわち実質GDP）のそれと比べて早いか遅いかでインフレ率が左右される」という考え方をします。つまり、「MS＝m×H」であれば、Hをコントロールする中央銀行次第で経済のパフォーマンスが決まってくることになり、中央銀行による金融政策の重要性が必然的にクローズアップされるわけです。

そして、金融政策が目指す経済状況としては、インフレ率二％程度がグローバル・スタンダードとなっています。金融政策の運営の仕方も、目標とするインフレ率を明示して、それを強力に目指すという姿勢が一般的です。二％になった経緯は各国の中央銀行によってさまざまでしょうが、FRBの場合は二〇一二年にジャネット・イエレン現議長が「最大雇用という目標と緩やかなインフレのコストとのバランスを勘案した結果、大きなコストをもたらすデフレへの適切なバッファを提供すると同時にインフレのコストをきわめて小さくとどめるであろうと判断した数値として、FOMCは二％という計測インフレ率を選択した」と説明しました（注8－8）。しかし、デフレが経済に多大な弊害をもたらすということに照らせば、筆者らからするとバッファはもう少し大きくてしかるべきと思われます。スタンダードとしてインフレターゲットが二％では少し低いと感じます。日本でも二％で高過ぎることはないでしょう。

（注8－8） 当時は副議長だった。"Revolution and Evolution in Central Bank Communications" Speech by Vice Chair Janet L. Yellen, At the Haas School of Business, University of California, Berkeley, Berkeley, California, November 13, 2012（https://www.federalreserve.gov/newsevents/speech/yellen20121113a.htm）からの該当文を「himaginaryの日記（ブログ）」が訳出したものを利用（http://d.hatena.ne.jp/himaginary/20121128/Yellen_on_inflation_goal）。

マエストロと称されたグリーンスパン元ＦＲＢ議長が金融危機の種をまいたことが批判されたとしても、金融政策の〝万能感〟が否定されたわけではありません。むしろ、後任のベン・バーナンキ前議長もまた金融政策を駆使することによって金融危機から米国経済が受けた傷を浅くし、米国を日本のようなデフレ状態に陥らせなかったことが評価されています。

中央銀行の独立性が必要とされるワケ

さて、〝万能感〟のある金融政策だからこそ、その行動の目標をどのように設定するかについて透明性が重視されているのは当然のことでしょう。インフレ率と失業率は反比例（トレードオフ）的な関係にあるというフィリップス・カーブの考え方を基本とすると、物価安定ばかりに焦点を当てると労働市場の改善を犠牲にする可能性があるため、たとえば米国のＦＲＢは雇用の最大化を目指しながらインフレ率をターゲットに沿った水準で安定させるデュアルマンデート（dual mandate、二つの付託）という目標を掲げています。

日銀も金融政策の理念を「物価の安定を図ることを通じて国民経済の健全な発展に資すること」と定義し、インフレ率だけを闇雲に重視するわけではないニュアンスを込めているといえましょう。このインフレ率の目標（インフレターゲット）を中心とした中央銀行の政策目標は、中央銀行が自ら設定する場合もありますが、英国のように政府から与えられる場合もあります。良好な経済情勢として望ましいインフレ率というのは、中央銀行が自ら設定するといっても勝手気ままに決められるものではなく、国の運営において客観的に納得性の高いプロセスを通じて合意されるものです。あまり自由度はありません。もっとも、昨今の状況から二％は少し低過ぎると思われる点についてはすでに指摘しました。

一方、中央銀行がそうした目標を達成するために駆使する政策の手段（ツールの選択と使い方）や、それを実施するタイミングに関しては高度な独立性が尊重されなければならないと広く受け止められています。日銀法にも「通貨及び金融の調節における自主性は、尊重されなければならない」とあり、またそれを確実にするために「業務運営における自主性は、十分配慮されなければならない」と定められています。ただ、中央銀行にどれだけの独立性が確保されているかは、各国の歴史や事情・考え方によって多少の差があります。日銀法では「常に政府と十分な意思疎通を図らなければならない」と規定され、「政府の代表者が議決の次回会合までの延期を求めることができる」とされています。

中央銀行の独立性が必要と考えられている理由として、日銀ホームページの「教えて日銀！」には「各国の歴史をみると、中央銀行には緩和的な金融政策運営を求める圧力がかかりやすいことが示されています」。そして、「こうした事態を避けるためには、金融政策運営を、政府から独立した中央銀行の中立的・専門的な判断に任せるのが適当であるとの考え方が、グローバルにみても支配的になっています」と説明されています。つまり、政治その他から圧力がかかって金融政策が必要以上に緩和型に放置され、結果としてインフレ圧力がコントロールできないほど高まってしまうことへの歯止めということになります。政府や企業が資金を調達しやすい環境を望む声は強くなりがちだからです。

中央銀行の起源も国によって違いますが、一つには英国のイングランド銀行がそうであったといわれるように、政府が戦費をまかなうための資金調達やそれに絡む業務をするという大きな使命がありました。その流れもあって、中央銀行は政府の預金を優先的に受け入れ、また政府の一時的な資金不足に対して貸出を行い、政府のために国債の発行・償還・利払いの事務を扱うなど、政府資金（国庫）の調達・管理・運営を行う政府の銀行としての役割を担います。

先ほどみたマネーサプライを左右する構図のもと、こうした権限をもった中央銀行は特に政府の戦費調達に対して無批判・無抵抗に従うと、国債がどんどん発行され、通貨供給量がどんどん増えていくことになりかねず、政府と中央銀行がいわゆる〝マッチポンプ〟のようになって通貨の価値が失われる状況を自ら盲目的に招いてしまう危険性があると理解されるわけです。

こうした危険性に備え、中央銀行にはそれなりの独立性を確保したうえで「通貨の番人」というミッションが与えられることになったと理解できます。国庫に関する金融活動を全面的に請け負わせるかわりに、政府を含めた他者からの影響を受けずに必要なときに必要な手を打てる権限を完全に掌握させるアレンジメントが独立性だといえましょう。

通貨の価値を守るということは、インフレ率を抑えるということです。インフレ率の分だけ通貨の実質価値が失われるからです。市場参加者の間では、日銀が二〇一四年二月に当時の白川総裁のもとで「当面は一％を目途とする」と示すまで、暗黙的にインフレ率ゼロ％が金融政策の目指すべき物価安定の目安だという理解が共有されていました。それくらいインフレ退治が大事だと認識されていたということです。ようやく二〇一三年一月に日銀と政府との共同声明で二％のインフレ目標を導入し、グローバル・スタンダードにあわせる姿になりました。

〝万能感〟を失っている日本の金融政策

このように中央銀行の独立性は、通貨の価値を守るためにインフレ率を抑制するという使命を果たせるよう、外的圧力から免れて必要以上の緩和型状態を避ける決断ができる意思決定の環境を用意するためのものです。しかし、これは万能感のある中央銀行であるからこそ意味があるものだといえます。

万能感は、先に確認したように「MS×V＝P×T」または「MS＝k×P×Y」という構造のもとで、「MS＝m×H」のHを（そして結果としてMSも）コントロールできるという考え方からきているわけですから、中央銀行が経済に対して万能の力を発揮するためには、貨幣数量説においてVまたはkが、ハイパワードマネーの式においてmが、それぞれ比較的安定した状態にあるという前提条件が確保されていなければなりません。

実際にデータで、mとV（＝1／k）の推移をそれぞれみてみましょう（図表8－4）。多くの関係者がすでに指摘していることですが、mもVもここ数年は急激に低下してしまっています。特に量的緩和策を強化するに従ってその傾向が強まっているといえそうです。これではMSを増やせばP×T（またはP×Y）である名目GDPが増えるということも、Hを増やせばMSが増えるということも、ともに成立しません。これがデフレ的環境の経済が陥る構図であり、足元の

図表8－4　マネーの回転率

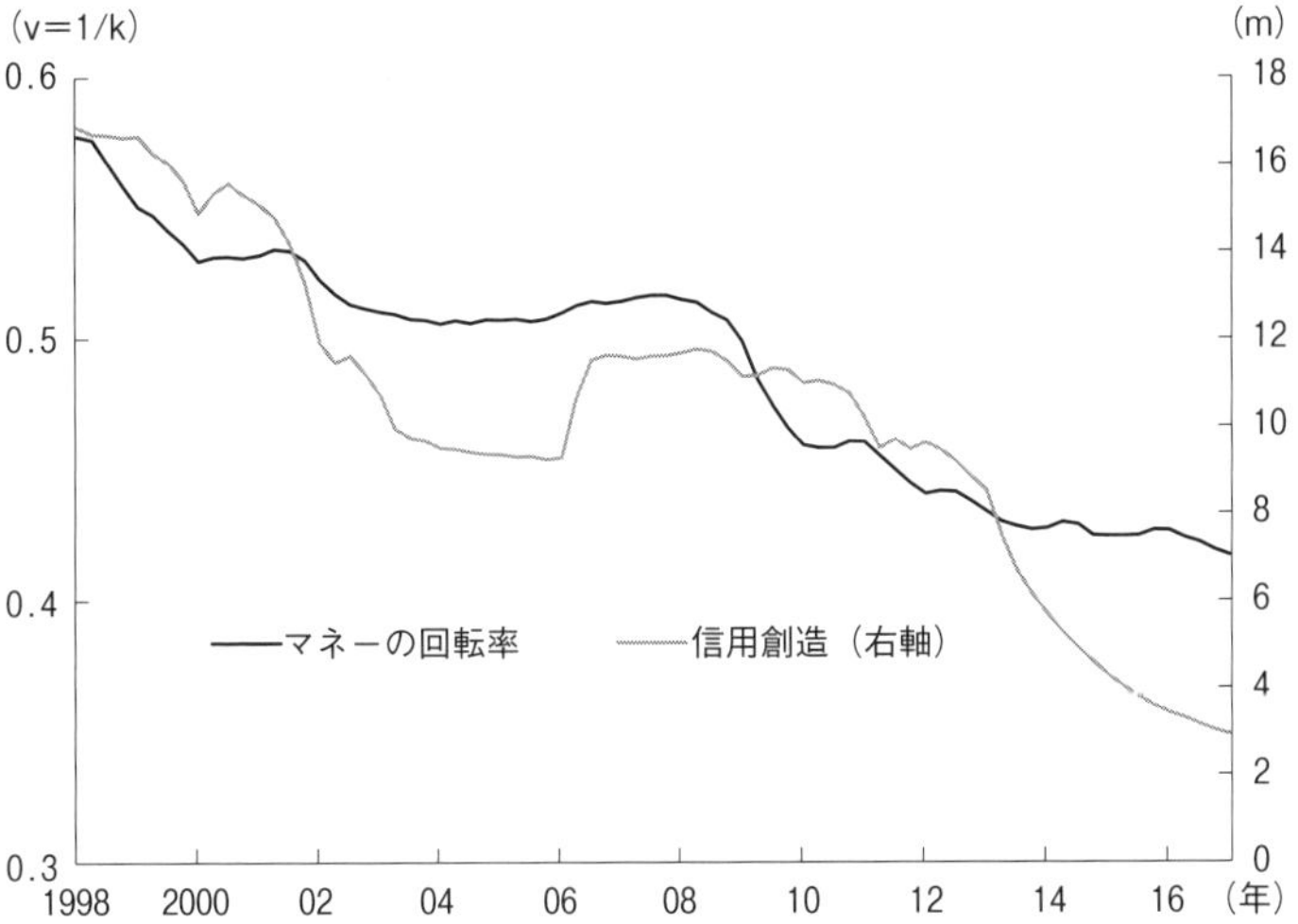

出所：日本銀行、内閣府

日本経済の実態といえます。

企業（あるいは民間）部門に十分なアニマルスピリットがあり、プラスのリターンをもたらす投資機会が十分にあり、追加的な資金借入ニーズが控えているという状況であれば、このmやVの安定性が想定されます。しかし、それが引っ込んでしまっている状況においては、Hを増やしてMSを増やそうとしても、mやVが低下する（不安定化する）ばかりで、いわゆる〝暖簾に腕押し〟でしょう。これこそが流動性のわなだといえます。金融政策をどんどん緩和してマネーの供給を増やそうとしても、実体経済に回るマネーの需要が増えないという事態に直面して、金利低下が緩和効果を発揮しているという姿にはなりにくいのです。

こうした金融政策の万能感が失われた状況においては、中央銀行の独立性を重視する意義もそもそも失われています。経済学には〝セイの法則〟といわれる「供給はそれ自身の需要をつくりだす」という考え方がありますが、これもやはりノーマルな経済状況を前提にした命題にすぎません（注8－9）。デフレ環境下では、中央銀行がマネーサプライを増やそうと頑張っても、マネーの需要を刺激することはなかなか困難であり、金融緩和の結果として低金利の弊害が増していく可能性があります。

（注8－9）　そもそもセイは、経済活動は物々交換にすぎず、需要と供給が一致しないときは価格調整が行われるので、ほとんどの場合に需要が増えることによって需要と供給は一致するのだから、景気後退は財・サービスへの需要不足や通貨の不足によるものではないと考えていたとされている。つまり、不況の原因は市場原理以外の要因、たとえば行政府による消費支出の不足や金本位制下における通貨としての金（金塊Bullion）の調達・供給不足などによる。彼は政府の経済運営に批判の矛先を向けていたということになる（ウィキペディアによる）。セイの法則は自由放任を信条とする古典派の経済理論において重要な位置づけにあるので、セイがこのように政府の役割を批判していたというのは非常に興味深い。しかし、民間経済活動において価格調整の結果として生じる価格下落傾向が需要を引き出すかわりに抑制してしまうというデフレ状況においては、彼の考え方では現実をうまく説明できない。

そこで、財政拡張によりマネーの需要を増やすということが重要なポイントになるわけです。つまり、インフレ率を抑制する方向のときに中央銀行の独立性は非常に重要になりますが、デフレからの脱却を目指す際には政府と中央銀行が一体的に協力し、そろって拡張政策と緩和政策をとる必要があるという理解をしなければなりません。

ヘリコプターマネー⁉

「政府と中央銀行が一体的に協力して……」という話になると、やはり最近の話題であるヘリコプターマネー（ヘリマネ）という概念が想起されます。ヘリコプターマネーというのは、「あたかもヘリコプターから現金をバラ撒くように、中央銀行あるいは政府が、対価をとらずに大量の貨幣を市中に供給する政策」のことで、もともとは先にマネタリストの始祖として登場したフリードマン教授が自らの著書『貨幣の悪戯』（斎藤精一郎訳、一九九三年七月、原題は“Money Mischief”、一九九二年）で用いた表現です。「ヘリコプターが飛来し、現金を空から撒いたとしよう」という仮定を用い、貨幣総額を増やしたらどうなるかという問いかけをして金融政策の役割や意義を考える内容です。つまり、すでに議論した貨幣数量説の意味合いを説いています。

それがバーナンキ前FRB議長の二〇〇二年一一月の講演で言及されたことにより、一般的に返済の必要がなく経済にとどまるお金を、政府紙幣や中央銀行による財政ファイナンスを通じて提供する政策を指す言葉として使われるようになりました（注8－10）。そして、二〇一六年七月にそのバーナンキ前議長が来日して黒田日銀総裁や安倍首相と会談したことにより、「机上の空論」から現実の政策になるのではないかという憶測が高まって、この言葉に注目が集まるようになりました。

（注8－10）　一般的には「財政支出をまかなう」という意味だが、最近は中央銀行が国債を引き受けることによって国家財政に資金を供給することをそう表現するようになっている。すでに説明したように、そもそも不換紙幣を法定通貨とした金融制度においては、中央銀行が国債を購入して成長通貨を発行することがその仕組みの根幹をなしている。この章で検討している中央銀行の独立性は、その制度を利用し、国家が中央銀行を使って無制限に財政支出をまかなうことを防ぐためのもので、そのために日本では、財政法五条で中央銀行による国債の直接引受けを禁止している。そこで、成長通貨を供給するための国債の購入と「財政ファイナンス」を区別するため、後者は中央銀行による直接の国債引受けを指すと狭く定義することもあるようだ。

ヘリマネに言及する論者の定義はややあいまいですが、デフレに対抗するための究極的な手段という位置づけのようです。ただ、筆者らは「ヘリマネ」という議論にはあまり意義がないように感じています。「返済の必要がなく経済にとどまるお金」が提供されるか否かがポイントですから、政府紙幣としては普通に実施されていることですし、量的緩和政策において中央銀行がバランスシートの縮小を目指さないのであれば、すでにヘリマネとの線引きはかなり微妙になっているといえましょう。

長期金利を押し下げることを目的とした量的緩和政策で、中央銀行が近い将来のバランスシート縮小への回帰を明示的に意図したら、その効果を減殺してしまう可能性が高いのではないでしょうか。逆に完全にヘリマネとみなされる手立てが実施されても、規模が小さかったり、財政政策がその状況を利用しなかったりすればほとんど意味はありません。

つまり、中央銀行が十分な量の国債を購入して政府が資金調達に支障をきたさない環境を整備すると同時に、財政がそれなりの規模で拡張政策を実施するか否かが重要であって、現状、日本においては日銀がすでに積極的な緩和姿勢を続けているため、さらに究極的なヘリマネを導入する必要はなく、財政政策が十分に拡張型に転じさえすれば、デフレに対抗するための究極的な手段、すなわち、デフレからの脱却へ向けた効果的なポリシーミックスの作用が期待できると考えられます（注8－11）。

（注8－11）会田による記事「財政緊縮と金融緩和の組合せは無効だが、ヘリマネは必要なし」ZUU Online、二〇一六年七月二〇日（https://zuuonline.com/archives/114469/2）を参照。

マイナス金利政策の影響は？

日本ではマクロ政策運営を金融政策に依存してきた結果、日銀はついに二〇一六年一月末にマイナス金利の導入を決定しました（注8－12）。この政策が実施された後に金融業の株価が顕著に低下したことや、二日後くらいからはかえって円高傾向が急激に強まったことなどを受け、マイナス金利政策には総じて批判が非常に強かったといえます（ただし、少なくとも後者については、マイナス金利政策導入が直接の原因かどうかを判断するのはむずかしいでしょう）。この手段ははたしてどう評価されるべきでしょうか。

（注8－12） 第五章で考察したように、日銀はその後九月に短期金利をマイナスにするという政策を維持したまま、長期金利をゼロ％程度で推移するようにコントロールする政策（長短金利操作付き量的・質的金融緩和）に修正した。それはマイナス金利政策導入以降、マイナスに落ち込んでいた長期金利をむしろやや押し上げる方向への変更であり、一部では引き締め政策、あるいは国債の購入量を減らしていく「テーパリング」への序章という見方もなされた。インフレターゲット達成のために緩和強化に迫られる半面、その弊害が表面化しかねないなかで打ち出された苦肉の策という感じだ。第五章内の「マイナス金利はどれほど長期金利を追加的に押し下げたのか」も参照。

金融機関は日銀当座預金の残高にマイナス金利が付されるため、より貸出や投資に積極的になり、景気刺激効果と円安効果があるというのが日銀の目論見でしょう。一方で、マイナス金利は金融機関にとって、日銀当座預金残高からの収入の減少や、預金という資金調達の利子をいま以上に下げることがほとんどできないなかでの貸出金利の引下げになるため、財務状況の悪化につながり、銀行による貸出や投資を消極的にしてしまうという指摘もあります。実際に後者の懸念から、金融機関の株価に下押し圧力がかかったのは事実です。

どちらが正しく、現実的な見方かを判断できる経済指標があります。金融緩和策が効果を発揮しているか否かを決するには、実際に経済活動を行っている企業がどう感じているかをみるのが良いでしょう。具体的には、借り手は金融機関の貸出態度が緩和したと感じているのか、引き締まってしまったと感じているのかということです。それは、日銀短観の中小企業貸出態度判断DIに表れるはずです。

この指標は、先に長期金利の適正水準を推計する際の説明変数としてすでに登場しましたが、筆者らは内需の動向を最も端的に反映する指標の一つとして重要視しています。このDIは金融機関の客観的な融資条件の変化を表すものではなく、企業が主観的に金融機関の貸出態度を評価したものだからです。つまり、金融機関の態度が緩和的、すなわち貸出に積極的な姿勢と感じられるなら、企業活動が当然しやすくなります。マイナス金利であろうと、量的緩和であろうと、

図表8－5　中小企業貸出態度判断DIと企業貯蓄率

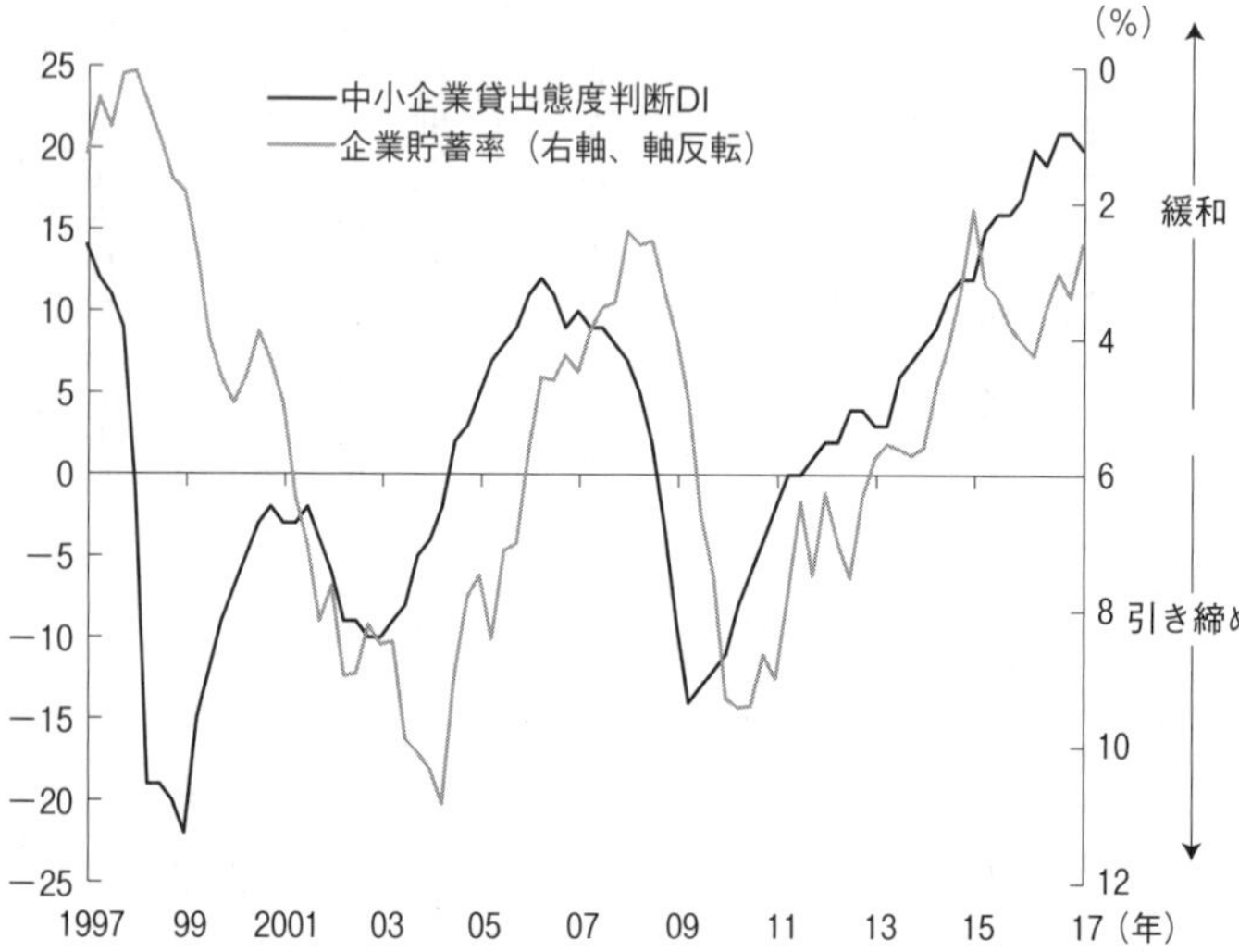

出所：日本銀行、内閣府

借り手のなかでもより金融環境の変化に敏感な中小企業に対して、金融政策の変化がどのような効果をもたらすかを見極めるのに、これ以上の参考指標はなかなかないでしょう。

これをみると、二〇一七年七月の日銀短観（六月調査）までの時点では、マイナス金利政策が金融環境の顕著な引き締まりをもたらしたという評価にはなっていないようです（図表8－5）。もっとも、ある政策の評価は必ずしも固定的ではないかもしれません。つまり、マイナス金利が継続することで金融機関が徐々に疲弊することが今後の貸出態度に表れるということもありうるわけです。その点も、この指標で客観的に追っていくことができることになります（注8－13）。

（注8－13）会田による記事「マイナス金利政策の成否が分かるのは四月一日」ZUU Online、二〇一六年二月二四日（https://zuuonline.com/archives/98522）を参照。

資金需要が強くなくても貸出態度は重要

デフレ的な状況のもと、企業部門には資金を借りて積極的にビジネスを展開する意欲がなく、それで貯蓄率がプラスになっているということを繰り返し指摘してきたなかで、金融機関の貸出態度が重要な指標になるのはなぜなのか不思議に思う方がいるかもしれません。

景気が持続的に好転をしていくための国内での必要条件は、総賃金が拡大し、内需回復の実感が生まれることです。総賃金が拡大するためには、企業活動が活性化していかなければなりません。日本経済はすでにサービス業中心になってきており、景気は以前と比べて信用サイクルが主導する面が強くなってきていると考えられます。製造業の動きが重要でなくなったわけでは決してありませんが、ＩＴ技術の進歩により製造業も在庫調整を短期間で行うことができるようになり、在庫循環の影響度は弱まっているといえましょう。雇用の過半数を占め、雇用拡大を牽引するサービス業の中心でもある中小企業が事業の拡大に動き出すことができれば、失業率も改善していくようになります。

企業部門全体では資金需要がないといっても、資金の出し手になる企業による資金供給額のほうが取り手になる企業による資金調達額より多いというだけで、取り手の企業がまったく不在ということではありません。そして、なかでも中小企業は往々にして取り手であることが多いグループだといえます。そのため、内需関連の指標のなかで圧倒的に重要なのは、信用サイクルを鮮明に表す日銀短観の中小企業貸出態度判断ＤＩだと考えられるのです。キャッシュ・リッチな大企業よりも中小企業のほうが信用環境に敏感であるため、中小企業に対する貸出態度が信用サイクルの状況を最も如実に反映するのです。

すでに図表５－４で貸出態度判断ＤＩが上昇すると、企業活動が活性化し、失業率が一年程度のラグをもって改善していくことを確認しました。さらに補足すると、内需の回復にとって金融機関の貸出態度が重要である理由は三つあるといえます。一つ目は、企業活動の回復には資金調達の安心感が不可欠だからです。内需回復やデフレ緩和の循環的な動きが生まれるためには、企業の予備的貯蓄（いざという時のための流動性の備え）がより前向きな活動のために取り崩され、企業活動が活性化（企業貯蓄率が低下）していかなければなりません。そのために必要なことは、企業が金融機関や資本市場からいつでも資金調達ができるという安心感をもつことだと考えられます。

二つ目は、金融機関の貸出態度の安定が企業間信用を拡大させるからです。取引先の資金繰りが厳しいと考えれば、貸倒れのリスクがあるため、当然ながら企業は取引の現金決済を要求するでしょう。しかし、金融機関の貸出態度が全般的に緩和的で、取引先の資金繰りも安定しているという安心感があれば、企業は手形での取引を許容しやすいと思われます。仕入れも手形ですることができるため、事業規模の拡大も容易となります。企業間信用が拡大すれば、経済全体の取引量が拡大し、企業収益も拡大することになります。

三つ目は、消費活動にも好影響があるからです。大企業のリスクテイク力が著しく衰えた日本経済における最後のリスクテイカーは、やはり中小企業のオーナーであると考えられます。雇用拡大を牽引するサービス業の中心は中小企業であり、高額消費や不動産投資のメインプレーヤーも中小企業のオーナーであることが多いでしょう。バランスシートの大きさに比例するかたちで、キャッシュフローも大きいことが一般的です。貸出態度判断DIがプラスになったところで消費や住宅投資が回復するのも、中小企業オーナー等の動きが活発になるからだと考えられます。

このように金融機関による中小企業向けの貸出態度が緩くなることが内需の回復、そして持続的な景気の改善にとって非常に重要であることをふまえると、やはり金融機関にとっても積極的に活動をしやすい環境が望ましいことになります。金利が低過ぎて金利収入が得にくい環境は、金融機関経営にとって逆風です。マイナス金利によって、いまのところ金融機関による貸出態度の引き締めは引き起こされていないようですが、貸出態度を追加的に緩める効果があるとは考えにくく、弊害の広がる可能性が懸念されます。

潜在成長率の低下で低金利時代は致し方ない?

ここまで、金融緩和策の効果や意義がなくなっているわけではないが、マクロ政策を金融政策に依存してきたことから金利の低下ばかりが進み、非常に低水準になっていることの弊害があると指摘してきました。しかし、「そもそも日本の潜在成長率が大幅に下がってしまったために、それと整合的に金利が低くなるのは仕方ない」と主張する論者も少なからずいるようです。

たしかに、一般論として潜在成長率と実質金利には密接な関係があります。企業は投資による資本の収益率が金利を上回る限り、資金を借り入れて投資を続けるため、企業が考える投資の収益率と市場金利は均衡することになるはずです。また、投資家は市場金利より高い収益率の企業に投資するため、投資対象企業の収益率は市場金利と均衡するはずです。経済は企業の集合体なので、その成長率は企業の収益率に収れんし、市場金利とも均衡すると考えられるわけです。

これらの金利、収益率、経済成長率は、インフレ分を除いた実質ベースで示されます。そして、金利に関して名目と実質の関係は、フィッシャー方程式（前に出てきたフィッシャーの交換方程式とは異なる）と呼ばれる、「名目金利＝実質金利＋期待インフレ率」で表されます。前述した金利と経済成長率との関連性から、この式は「名目金利＝期待実質経済成長率＋期待インフレ率」と書き換えることが可能です。そして、期待実質経済成長率は一般的に潜在成長率（実質ベース）に収束するとみなされるため、「名目金利＝潜在成長率＋期待インフレ率」となり、潜在成長率が低下すれば、世の中の金利が低くなるのも当然だということになります。

しかし、それでも二つの点はあらためて指摘されてしかるべきでしょう。一つは、潜在成長率の低下にあわせて実質金利が下がるのは理にかなっていますが、名目金利は期待インフレ率がインフレターゲットにあわせてアンカーされていれば、いまのようなゼロ％近傍である必然性はないということです。

市場の実勢金利は、実際には先のフィッシャー方程式そのものではなく、「名目金利＝期待実質経済成長率＋期待インフレ率＋リスクプレミアム」と表現されます。リスクプレミアムとは、投資家が財政状況などの経済環境にあわせてインフレ率の高まりによって実質金利（利回り）が下がるリスクを補うために高めの金利を要求するもので、普通はプラスがイメージされます。

しかし、現状の金利の低さを考えると、潜在成長率をゼロ％だと仮定しても、期待インフレ率がマイナスになっているか、日銀の量的緩和策などによりマイナスのリスクプレミアムが付されている状況だといえます。やはり名目金利が低過ぎる事態に陥っていることは否定しえません。

もう一つは、すでに確認したように潜在成長率というのは相当にむずかしい概念で、その推計値はデフレ的な環境を長く続けてしまった結果にすぎない面もあるということです。デフレ的な環境を長く続けてしまった結果、人々の期待成長率が低下してしまったために潜在成長率の推計も低下しているということであり、マクロ政策を適切に運営することで多少は回復させることができる可能性もあります。

第十章で潜在成長率に関係する生産性についての話題を取り上げますが、潜在成長率がある程度は景気の影響を受ける面もあることからすれば、一般的な推計結果として示される値を不変の外生変数として受け止める必要はないでしょう。景気循環の発生自体は避けられませんが、平均的なマクロ環境をデフレ的でない状況に維持することは可能なはずですし、そのことがもたらす潜在成長率へのプラス効果は小さくないはずです。

金融政策の効果を実践的に測るためには？

潜在成長率と金利との関係は、自然利子率の問題としてしばしば取り上げられます。近年、日本において金融政策の効果が小さくなってきた理由として、自然利子率の低下が指摘されています。自然利子率とは、景気への影響が緩和的でも引き締め的でもない、景気に中立的な実質利子率のことを指します。たとえば、政策的にコントロールされた実際の実質金利が自然利子率を下回っていれば、金融政策は緩和的であるとみなされます。

自然利子率は物価が安定し、需給ギャップがないような状況、経済の体力に見合った金利水準ともいえます。潜在成長率が低下すれば、需給ギャップをなくすための実際の経済成長率も低くてすむことになりますから、自然利子率も低くてすみ、結果として金融政策の効果を小さくしてしまうと理解されるわけです。日銀も、「自然利子率は、一定の前提のもとで、長期的には潜在成長率に一致する」と述べています（注8－14）。

（注8－14）岩崎雄斗、ほか四名「わが国における自然利子率の動向」（日銀レビュー「総括的検証」補足ペーパーシリーズ②、二〇一六年一〇月）。

理論的にはわかりやすい議論であり、経済分析の専門家が言及しやすい概念ですが、先にみた潜在成長率と同じく、自然利子率も利用には注意が必要だといえます。潜在成長率の推計と同様に、自然利子率の推計も非常にむずかしく、特に経済の不確実性の拡大とともにブレも大きくなっているとみられ、金融政策の実務や実践的な金融経済の分析には使いづらいものだと受け止めておくのが適切でしょう。
先に引用した日銀の論文においても、「短期的にみれば、自然利子率は景気循環などの影響を受けるため、潜在成長率からかい離して変動すると考えられる」と補足してあります。そして、おおむね似たような結果を導き出してはいますが、三つの異なる方法による推計値を算出しています。
また、ＦＲＢ（米国連邦制度理事会）も、「貯蓄と投資がバランスする均衡金利としても知られる自然利子率は、直接観測できるものではない。経済の反応から推計することしかできないものであることは（承知している）（注８－15）」という理解です。良くない経済の状況を長く続ければ、推計のもとになる経済の反応自体も低調になるため、自然利子率の推計値もつられて低くなるでしょう。

（注８－15）　Harriet Torry「ＦＲＢの利上げ判断、「自然利子率」も問題に」（*The Wall Street Journal*　二〇一六年六月一三日）。

こうしたむずかしさのある概念を基準にするより、本書で中心的に解説しているネットの資金需要を使うほうが、金融政策のスタンスを判断するうえでより実用的・実践的であると考えられます。さらに、もっと大事なことは、ネットの資金需要がない（弱い）こと自体が経済活動の弱さから自然利子率を低下させるのであり、金融緩和効果を減退させてしまうことです。日銀の金融政策のスタンスが景気に対して緩和的であったか引き締め的であったか、ネットの資金需要を利用して判断してみましょう。ネットの資金需要の強さに対応する中立的な金利水準と実際の政策金利との乖離を計測すれば、金融政策のスタンスを判断することができます。ネットの資金需要から推計される政策金利を求めると以下の式になります（データは一九八一年から）。

政策金利(%)＝0.016－0.47×ネットの資金需要（対GDP比%、2四半期先行）：R^2＝0.76

ネットの資金需要が2四半期先行しているため、公表までのラグの問題はありません。実際のネットの資金需要の値を代入してこの推計式から求められる政策金利（中立的な金利水準）より実際の政策金利のほうが高ければ、金融政策スタンスは引き締め的であり、低ければ緩和的となります。図表8－6に示されるその結果をみると、二〇〇〇年代はネットの資金需要が消滅してしまっていたため、政策金利がゼロ%程度でも金融政策スタンスは引き締め的で、デフレからの脱却が困難であったと考えられます。

震災復興とアベノミクスによる財政拡大、そして企業活動の回復による企業貯蓄率の低下でネットの資金需要が復活してからは、金融政策スタンスは緩和的になり、成長率と物価上昇率の押上げに寄与してきたといえます。しかし、二〇一四年の消費税率引上げなどの過度な財政緊縮

図表8－6　日銀の政策金利とネットの資金需要による推計値

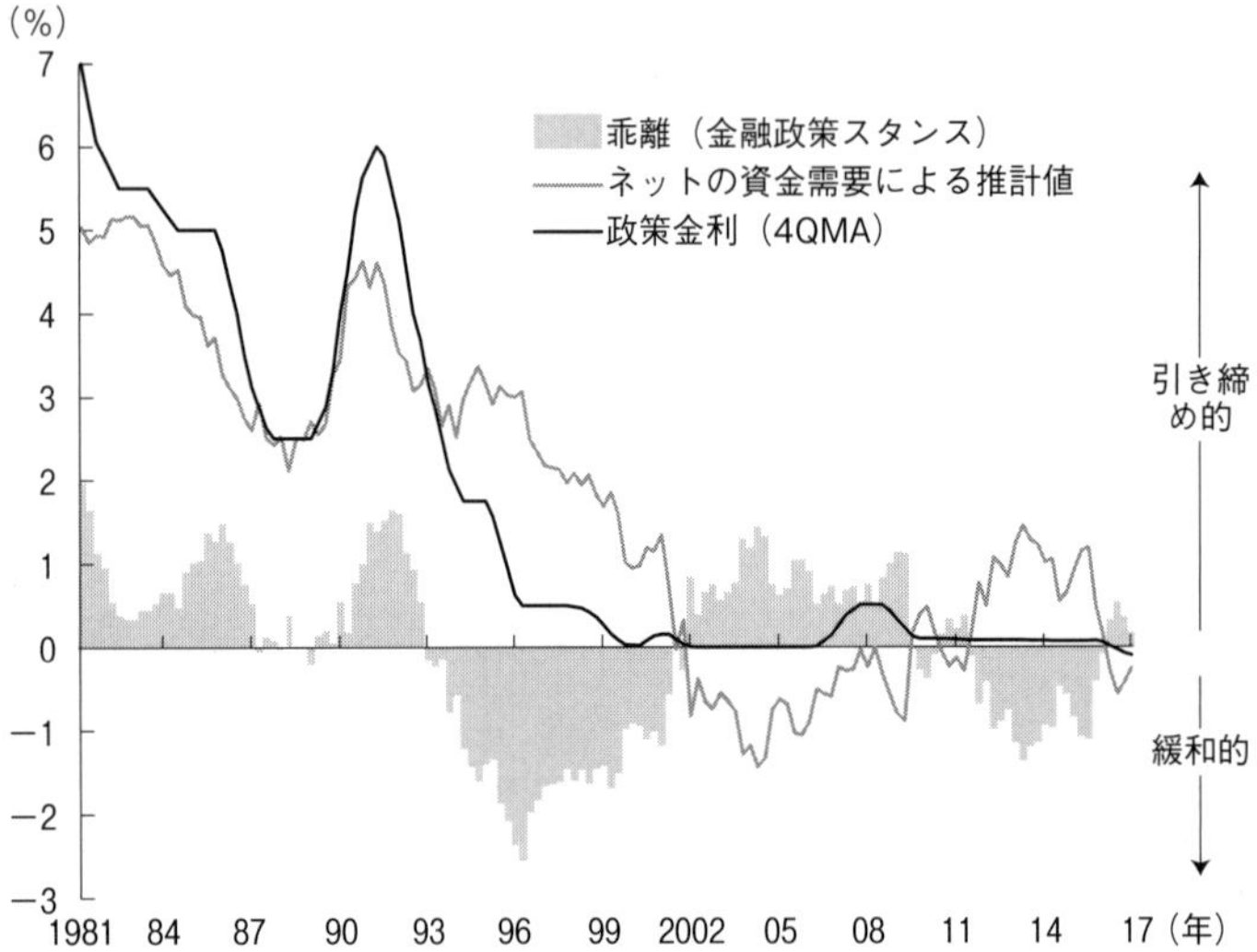

(注)　過去の金融政策が景気・物価動向の安定のために最適であったと仮定している。その乖離は推計式の定数項で修正できる。

出所：日本銀行、内閣府

により、財政赤字は大きく縮小したため、ネットの資金需要がまた消滅しており、足元ではまた金融政策スタンスが引き締め的になっていると観察されます。

問題は、ネットの資金需要が消滅している環境では、政策金利を大幅なマイナスにしない限り金融政策スタンスを緩和的にできないことです。マイナス〇・一％というわずかなマイナス金利政策でも反対や副作用を懸念する声が大きいため、大きなマイナス金利にすることはあまり現実的ではありません。

より現実的なのは、財政支出を

大きく拡大し、ネットの資金需要を復活・拡大させ、中立的な金利水準を上昇させることでしょう。この考え方は、自然利子率を上昇させ、実際の政策金利に変更がなくてもその乖離で示される金融政策スタンスをより緩和的にするという理論アプローチと整合的です。

上昇させることがむずかしく、時間もかかる潜在成長率より、財政拡大によって中立的な金利水準を上昇させ、金融緩和効果を強くするほうが政策アプローチとしては現実的だと考えられます（注8−16）。いずれにしても、潜在成長率や自然利子率の低下で超低金利時代も致し方ないと諦めてしまうのは、マクロ政策運営において適切な姿と思われません。

（注8−16）日銀出身の翁邦雄京都大学教授は、「金融緩和効果の基本は需要の「前倒し」にある、という点は、中央銀行関係者には幅広く認識されて」おり、「金融政策によって自然利子率を追いかけていくことの問題点は、この政策によって需要を前倒しする結果、将来の自然利子率をむしろ下げてしまう、という「不都合な真実」にある」と主張する。「需要を前倒しする金融緩和では、需要追加策である財政拡張の代役は務まらない」という結論は金融政策側の問題点を示しているが、筆者らにとっては、やはり財政政策の考え方を見直すべき論拠だと考えられる。翁邦雄「金利と経済　高まるリスクと残された処方箋（第七回）」（ダイヤモンド・オンライン、二〇一七年三月三日）。

補遺

新たに注目される「物価水準の財政理論（ＦＴＰＬ）」

ヘリマネと並行して、物価水準の財政理論（Fiscal Theory of the Price Level：FTPL）という考え方が注目されるようになっている。貨幣数量説の解説でみたように、主流派経済学でインフレは貨幣現象としてとらえられ、財政の役割が完全に除外されている。ＦＴＰＬは、インフレという現象を理解するために財政の役割も加えてみてみようとするものである。

もともと歳出は税、国債発行、貨幣発行のいずれかでファイナンスされる以外ないため、金融政策と財政政策は政府の予算制約式を通じて結びついている。そうだとすると、金融政策が慎重にインフレをコントロールしようとしても、政府が放漫財政なら中央銀行は財政赤字をマネタイズせざるをえないことになり、その結果、インフレが生じる可能性があるのではないかという問題提起が始まりだった。一九九〇年頃にそうした考えを理論化した論文が登場し、二〇〇〇年代前半に賛否がいったん出揃った（注８－17）。

（注８－17）　日本語での包括的な解説論文として、木村武「物価の変動メカニズムに関する2つの見方―Monetary ViewとFiscal View―」（日本銀行調査月報、二〇〇二年七月号）、河越正明・広瀬哲樹「ＦＴＰＬ（Fiscal Theory of Price Level）を巡る論点につい

て」（ESRI Discussion Paper Series No.35、二〇〇三年五月）を参照。

当時のＦＴＰＬの議論は「政府債務の実質価値は、将来にわたる実質の基礎的財政黒字とインフレ税の合計を実質利子率で割り引いた現在価値に等しくなる」という予算制約式を基本としている。そして、政府が財政破綻を引き起こすような政策を実施しても、民間部門がそうならないように物価水準を引き上げることになると主張する。つまり、将来の実質財政収支が一定という前提が置かれ、物価が変動することにより、現在の名目政府債務残高と将来の名目財政収支の和の現在価値が等しくなると考える。財政拡大により現在の名目政府債務残高が増加しても、将来の実質財政収支が一定なら、将来の物価が上昇してバランスする（イコールになる）というわけだ。

この主張の論拠は「横断性条件」に求められる。「横断性条件」とは数式によって最適化を表現するものだが、わかりやすくいうと「代表的経済主体は資産として保有する貨幣を無駄に残さない」ということを意味している（注8－18）。個人が合理的なら所得を使い切って生涯を終えるはず、それが「個人の合理性を担保する条件」ということだ（注8－19）。これはまさに、政府債務を一般的な家計の債務のように一定期限（家計の場合は自分のライフサイクル）において返済されるべきものとして考えるということを意味している。第三章でみたように、筆者らは財政を家計にたとえることは誤りだと考えており、政府債務に横断性条件を適用するという前提を受け入れることはできない。

（注8－18）「主流派経済学はなぜ消費税増税を解として導くのか」（http://ameblo.jp/

nakedcds/entry-12140426093.html）に黒木玄東北大学助教の説明がいちばん簡潔だと紹介されている。

（注8－19） 青木泰樹「財政均衡主義の正体」（https://38news.jp/economy/10315）を参照。

しかし、最近のＦＴＰＬへの関心の高まりは、そうしたこれまでの同理論の発展過程とは背景や意味合いを異にしているようだ。それは金融政策だけでインフレターゲットを実現できていない現実に世界的に直面したことから、財政政策の意義を問い直すものだといえよう。経済学者にとっても、金融市場参加者にとっても毎年注目すべき材料が提供されるカンザスシティ地区連銀によるジャクソンホール・シンポジウムで、二〇一六年に発表されたプリンストン大学のクリストファー・シムズ（Christopher Sims）教授の論文は、ＦＴＰＬの議論をまさにその観点から整理しなおしたもので、非常に参考になる（注8－20）。そこから、筆者らが最重要のポイントと考える箇所を引用しよう。

・「超低金利で真に財政を拡張することに対するコミットメントが広く理解されなければ、経済をインフレターゲットのところへ戻し、そこにとどめるという自動的な安定化メカニズムはない」

・「金利の引下げが需要を刺激できるのは、効果的な財政拡張が伴っている場合のみだ。例えば、金利がマイナス領域に押し下げられても、マイナス金利によって銀行システムや預金者から抜かれてしまう利子所得の源泉が、将来の減税や歳出増加もなく、単に財政赤字の削減という予算に吸収されてしまうだけなら、マイナス金利はインフレでなく、デフレ圧力を生み出すことになる」

（注8－20）　Christopher A. Sims, "*Fiscal policy, monetary policy and central bank independence*", August 23, 2016.

あらためてＦＴＰＬを整理すると、次のようなことがいえる。現代の主流派経済学では、基本的に物価は貨幣的現象だととらえられる。政府の予算制約式は実質で考えられ、現在の実質負債は将来の実質財政収支の現在価値に等しくなる。物価は貨幣的現象として金融政策と市場経済の自律的な作用で動くので、名目は必然的にバランスすると考えられ、それほど重要視されない。ＦＴＰＬのフレームワークも主流派経済学と基本的には同様だが、主流派経済学が金融政策を中心に物価現象とデフレ対処法を説明するのに対し、ＦＴＰＬは財政政策を中心に説明する点に違いがある。

しかし、この考え方では、将来のどこかの時点で実質財政収支を黒字にしなければ予算制約式は成立しないことになる。実際には各国の財政収支は若干の赤字で安定している場合が多く、一般的に政府債務は完全に償還されず、ずっと借換えされて残高が維持されている。主流派経済学もＦＴＰＬも、こうした実態を説明することができない。

シムズ教授がマクロ経済政策論議に応用しているＦＴＰＬでも、現在の実質負債は将来の実質財政余剰の現在価値に等しくなる。しかし、この実質財政余剰には、財政収支に加えてシニョレッジ

（通貨発行益）も含むところが主流派や既存のＦＴＰＬの理論との違いになる。シニョレッジを使うことにより、財政収支が赤字で安定化することや、債務の完全償還がない実態も説明できる。ただし、物価上昇率をゼロ％に安定させることはできず、物価は上昇基調となる。財政拡大のファイナンスとしてシニョレッジを使うということは、通貨価値の減価につながり、また、そのような認識が経済主体に広がるため、物価に上昇圧力がかかることになるためである。

また、ＦＴＰＬでは総供給は考慮に入らないか、総需要は総供給といつも同じであるという主流派経済学の考え方（セイの法則）を前提にしていると考えられる。そして、主流派経済学もＦＴＰＬも、総供給はその他の要因（技術革新、人口動態、そして構造改革など）で決定されると考えるようだ。主流派経済学では、総需要が不足していても、それはきわめて短期的な現象であり、金融政策を中心とした対応や市場経済の自律的な作用によって短期間で修正される。ＦＴＰＬでも、通貨価値の減価を予想する企業や家計の行動により、需要が前倒しされることにより短期間で調整されると考えている。

両者とも、総需要の不足が長期間存在することは前提になく、総需要の不足を放置しておくと総供給が総需要まで縮小してしまう可能性が高まるという問題は、理論のなかでそれほど重要視されていないようにみえる。しかし、現実の経済を実践的にとらえる立場からすれば、主流派経済学やＦＴＰＬが理論的に示す物価の理論より、マクロ政策の議論として総需要を重視すべきだと思われる。つまり、シムズ教授のようにＦＴＰＬの論点をマクロ政策の考え方に応用して議論するのと、ＦＴＰＬの議論そのものには大きな違いがあるといえる。

ちなみに、クルーグマン教授が主張するマクロ政策の議論は、総供給が総需要を上回るデフレ状態では、財政拡大で総需要を総供給まで押し上げてデフレを止めるべきだというものである。デフレを放置しておくと実質金利が上昇するため、投資が抑制され、いずれ総供給も縮小するおそれがある。一方、総需要が総供給に追いつけば、物価上昇圧力は強くなる。財政を含めた需要管理政策と金融政策の合わせ技により物価コントロールは可能なため、名目GDP成長率のほうが金利より大きいという関係を維持し、名目政府債務のGDP比率を低下させることは可能であると考える。財政拡大により総需要が総供給を大幅に上回らない限り、金利の上昇は限定的なため、物価上昇が強くなり、名目政府債務の対GDP比率が低下していけば、政府の予算制約の問題はなくなると考えることができる。

第九章

為替レートや貿易収支をどうみるか

この章のまとめ

・為替レートはさまざまな要因の影響を受けるため、その先行きを予想するのは容易ではありません。しかし、経済に対して望ましいのは通貨高か、通貨安かという問いに対しては、適切な答えがあるはずです。

・国家間の通貨安競争という動きからもわかるとおり、通貨安のほうが経済にもたらすメリットが大きいのは否定できない事実です。一方、通貨安が望ましくない環境も三パターンあります。

・貿易に絡む誤解は少なくありません。「収支の赤字は悪いこと」「日本の輸出が不調なのは競争力が失われたから」「財政支出を増やすと円高になる」などは、それぞれ単なる誤解、データの確認不足、環境判断の間違いによる誤った見解です。

通貨安・通貨高がもたらす影響

これまで本書では、多くの財政政策に関する論点を取り上げ、マクロ経済政策としての財政政策の重要性を強調してきました。また、金融政策に関する論点も深く考察しました。それらは現下の日本経済にとって、マクロ政策の動きが決定的に重要だと考えるからであって、筆者らは本書で政策の話ばかりをしようとしているわけではありません。アカデミックな経済学の理論や広く浸透している経済についての観念と、実践的なマクロ分析とはさまざまな点で乖離があり、適切な判断につながっていないと思われることから、そうしたテーマを取り上げて問題を指摘することをねらっています。本章では為替レートにまつわる話題を考えていきましょう。

まえがきで、「〝円安になる〟という見方と〝円高になる〟という見方があるなど、経済見通しの予想がまったくバラバラなことが多いのはなぜか」とか、「〝円安は望ましい〟という意見と〝円高が望ましい〟という意見があって、どちらが本当に望ましいのか」というよくある疑問を取り上げました。

前者の予想がバラバラになるという点は、野球やサッカーなどの優勝予想と大差ありません。人は将来を完璧な正確さで見通すことはできませんし、予想において何を重視するかによって見方が変わるのは自然なことだといえます。経済の見通しでも、さまざまな材料のうちの何が相対的に重要な要因となって状況を引っ張ると考えるかは経済学者やエコノミストそれぞれで、ある程度の違いが出てくるのは当たり前でしょう。もちろん、そのなかで前提の置き方や因果関係のとらえ方が適切かどうかは非常に大切な要素といえますが、世の中には予想外のことも多々起こりますから、すべてを正しく予想するのは無理な話です。その辺りは第一章で触れました。

しかし、通貨安と通貨高のどちらが経済にとって望ましいかという問いに対する答えがバラバラになるのは、あまり自然なことのように感じられません。円安が良いか、円高が良いかは、何にとって良いか悪いかで答えが変わるということのように思われます。つまり、問いの大事な前提が確認されていないということです。判断の対象となる事象にとって、通貨高がプラスに作用するのかマイナスに作用するのかは、ほとんどの場合に答えが決まるはずです。もちろん、プラス面もマイナス面もある局面で、どちらがコストベネフィットのバランスからみて望ましいかについて意見が分かれることはあるかもしれません。

では、為替レートの変動は、一般的に経済に対してどのような影響を及ぼすのでしょうか。為替レートは自国通貨の価値を他国の通貨価値と比べて相対評価したものですから、基本的に通貨の異なる国との国際的な経済活動に対して影響を及ぼすものです。自国通貨の価値を下げる通貨安は、モノ・サービスの貿易に際して、元の値段を変えなければ自国からの輸出品の相手国通貨ベース価格を下げ、相手国からの輸入品の自国通貨ベース価格を上げるという現象をもたらします。国際貿易という視点に立てば、自国品に当然有利に働くということは否定のしようがありません。

つまり、通貨高が望ましいという意見は、国際貿易の観点でコメントしていないことが歴然としています。さらに、この国際貿易の観点は、外需（純輸出）を通じて自国内経済へも影響を及ぼします。通貨安で自国からの輸出が価格競争力を強めて増加することは、国内景気にプラスに働きますし、通貨安は他国からの輸入の価格競争力を下げますから、これも国内の代替品の生産活動にポジティブとなり、経済活動にはプラスの作用があると考えられます。つまり、国内景気の観点からも通貨高が望ましいという意見にはならないでしょう。

近年時々、通貨安競争（competitive devaluation）という言葉が話題になります。各国が自国通貨の価値を下げたい、通貨安にしたいという思いから、そのような政策をとっていくことを指しています。よほどの事情（「ファンダメンタルズ（基礎的条件ともいう）を反映していない急激な動き」という常とう句が使えるような環境）でなければ、直接的な通貨介入は国際金融の世界で避けられるべきものと合意されていますから、通貨安競争は金融政策主導で追求する傾向となります。通貨安競争が生じるのは、各国が前記の通貨安のメリットを考えるからに違いありません。逆に、通貨高競争（competitive revaluation）なる動きをほとんど聞いたことがないのは、通貨安が経済にとって望ましいという命題の真理を示しているといえるでしょう。

日本が二〇一一年の東日本大震災の影響もあって貿易赤字に転じた際、「輸出より輸入のほうが大きい金額になったのだから、輸出側のプラス面より輸入側のマイナス面も大きくなるので、通貨安は望ましくない」という意見が聞かれました。通貨安によって輸入価格が上がって損をするデメリットのほうが大きくなったというわけです。しかし、よくみてみると、通貨安競争に参加する国のなかには貿易赤字国も含まれます。貿易収支がどうであるかは、通貨安が望ましいか否かを決める重要な要件ではなく、やはり通貨安がもたらす貿易活動への影響を通じて国内経済に及ぼす影響を考えれば、プラス作用のほうが大きいということでしょう。

輸出にプラスという点と、輸入品の国内代替品生産活動にプラスという点から、国内景気にプラスということこそ通貨安を目指す誘因になるのです。世界的に景気が芳しくないときは、それで通貨安競争になりやすいといえます。逆に、通貨高が望ましいと考える論者はこうした国内景気へのプラス面を不要だと考えているということになります。

通貨安が望ましくない三つの環境

では、通貨安の国内景気へのプラスの影響が不要であるだけでなく、むしろ望ましくないのはどのような状況でしょうか。筆者らは、細かい事情を捨象して大雑把にとらえれば、基本的に次の三通りの環境において通貨安は望ましくないと判断できると考えています。一つ目は、国内のインフレ率がすでに高めの状況にあるケースです。通貨安は輸入価格の上昇をもたらしますから、国内のインフレ率をさらに押し上げる方向で作用します。インフレ率のそれ以上の上昇が望ましくない場合は、当然ながら通貨高のほうが望ましくなります。

二つ目は、外貨建ての対外債務が多額にあるケースです。国際経済活動には、モノ・サービスの貿易だけでなく、金融面の取引もあります。通貨安は国外への投資（外貨建て）の価格を押し上げて不利にするという点も当然ありますが、それ自体は国内経済へ多大な影響を与えるものではありません。それより、外貨建ての対外債務が多い場合に通貨安になると、自国通貨ベースでの返済金額がどんどん増えるという債務負担の膨張が生じます。通貨価値の暴落を引き起こして国内経済を混乱に陥れる危険性がある状況です。新興国における通貨危機の典型的なパターンといえましょう。

三つ目は、厳密には「環境」ということでもないですが、大幅な通貨安がなんらかの理由から非常に速いペースで生じるケースです。この場合は、貿易業者が通貨価値の変化に対応できないため、輸出においてメリットを享受できないばかりか、当面は輸入価格（自国通貨建て）が急激に上昇し、国内品の代替生産業者もすぐには対応できず、デメリットばかりが支配的になりがちでしょう。つまり、通貨安によるせっかくの国内景気へのプラス面が出てこない状況といえます。もっとも、急激な為替レートの変化が望ましくないのは、どちらの方向に対しても当てはまります。

これら三つの状況を除けば、基本的に通貨安のほうが国内景気に対してプラスに働くと考えて良いでしょう。特に現在の日本のようにデフレ的な環境にある経済の場合、最も望ましくないのが財政引き締め政策とあわせて、通貨高だと断言できます。通貨高は通貨価値が上がるということですから、デフレ脱却のためにはまったく逆効果です。逆にノーマルな経済で、景気やインフレが過熱するリスクを意識している状況であれば、強い通貨が望ましくなります。

もう一つ付け加えるとするなら、貿易黒字や経常黒字がどんどん積み上がっているような状況は、現状の為替レートがファンダメンタルズを反映した適正水準（フェアバリュー）から大きく外れて低過ぎることが疑われます。すると、適正水準への是正圧力がかかり、通貨高が望ましいか否かにかかわらず受け入れざるをえない動きが生じる可能性もあるでしょう。

貿易収支で企業収益を考えるのは大きな間違い！

国際貿易に対して為替レートは大きな影響を及ぼすわけですが、少し貿易収支についても考えてみましょう。一九九〇年前後のバブル崩壊後、内需が長期間低迷しているなか、日本企業は輸出に頼って企業収益を維持・拡大してきたという見方が一般的です。貿易収支は、日本から外国への売上げを意味する輸出と、海外から買うものに対して支払うコストを意味する輸入の差なので、それが黒字で拡大するほど、企業収益は拡大するという見方もよく聞かれます。おそらく当

図表9－1　貿易収支と製造業経常利益

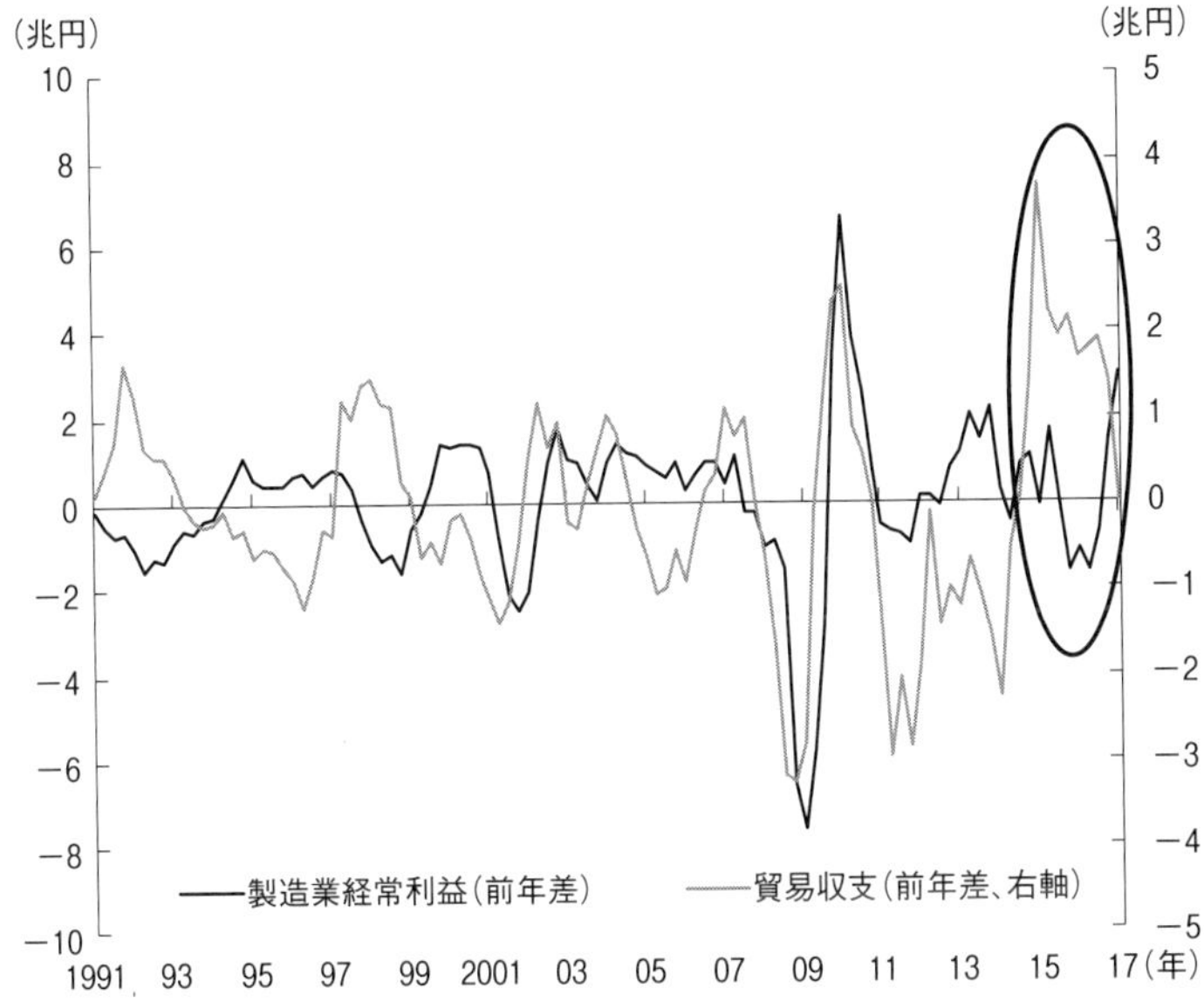

出所：内閣府、財務省

然のことと相当に深く信じられ過ぎていて、それが実際に本当かどうかほとんど検証されてこなかったのではないかと思われます。

一九九一年から二〇一六年のデータで、製造業の経常利益（法人企業統計）と貿易統計における収支（輸出－輸入）を使って、それぞれの前年同期差の相関係数を計算するとプラス〇・二六という結果が出ます（図表9－1）。事実としては、相関関係がかなり弱いことを確認できます。リーマン・ブラザーズ破綻後の世界的な大不況で日本の輸出が大打撃を受けた極端な期間が相関係数を押し上げている面があり、その前の二〇〇六年までのデータで測れば、相関係数はむしろマイナス〇・二七と逆相関になっています。ちなみに、原発停止に伴う燃料輸入の影響を除いても、円安が貿易収支を改善させる効果は二〇一六年時点でまだあまり強く確認されていません。その結果、円安が貿易収支の改善につながらないのであれば、企業収益を押し上げるのにも限界があるという見方につながっているようです。しかし、そもそも貿易収支と企業収益の相関関係は弱いのだから、その見方は的を射ていないといえます。

貿易と日本企業の収益は、ほとんど関係がないということなのでしょうか。そうではありません。同じ期間のデータで、貿易収支でなく、輸出と輸入（鉱物性燃料を除く）を足し合わせた貿易総額を使い、製造業の経常利益と貿易総額、それぞれの前年同期差で相関係数を計算すると、プラス〇・七八という結果になります（図表9－2）。かなりしっかりとした相関関係だといえるでしょう。二〇〇六年までのデータでも相関係数はプラス〇・六六と安定的です。企業収益は貿易収支ではなく、貿易総額に比例するのであり、輸出も輸入も活発に取引されている状況こそ望ましいといえます。

輸入も企業活動にとって大切な役割を果たしているということは、輸入の増加が景気の動きに先行していることからもわかります。ＯＥＣＤの景気先行指標には、輸入輸出比率（輸入÷輸出）が含まれていることとも整合的です。まず原材料や半製品を輸入し、日本で加工組立をして

図表9－2　貿易総額と製造業経常利益

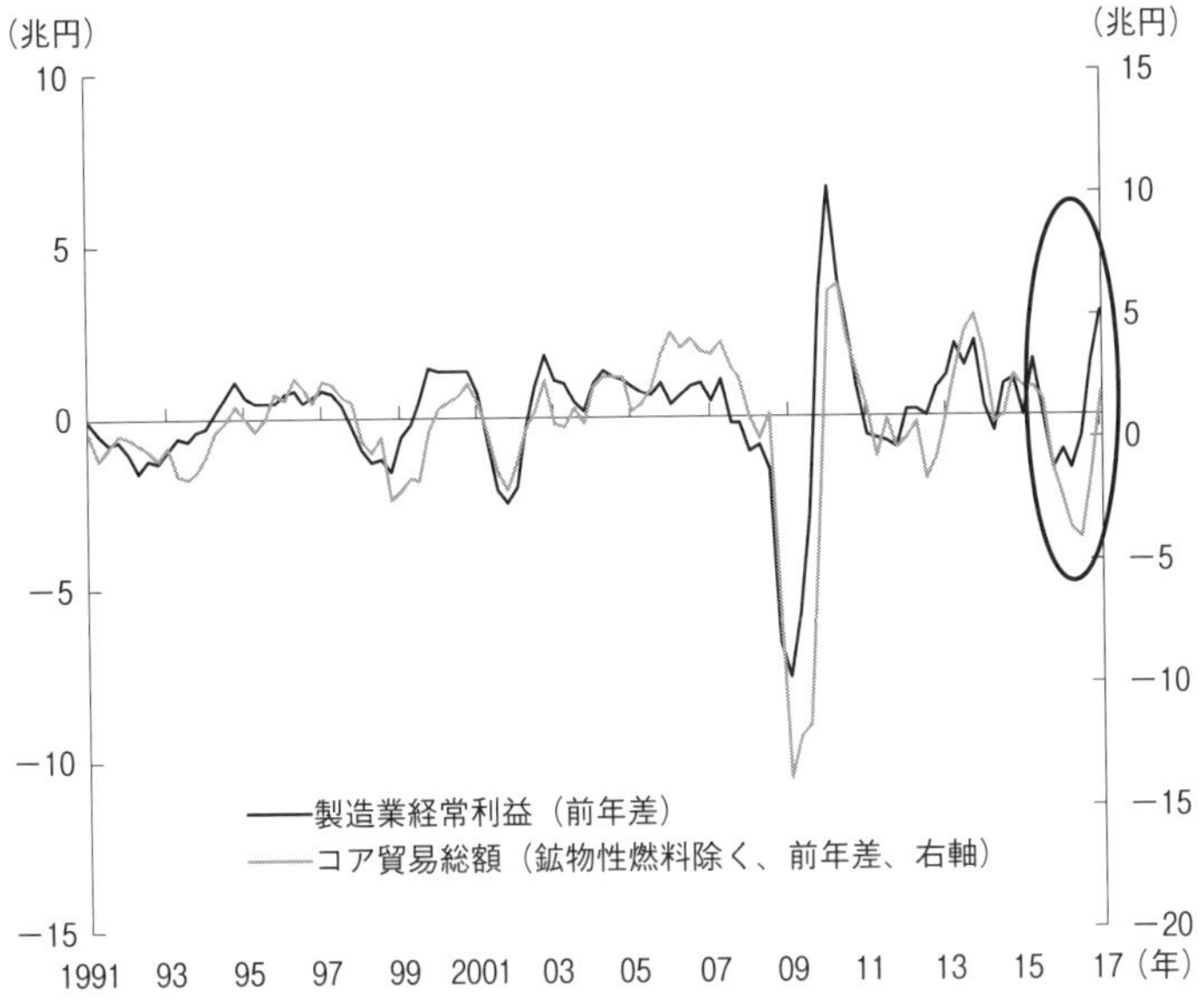

出所：内閣府、財務省

製品化するという流れを反映している部分もあるのではないでしょうか。いずれにしても、貿易収支が改善しないと企業収益が拡大しないという見方は間違っていて、貿易活動が増えれば企業収益は拡大できるわけです。つまり、企業収益にとっては、輸出を増やし輸入を減らして貿易黒字を押し上げる重商主義的な考え方より、輸出と輸入を両建てで増やし国際経済の協調を強くする考え方のほうが重要であるといえます。

「黒字が減る」とか、「赤字になる」「赤字が増える」というと、何か悪いイメージをもちがちですが、マクロの収支においてはまったくそうではないという点に注意が必要です（第三章（注3－4）参照）。個別の企業収益に関しては、当然、赤字は悪いことですし、企業全体の収益を合計したときもたしかに黒字が大きいことが望ましいと単純にいえます。しかし、貯蓄投資バランスや貿易収支などに関しては、たしかに赤字がどんどん拡大していってしまう状況は望ましくありませんが、赤字であること自体が問題であるということにはなりません。

国際収支における経常収支も同じです。特に経常収支の場合は、「赤字」という言葉のもたらす〝悪いこと感〟に加え、経常収支が赤字になると財政赤字を国内資金でまかなうことがむずかしくなって金利が急騰するおそれがあるなどと喧伝されることから、余計にイメージの悪さがあるかもしれません。しかし、すでに確認したように、貯蓄投資バランスの観点から、現状の日本経済にとって経常赤字が金利の高騰を招くリスクは非常に小さいと判断できますし、むしろデフレ脱却という目的のためには良い展開だとも考えられます（注9－1）。

（注9－1）　榊原による『週刊エコノミスト』二〇一一年六月七日号の記事「経常赤字への道はデフレ脱却　むしろ日本経済に望ましい」を参照。

グローバルの貯蓄投資バランスと〝金余り〟

これまで本書では貯蓄投資バランスの国内における意味合いを考えてきましたが、グローバル経済の視点でこの貯蓄投資バランスを取り上げてみましょう。国内におけるマクロ金融経済の動向を見極めるのに各部門の貯蓄投資バランスがとても重要な指標となるように、グローバルなマクロ金融経済の動向、特に国際間のお金の流れを見極めるには国際収支統計が欠かせません。国際収支統計には、二大主要項目として経常収支と資本収支があります。この経常収支は貯蓄投資バランスで右辺に出てくる経常収支と同じであり、そこで国内の貯蓄投資バランスがグローバルなマクロ金融経済と連結します。

グローバルなマクロ金融経済では、各国間のモノ・サービスの売買である貿易や金融活動としての資本移動が分析の対象となり、それらは異なる通貨間で取引されるために為替レートの介在が重要なポイントになってきます。これに関しての近年の大きな話題として、世界的な「金余り」現象を表現する「グローバル・セービング・グラット（global saving glut、過剰貯蓄）」という言葉があります。中国に代表される新興国経済にかかわる金融市場リスクを示す際によく使われる言葉です。

「金余り」は一般的に、流動性の高い通貨などの資産の供給量が需要量を上回る事態を指していて、過剰流動性とも呼ばれます。要はお金の使い道、行く先が足りなくて利用可能な状態（available）で放置されている状況です。

個人的に「お金が余っている」と思っている人は相当に裕福な少数でしょうが、多くの人は自分の手元にお金が余っていなくても、多少の銀行預金や保険の積立て、将来受け取る年金などの金融資産を保有しています。その人々の金融資産や企業の保有資金などは、金融機関や投資家に集められています。金融機関も投資家の一種です。経済活動が活発で景気もそこそこ悪くないときは、企業家の資金ニーズが強い一方、中央銀行はインフレを警戒して金融政策を緩和型でない状態に保ち、金利もそれなりの水準となっているため、お金が「余っている」感はそれほどないでしょう。

「金余り」は、景気がそれほど好調でない状況に対し、中央銀行が金融政策を緩和型にしてお金の供給を促進している環境で生じる感覚だといえます。企業家の資金ニーズがそれほど強くないなかで、まとまった投資資金が行く先を探している状況を「金余り」と表現するわけです。

グローバルな「金余り」とは、こうした投資資金が行く先を求めて国際間を大量に移動しやすい状況ということになります。「グローバル・セービング・グラット」という言葉が最初に登場したのは二〇〇五年で、バーナンキ前ＦＲＢ議長（当時は理事）が、新興国の貯蓄過剰による資金が米国を中心に先進国金融市場へ流入し、長期金利を押し下げているという自身の分析に関連して言及しました。
貯蓄投資バランスの恒等式をみると、国内における過剰貯蓄、すなわち貯蓄超過が非常に大きい状況は、経常収支の大幅な黒字となって表れることになります。そして、経常収支の大幅な黒字が先進国金融市場への資金流入につながるというわけです。経常収支は、国際収支統計で以下のように示されるからです（注9－2）。

国際収支＝経常収支＋資本移転収支－金融収支＋誤差脱漏（＝0）

（注9－2）二〇一四年一月改定。改定前は、資本移転収支と金融収支をあわせて資本収支と表現していた。また、改定前は、改定後に資本移転収支に含まれることになった外貨準備増減が独立しており、「経常収支＋資本収支＋外為準備増減＋誤差脱漏＝0」という形式だった。金融収支は改定前の「投資収支」のことであり、資本収支の主要項目。改訂で符号を反対にするよう定義し直された。資本移転収支は援助など対価の受領を伴わないその他の資産の移転といったそれほど重要でない「資本移転」。

国際収支は、複式簿記のパターンで常にバランスするように記載されるため、合計値はゼロになります。誤差脱漏も平均してゼロに収束すると仮定しましょう。さらに、資本移転収支はそれほど大きな項目ではないため、あえてここでは無視すれば、

経常収支＝金融収支

となります。右辺の項は、国内に入ってくる資金（対内証券投資の純買い越しや対内直接投資など）をマイナス、国外へ出ていく資金（対外証券投資の純買い越しや対外直接投資など）をプラスで表記し、金融収支がプラスということは国外へネットで資金が出ていく状況ということになります。経常黒字の国、つまり左辺がプラスであると、右辺の金融収支もプラスで資本流出国になるということです。

さて、貯蓄投資バランスは恒等式で常にバランスするし、経常収支と金融収支は必ずバランスして国際収支はゼロになります。常にバランスしているわけですから、「余り」といわれても変ではありませんか。ある国に流入する資金は投資先を求めて債券や株式を買い求めるお金ですから、行き先が決まって流入するわけで、もう余っているとは言いがたいのではないでしょうか。

ここで問題となるのが為替レートなのです。経常収支も、その裏で合計額としてバランスする金融収支も、現実の国際的な取引では通貨の転換が介在しますから、その金額は必ず為替レートによって影響を受けることになります。

そして、恒等式は事後的には必ずバランスしますが、最初からバランスが約束されているわけではないという点も重要なポイントになります。恒等式には、明確な因果関係もありません。かっては貯蓄投資バランスにおいて、どちらかといえば国内のバランスのほうが主で、対外バランス（経常収支）は従である、つまり経常収支は国内活動の結果として最終的な値が決まってくるという考え方のほうが適切に思われました。しかし、ボーダーレス化が進み、グローバリゼーションが進展した今日、海外要因が国内に与える影響は非常に大きくなり、因果関係はおそらく強く双方向に作用するものになっていると考えられます。

つまり、恒等式の事後的（ex-post）なバランスを促すように、事前（ex-ante）的には為替レートを介して各国間の経済活動が展開されると理解するべきでしょう。「金余り」は事前的な状況の表現だといえます。

資金が国外へ投資先を求めて移動する際には、為替レートに影響を及ぼし、移動先の現地の金融情勢にも影響を及ぼすことになります。為替レートは、モノ・サービスの取引の際には一物一価の原則へ近づくように（つまり、貿易収支の不均衡が拡大すればそれを調整するような方向へ）圧力がかかりますし、海外との資本移動が非常に大きくなれば金融活動における通貨の需給によっても左右されます。

足元で指摘される中国を中心とした新興国経済にかかわる金融市場リスクとは、新興国の経常収支や金融収支の動きのなかで積み上がった不均衡が急速に是正され、為替レート変動への大幅な圧力や国内の貯蓄投資バランスへフィードバックされる効果も含めた市場変動の可能性を指しているわけです。

経済学では一般的に「均衡している」「短期間で均衡へ向かう」という考え方に基づいてモデルが構築されますが、実践的なマクロ金融経済分析では、均衡へ向かう過程こそが最も重要な考察対象になります。事前的に不均衡な状況がどうバランスされるのか、そして結果としてバランスしている状況であっても、その下で積み上がっていくストックが徐々に不均衡を生み出し、その拡大がまた調整されるといったダイナミックな過程こそ、実践的なマクロ金融経済分析のターゲットであり、そのおもしろさ・むずかしさもそこにあります。

日本企業の輸出競争力は失われたか

さて、再び日本の話に戻りましょう。日本の製造業の収益にとって、貿易収支より貿易総額のほうが大切な指標になっている点を先に確認しましたが、それでも国際的に日本の製造業が競争力を維持できているか否かを輸出の好不調と切り離すことはできません。

二〇一三年は二〇一二年末からアベノミクスのもとで日本の金融政策が本当の意味で大胆な緩和策を導入したことと、ようやくリーマン・ブラザーズの破綻を引き金とした金融危機下における投資家のリスク回避行動が収まってきたことを受け、それまでの円高が大きく修正され始めた年でした。

その円高修正によって日本の輸出が改善する期待が高まっていたにもかかわらず、結局は年間で金額こそ緩やかに増えたものの、輸出数量は前年比マイナスの伸びとなりました。日本の製造業は競争力を失い、円安の恩恵を受けられなくなったという見方が聞かれたものです。

しかし、円安下における輸出数量の動きだけをみて、日本の製造業の競争力について判断するのは、あまりにも表面的かつ短絡的だといえましょう。まず、日本の数量ベースの輸出が弱いかどうかは、日本のデータだけをみていても客観的に判断できません。他国の輸出数量は堅調に伸びているのに、日本のそれだけ低迷している状況や、他国のデータは改善傾向を示しているのに、日本はそうなっていない状況を観察できてはじめて輸出競争力の評価が可能になります。

実際に日本の輸出数量のデータと世界の輸出数量のデータの比率をとってみると、二〇〇八年頃以降は先進国経済が金融危機に苦しむなかで高付加価値製品への需要が抑制され、そうした高付加価値製品を主力とする日本の輸出の苦戦を反映して、この比率は低下傾向でしたが、二〇一三年頃に横ばい的な推移に転じています（図表9－3）。つまり、むしろ日本の輸出数量は相対的にしっかりした動きを見せ始めているといえます。その後も、世界の貿易が金融危機前の好調さをなかなか取り戻せていないなかで、日本の輸出は比較的底堅く推移しているというのが客観的事実です。

図表９－３　日本の輸出数量と世界の輸出数量の相対比

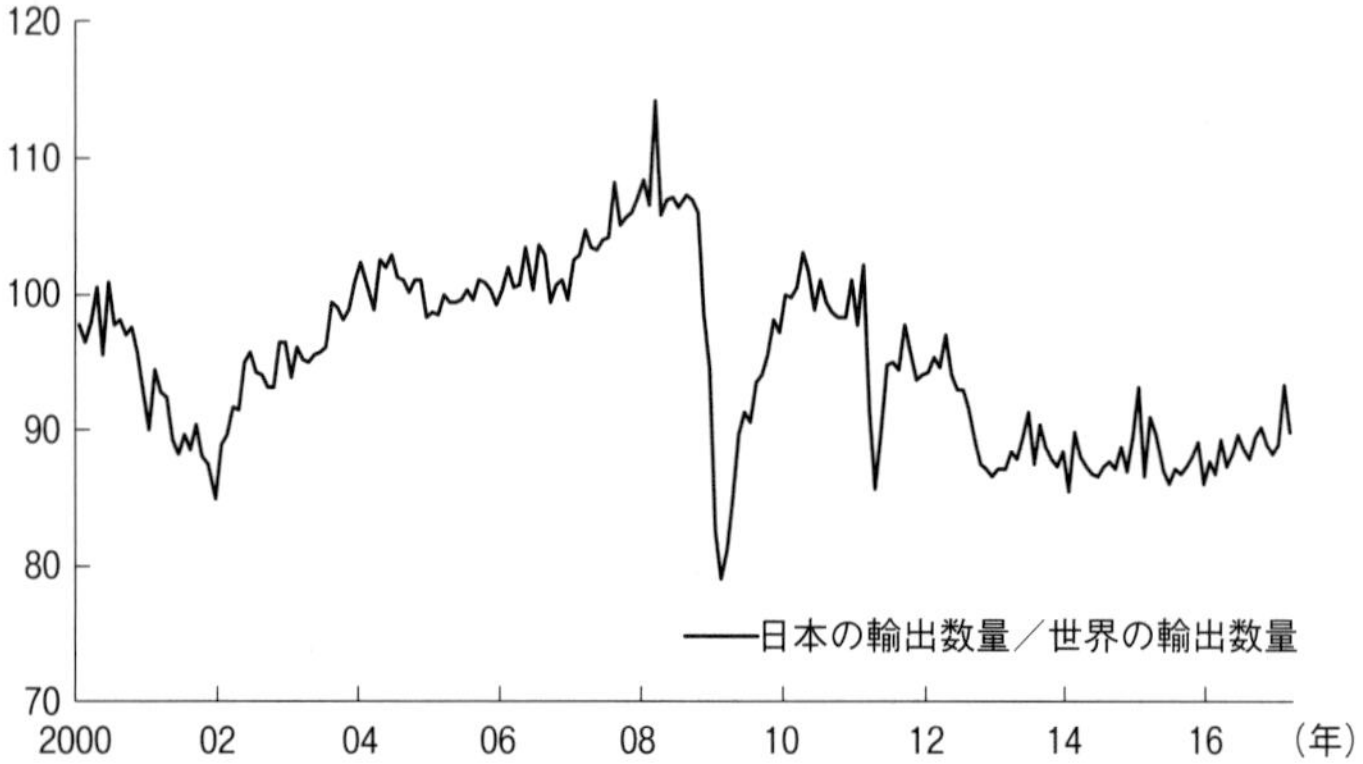

（注）　2010年＝100。
出所：CPB Netherlands Bureau for Economic Policy Analysis

次に、日本の輸出がどのような要因によって変動しているのかを客観的に計測したうえでなければ、競争力についての判断は下せません。筆者らは、とりあえずマクロ的な要因によって日本の輸出の動きがどれだけ説明されるのかを確認してみました。すると、日本の輸出（実質ベース）の伸びは、米国の実質経済成長率、中国の名目成長率、そして為替レートの変化という三つの変数だけでシンプルながら相当高い説明力のあるモデルになることがわかりました（注９－３）。

（注９－３）　厳密には、３変数で回帰した際に大幅な外れ値を返す年がいくつかあり、これら外れ値の年にダミー変数を置いて、プラス方向とマイナス方向それぞれのダミーを加えた５変数で回帰し直した

図表9－4　日本の輸出はマクロ変数で説明される

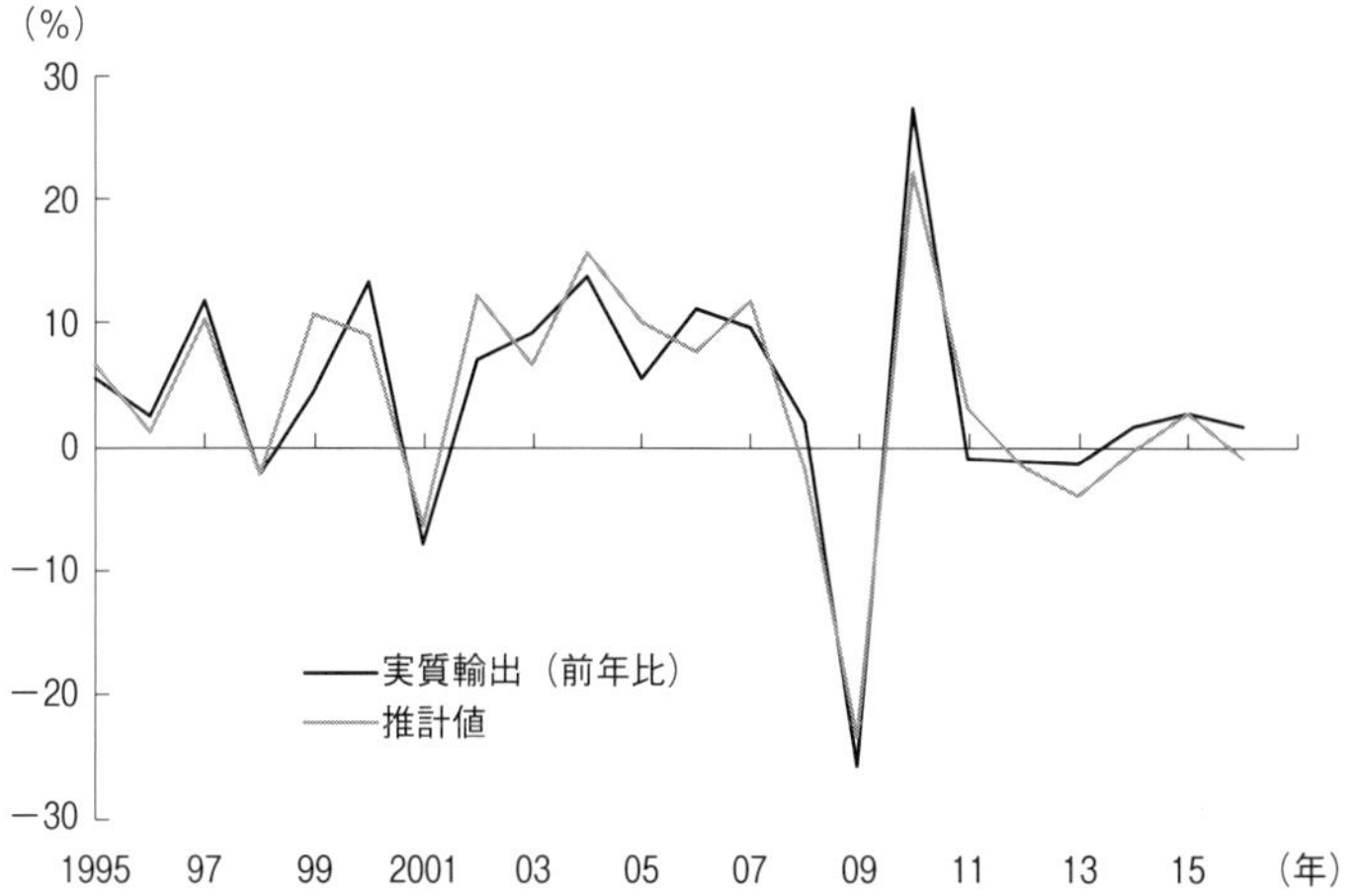

（注）　モデルは米国実質成長率、中国名目成長率、ドル円レートの３年前比を使って1995年から推計。
出所：日本銀行、Bloomberg、IMF

ものをモデルの最終形とした。外れ値になる年は一九九八年や二〇〇二年、二〇一〇年などで、それぞれ特殊事情があったと理解される。あえてモデルのなかに説明変数として残しているが、為替レート（最も効くのがドル円の三年前比）の説明力（すなわちt値）はそれほど高くない。

そして興味深いことに、このモデルは毎年の新たなデータで更新しても、説明変数の係数こそ少し修正されますが、全体のフィット感はわりと同じ程度に維持されます。つまり、日本の貿易はマクロの変数だけでその動きのほとんどを説明できるのであり、たとえば円安でも日本の輸出は改善しないといわれた二〇一三年の低調さも、外的なマクロ要因で説明されてしまうのです（図表9－4）。輸出競争力に明らかな変化が生じていれば、同じマクロ変数によるモデルの説明力は大きく低下するはずですが、そうはなっていませんから、競争力が落ちたという結論にはなりません。

実質輸出（前年比％）＝－21.04＋0.11×ドル円（3年前比％）＋1.1×中国名目GDP（前年比％）＋4.33×米国実質GDP（前年比％）－10.1×ダウンダミー（誤差がマイナス側に1SD以上＝1）＋15.35×アップダミー（誤差がプラス側に1SD以上＝1）；R^2＝0.90

財政拡張は円高を招くか、円安か

為替レートの先行き見通しについては、異なる見方があっても自然なことだと本章の初めに指摘しました。為替市場は金融資産市場のなかで最も参加者の広がりが大きく、ファンダメンタルズから思惑まで多種多様な見方が交錯します。一通貨の動きはそれとまったく関係なさそうな他通貨の動きから間接的な影響を受けることもあり、世界のありとあらゆる材料を変動要因とする非常に複雑なマーケットだと感じます。

しかし、それでも為替レートの基調的な方向性を左右するマクロ要因は存在するといえるでしょう。その一つに、金利という材料があります。特に金利の変動は、国際的な金利差を利用して利鞘を得るという投資家の動きを促すため、内外の金利見通しが為替相場の方向性に影響するわけです（もっとも、マクロ的に双方向で影響しますから、どちらの要因が強いかという観点も重要になってきます）。

金利と為替の動きに関連して、筆者らにとってマーケットが大きな誤解をしていると思われることがあります。それは、現状の日本が財政拡大をすると円高要因になるという見方です。通常、財政拡大は金利上昇につながるため通貨高、財政緊縮なら金利低下で通貨安と解釈されますから、常識的な見方に映るかもしれません。

しかし、現在の日本のように大規模な金融緩和などによって名目金利が上がらない環境であれば、財政拡大はインフレ期待を持ち上げ、実質金利を低下させる方向に作用するでしょう。また、財政支出の増加によって市中に回るお金（マネー）の量が増え、金融緩和の効果が強くなると考えられます。いずれも通貨安要因となります。さらに、財政支出で内需が拡大すれば、輸入が増えるために貿易黒字が減少し、円高圧力は弱まります。したがって、財政拡張は円安につながる可能性が高いのではないでしょうか。

財政が拡大し、国内のマネーがふくらむ力（円の供給力）であるネットの資金需要（企業貯蓄率と財政収支の合計で、マイナスになるほど大きい）が拡大し、それを日銀がマネタイズするのに十分な金融緩和をしていれば、金利上昇は限定的で、円安をもたらす力となると考えられます。ネットの資金需要が拡大することで経済活動が強くなれば、自然利子率が上昇し、金融緩和効果を強めるからです。二〇一六年の円高は、国外での要因もあったと思われますが、国内の材料に限れば、二〇一四年以降の財政政策がかなり緊縮型になっていて、ネットの資金需要が消滅してしまったことが原因だった可能性もあります。

マクロモデルでは、二年金利を一定とした場合、財政拡大によりネットの資金需要がGDP対比二％（一〇兆円程度）拡大すれば、ドル円を四円程度の円安方向に動かす力があることを確認できます。

ドル円＝109.18＋13.85×LN（米国2年金利－日本2年金利）－4.18×{（日本経常収支－ネット海外直接投資）、年率、対GDP比％、12カ月移動平均の12カ月先行}－1.95×（ネットの国内資金需要、対GDP比％）；R^2=0.84

現状は、そもそも経済のなかにネットの資金需要がしっかりと存在しているのか、そうではないのか。その前提が異なると、さまざまな経済事象の意味合いや影響が変わってきてしまう点を考慮しなければなりません。財政政策が為替レートに与える影響も、その例外ではないのです。

補遺

貿易・経常収支赤字と財政赤字

よく財政赤字と経常赤字の「双子の赤字」という言い方がされるが、大幅な経常赤字を記録するときは財政収支も赤字であることが多いだろう。貯蓄投資バランスの恒等式では、「国内の貯蓄投資差額＝経常収支」となる。そして、国内の貯蓄投資差額は、民間部門と公的部門に分けられ、公的部門の貯蓄投資差額は財政収支のことを意味する。したがって、経常収支が赤字ということは、国内が投資超過ということであり、民間部門の貯蓄投資がバランスしていれば、財政収支が赤字でなければならない。

こうした関連性から、貿易・経常収支赤字をめぐる議論と、財政赤字をめぐる議論は、パラレルに考えることができる。たとえば、財政赤字を増税でファイナンスしても、公債発行でファイナンスしても、経済に与える影響は長期的には同じであるという主張がある。財政赤字を公債でまかなったとしても、その借金を返済するために、将来いずれかの時点で増税ないし歳出削減を行わなければならないからだ。同じように経常赤字を海外からの借金でファイナンスすることについても、その借金はいずれ返済する必要があるとすれば、将来は輸入を減らして経常黒字に転換しなければならないだろう。

公的債務に関して、将来の増税や歳出削減によって返済する方針をもっている政府は「リカーディアン型」と呼ばれる。デヴィッド・リカードは「比較生産費説」によって自由貿易を擁護したことで知られるが、財政赤字は将来の増税や歳出削減を伴うので経済に対して中立であるという「リカードの等価命題」を提示した経済学者でもある。この命題は、ロバート・バローが後にこの説を取り上げて有名にしたため、「リカード＝バローの中立命題」としても知られている。

これに対し、将来の増税や歳出削減だけではなく、中央銀行のシニョレッジ（通貨発行益）、インフレ、名目GDPの拡大によって実質的な公的債務の負担をなくしていこうとする方針をもっている政府は「非リカーディアン型」ということになる。第八章で取り上げた、シムズ教授による物価水準の財政理論（FTPL）は、「非リカーディアン型」の財政運営とインフレの関係を説明した理論ということができるだろう。無責任な財政運営につながるとして、「非リカーディアン型」への拒否反応は大きいようだ。

これとパラレルに考えると、対外債務を将来の経常収支の黒字で返済する国は「リカーディアン型」であり、将来の経常収支の黒字だけではなく、中央銀行のシニョレッジや海外からの持続的な借入れによって、実質的な対外債務の負担を安定化する国は「非リカーディアン型」だといえる。通貨制度が固定相場制であれば前者しかないが、変動相場制であれば、一般的には後者のかたちになるだろう。

対外収支が持続不可能な〝無責任〟な運営になっていれば、通貨価値が大きく下落し、それが大幅なインフレにつながる。財政収支が持続不可能な〝無責任〟な運営になっていれば、総供給に対する需要超過幅が大きくなり、それが大幅なインフレにつながる。両者とも、〝無責任〟な運営になっているのか否かは物価が目安になり、金利が高騰することも共通している。

米国は恒常的に経常収支が赤字であり、対外債務を積み上げ続けている。これは基軸通貨としてのドルを世界に供給していることを意味し、そのシニョレッジにより米国の対外債務負担が安定していることはよく知られた事実である。「非リカーディアン型」だが、財政収支と違って、〝無責任〟な対外収支運営であるとして拒否反応が起こることはあまりない。逆に経常収支の一部である貿易赤字を問題視し、その削減を目指すトランプ政権の方針に対する批判が大きくなっている。

日本では財政収支に対する考え方と、対外収支に対する考え方が、ダブルスタンダードになっているようだ。日本の財政赤字を強く懸念するのであれば、トランプ政権の方針を、経済の本質がわかっていないなどと嘲笑することはできないはずだ。米国の貿易赤字と日本の財政赤字はともに、いまのところ強く懸念する必要はないというのが、シングルスタンダードな回答だろう。

第十章

日本の生産性は低いのか

この章のまとめ

・生産性という概念は、一企業というミクロの観点ではその意味を理解しやすい一方、経済全体というマクロの観点では意外にとらえにくく、論点が交錯しやすいことに注意が必要です。

・生産性は経済を考える際に非常に重要な項目であるのは間違いありませんが、経済学でもマクロの生産性を上げるための具体的なメカニズムが解明されているわけではありません。ただ、少なくともデフレが生産性向上にとって厳しい環境であることは明らかでしょう。

・客観的なデータで生産性上昇率を国際比較してみると、デフレという不利な環境が長期間続いてきたにもかかわらず日本（つまり日本企業）は大健闘しています。また、企業が収益をあげる力も足元で明確に改善しつつある状況が見て取れます。

生産性のパラドックス――これもミクロの延長がマクロでない現実

この章では、生産性にかかわる論点を取り上げましょう。「日本の生産性は低い」とか、「潜在成長率を上げるには構造改革による生産性の改善が必要である」と経済全体について語られることもあれば、「当社の収益性を高めるために生産性を改善させる」など一企業について語られることもある概念です。本書では、第五章の〝ソロー・パラドックス〟というエピソードでも登場しました。

一般的に、潜在成長率は次の式で表現されます。

潜在成長率＝資本投入増加率＋労働投入増加率＋技術進歩率（全要素生産性成長率）

このなかで、資本投下は多くすればするほど良い結果をもたらすものではなく、労働投入は人口動態の制約から免れないということを考えれば、生産性（技術進歩率）は経済成長の究極的な要因といえるでしょう（注10－1）。そして、この用語の定義自体は明確で、生産量に対する投入生産要素の量（投入量）の比率ということになり、「アウトプット÷インプット」などと表現されます（注10－2）。つまり、より少ないインプットからより多いアウトプットが得られる状況が望ましいわけで、そのような効率の良さが高い生産性の意味です。

（注10―1）「資本投下は多くすればするほど良い結果をもたらすものではない」という点は直観的にわかりにくいかもしれないが、たとえば、次の指摘がある。「資本ストックは、設備投資を増やすことで増加させることが出来るが、民間企業の設備投資は少なくとも資本コストを賄うだけの収益率を上げることが前提となる。つまり、資本ストックの伸びはいくらでも高めることができるわけではなく、労働投入量の伸びと生産性上昇率によって規定される内生変数である」（森川正之『サービス立国論』日本経済新聞出版社、二〇一六年四月）つまり、設備が多くなり過ぎても使えないだけのことになる。

（注10―2）　日本生産性本部（公財）の解説によると、経済全体の生産性をみる場合、基本的に以下の四種類の「生産性」データが利用されている。①労働者一人当り、あるいは労働者一人一時間当りの生産量や付加価値で測る労働生産性、②資本を投入量として、資本ストック一単位当りの産出量を測る資本生産性、③労働生産性や資本生産性のような個別の生産要素の生産性ではなく、労働や資本を含むすべての生産要素を投入量とした場合の産出量を示す全要素生産性、そして④国の経済における就業者一人当りの国内総生産（ＧＤＰ＝付加価値）を示す国民経済生産性。③の全要素生産性（Total Factor Productivity、ＴＦＰ）は、すべての要素を投入量として数値化するのは困難なため、実質ＧＤＰ成長率などで把握される生産量の伸び率から資本および労働の投入量の増加による伸び率を差し引いた残差として算出される。つまり、資本と労働の増加によらない生産の増加に寄与した部分を表すものであり、「技術進歩率」とも表現される。「ソローの残差」とも呼ばれる。④では、就業者のかわりに人口一人当り、まれに雇用者一人当りで測ることもある。

ただ、定義がはっきりしているといっても、マクロの観点から考えると、実は意外とむずかしい概念だという指摘ができます。適切に使われていないことも多々あるのではないでしょうか。

「より少ないインプットからより多いアウトプットが得られる状況が望ましい」というのはそのとおりで、人間の自然な行動原理です。生産性の改善は、おそらくどの企業も目論んでいることかと想像します。一企業体であれば、インプットは直接コントロールできますし、アウトプットに対しても直接的に働きかけることが可能であるため、ミクロレベルでの生産性の論点は比較的はっきりしています。同じ従業員数で、(残業を増やさない)同じ労働時間で、より多い生産量や売上げを実現するように目指し、もし売上げが増えない環境なら、より少ない従業員数あるいは労働時間で同じ生産量や売上げを実現することを目指すでしょう。

しかし、マクロレベルで考えると、個々の企業が同じリソースでより多く生産する場合でも、同じ量をより少ないリソースで生産する場合でも、経済全体では必ずしも生産性の改善にはつながらないかもしれません。

前者の場合に、業界内の競合企業が同じように努力して生産量を増やすと、市場では商品がだぶつき、ある企業は生産性や収益の改善という成果を得る一方、他の企業は生産量を増やしても売れずに在庫が増えたり、価格を下げたりしなければならない状況に陥って、結局は生産性や収益があがらないこともありえます。つまり、企業全部の合計では生産性向上という結果にならない場合も考えられるでしょう。

また、後者の場合はより明らかで、企業が従業員や労働時間を減らす動きを広げれば、経済全体では総給与所得が減ったり、失業が増えたりして消費が落ち込み、結果として全体のアウトプットを増やすという当初の目的にはつながりそうにありません。第一章でみた合成の誤謬です。

では、マクロで生産性を上げるには、どうすればいいのでしょうか。これはなかなか断定的にはいえないことのようです。本書で何度か登場しているクルーグマン教授は、過去の米国経済において、生産性が絶好調だった時期や停滞した時期があることの理由は、専門家でもきちんとわかっていないと著書のなかで指摘しています（注10－3）。

（注10－3）ポール・クルーグマン『クルーグマン教授の経済入門』（山形浩生訳、メディアワークス、一九九八年一〇月）。原題は、"*The Age of Diminished Expectations: U.S. Economic Policy in the 1990s*（期待しない時代：九〇年代の米国経済政策）, *the 3rd edition,*" The Washington Post Company, 1997。

過去の実績が上がったり下がったりしていることの原因が明らかとはいえないのですから、先行きその値を改善させたり、低下した際に回復させたりする術も理論的に不明だということです。生産性が経済成長にとって最も重要な要因であるとの認識が多くの政策担当者や経済専門家の間に確実に存在するにもかかわらず、そのメカニズムは具体的に解明されていないというのが現実です。究極的には、永遠にわからないのかもしれません。

もっとも、一般論として生産性の向上に寄与する要因には、以下のような事項があると理解されています。投資による資本財（生産手段）蓄積の増加、教育による人的資本（労働力）の質の向上、研究開発による技術進歩、そして低生産部門から高生産部門への資源の再配分による効率性の向上などです（注10－4）。したがって、資本財への投資を促進したり、人がいろいろな技能や知識を身につけるためにトレーニングを受けたり、新しい技術を生み出せるような研究を促進したり、資源の再配分を阻害する要因となりがちなさまざまな規制を緩和・撤廃するといったことが必要だと考えられます。

（注10－4）ウィキペディアからの引用だが、項目の順序を三番目と四番目で意図的に入れ替えた。変更後の順序にすると、前三つと最後の一つは種類がやや異なるという整理ができる。

もちろん、それには多くの費用をかける必要があるし、当初はなんらかの意義があったはずの規制を外すことによる弊害や悪影響を受ける側からの反対・抵抗の可能性も考えられるので、企業の方針や国の政策として進めることがそう簡単ではないこともあります。費用対効果が必ずしも明確とはいえないからでしょう。それでも、生産性を高めるための方向性としてはこうした考え方が共有されていて、成長戦略としては当然そのような議論が聞かれます。

また、景気を良くすればアウトプットは増えますから、そのような状況こそ生産性が上昇しやすい環境であるということになります。この事実は非常に重要で、過小評価されてはなりません。しかし、景気は循環するものだし、生産性が改善すれば景気は良くなるという面もあります。〝ソロー・パラドックス〟も一例ですが、生産性に関してはわかったようでわかっていないこと、一般的にいわれていることと現実が必ずしも同じでないことなど、〝パラドックス〟といえるような状況がいろいろとあります。

デフレ環境下で生産性をあげる困難

いずれにしても、「アウトプット÷インプット」という定義式から、生産性を高めるためには分子であるアウトプットを増やすか、分母であるインプットを減らすかの二通りになります。そして、マクロ分析のために分子に使われる指標は、通常は付加価値（GDPなど）や資本という金額表記となるデータです。名目ベースに限らず、実質ベースであっても金額で示されることに変わりありません。つまり、貨幣価値を表す〝価格〟が重要な役割を果たすことになります。ここから、デフレ的な環境下で分子のアウトプットを増やすこと、生産性を改善させることは実は相当にむずかしいという認識をもつ必要があります。

たしかに、既存のモノ・サービスの値段が下げられても、それを物価の変動として調整すれば、実質価値は同じです。しかし、デフレ的な経済環境であれば、モノ・サービスに高い実質価値評価がされにくいことも間違いありません。もちろん、モノ・サービスの貿易を通じて、国内の価格は国際的な価格の影響を受けますが、国家間ですべてのモノ・サービスについて完全に一物一価が成立するような価格調整がなされるほどの完璧なボーダーレスにならないのは明らかです。やはり企業としては、自国の市場における売れ行きを左右する価格決定環境におおいに影響を受けた値決めになるでしょう。すると、デフレ的な環境下では実質価値にも下方バイアスがかかる可能性が大きいと思われます。

絶対的な価格というものはなく、価格は需要と供給のバランスで決まります。価値がないものなら価格は当然下がりがちになりますが、消費者が価格はある程度上がるのが自然だという感覚をもっているなら、特に良いものに対してはそれなりの高い値がついても不思議ではないと想像されます。一方、価格は下がるだろうという期待が強い経済社会では、そもそも高い価値のモノ・サービスにつける〝プレミアム（割増金）〟自体が低く設定されざるをえません。つまり、アウトプットの貨幣価値（金額表記）はどうしても経済環境の影響を免れず、デフレ的な社会では小さくなる傾向が強いと考えられるのです。

生産性という概念は何か本質的なもので経済環境とは独立して決められ、労働者としての個々人や生産者としての企業がそれぞれ努力することで改善するものだという感覚があるかもしれませんが、実はこのように経済環境の影響を大きく受けるものだといえます。生産性は、人々が働きやすい環境とか、企業がビジネスしやすい法的な枠組みともおおいにかかわりがあるでしょう。ですから、時代にあわせた最適な制度に修正していくための規制緩和が重要な施策になるのは間違いありません。しかし、アウトプットの価値が増えやすい経済情勢にあることが、なおいっそう重要な生産性向上の要件になるわけです。

経済環境がデフレ的だと、まず分子のアウトプットが量的にも金額的にも増えにくい。そのアウトプットが増えにくい（あるいは、減る）状況にあわせて労働や投資というインプットを減らすことで生産性をあげようとする流れが広がると、マクロ経済の波及効果・フィードバック効果で全体のアウトプットにさらに下方圧力がかかります。また、アウトプットを増やすための人的資源や資本の増強、技術開発にかける費用が抑制的になるなど、ほとんどすべてにおいてネガティブな状況です。生産性の伸びは残差、つまり経済情勢の結果にすぎない面があるということさえ、完全に否定することはできないのです（注10－5）。

（注10－5） ヨーゼフ・シュンペーターというオーストリアの経済学者は、景気循環の観点から、不

況は経済発展の原動力となるイノベーション（すなわち、生産性向上につながる技術進歩）にとって必要な調整過程であるため、いわば「必要悪」だという主張をした。これに賛成する人も少なくないかもしれないが、循環的な不況と長期にわたるデフレ的環境の継続とは区別される必要があり、後者はやはり容認されるべきではない。

構造改革と成長戦略の相違

こうした生産性の本質を正しくとらえると、日本において生産性を高めるための議論をより適切に整理し直すことができるのではないでしょうか。しばしば生産性向上のために構造改革が必要という言い方がなされますが、「構造改革」という言葉は定義や中身が非常にあいまいなまま使われることが多いように感じられます。たしかに現行の制度が経済活動の障害になるような場合、技術の進歩や社会のあり方の変化に応じて制度を変えていく必要性は否定できません。しかし、変更の方向性を「構造改革」という言葉に包んでしまうと、何を目指すものなのか適切に議論ができなくなります。構造改善でなく、構造改悪につながりかねない改革になっていないかどうかが、具体的に検討されなければなりません。

生産性を向上させるための方法として、一般的に四通りが考えられていることに触れました。これらは投資によるものと、（規制や制度の変更による）資源の再配分によるものという二つに大きく分けられます。前者は費用がかかるのに対し、後者は最初に目にみえる支出を必要としません。したがって、財政の予算制約を重視しつつ生産性向上の実現を目指す場合に、後者の規制緩和や撤廃を追求するほうが取り上げられやすくなるように思われます。もちろん、社会経済のあり方を適切に変えていくために規制緩和や撤廃が必要な面も多々ありますが、何でもかんでも規制は緩和・撤廃するのが絶対に望ましく、「反論は守旧派」的な雰囲気が広がってしまうのも考えものです。

規制の緩和や撤廃は、基本的に企業の競争を促す傾向があります。すると、おそらく価格競争が促進される可能性が高いと思われます。しかし、内閣府のレポートでも指摘されているとおり、「価格が低下して利潤が圧縮するだけで終われば、企業から家計へ所得が移転しただけである」という点が肝に銘じられなければなりません（注10－6）。移転された所得が別の需要の増加につながり、日本全体の生産が増加しなければ競争促進の意義はなく、状況によっては改悪になってしまうでしょう。つまり、マクロの観点が確実にかかわってくるということです。

（注10－6）　内閣府政策統括官（経済財政―景気判断・政策分析担当）「近年の規制改革の経済効果―生産性の分析―」政策効果分析レポートNo.6、二〇〇一年四月。

デフレ的な環境下では生産性の向上がそもそも困難であるという点を確認しましたが、価格を下げるだけの規制緩和では、経済全体にとってむしろ逆効果です。現状の日本経済においては、価格を下げるための規制緩和ではなく、価格低下という現象を経由するとしても、最終的にアウトプットが増大する姿をイメージできる施策こそが追求されるべきです（注10−7）。

（注10−7） 榊原による「成長戦略と生産性のパラドックス―競争促進策の落とし穴　望ましい規制緩和とは―」（『東洋経済統計月報』（廃刊）、二〇〇九年一二月号）を参照。

その点、アベノミクスがスタート時点から政策運営の柱とした三本の矢のうちの第三の矢が、そもそも「構造改革」というあいまいな言葉ではなく、最初から「民間投資を喚起する成長戦略」と具体的に謳っていたのは非常に適切だったといえます。まさしくアウトプットの成長というねらいを明確にしており、焦点の当て方も望ましいものでした。安倍政権がその後に推し進めた実際の第三の矢に含まれた成長戦略が実を伴っているかにはさまざまな評価があると思われますが、デフレ的な環境からの完全脱却を目指す観点から、常にアウトプットの増大がイメージされているか否かを判断基準にすることで議論が整理されるのではないでしょうか。

日本は本当に生産性が低い国か

さて、マクロレベルでの生産性の概念は意外とむずかしいという点をみてきましたが、一般的に広がっている日本の生産性は低いというイメージは真実なのでしょうか。一般に利用される生産性指標のうち、一人当り実質ＧＤＰの成長率をみてみましょう。

図表10－1に示されているとおり、実は日本の生産性は主要な先進国と比べて決して低いことはありません。Ｇ７諸国に加えてニュージーランドを入れておいたのは、同国が構造改革・規制緩和などを通じて生産性の向上にとても熱心に取り組んでいるという印象があるからです。もちろん、Ｇ７より幅広く先進国をみると、ＯＥＣＤ諸国のなかには生産性成長率がもっと高い国を見つけられます。一般論として、先進化すればするほど他国から先端技術やベスト・プラクティス（見習うべき良いところ）を取り入れることで生産性をあげられる余地が減りますから、Ｇ７各国の生産性成長率は低めにならざるをえないといえるかもしれません。

日本の生産性が低いというイメージは、長期間にわたって低い経済成長率が続いていることから生まれただけで、それほどしっかりした裏付けがないものかもしれません。もちろん先行きの潜在成長率を考えれば、現在の人口動態から労働投入がマイナス寄与になる可能性を否定しづらいですから、近年の生産性成長率では低くて不十分だという主張ならば、それはそのとおりで

図表10－1　１人当り実質GDP成長率の期間平均

	５年	10年	15年	20年
日本	0.94	0.77	1.09	1.39
ドイツ	0.93	0.82	1.03	1.25
ニュージーランド	0.92	1.10	1.08	1.11
英国	0.29	0.46	1.03	1.32
米国	0.31	0.98	1.50	1.71
ユーロ圏	0.98	0.88	0.92	1.11

（注）　それぞれ2015年からさかのぼった期間で計測。
出所：OECD

しょう（注10－8）。しかし、生産性の伸び率については、闇雲に楽観的になることはできないながらも、現状のような悲観論は違うのではないかと思われます。

（注10－8）　したがって、人口動態からの制約条件を緩和するために、出生率改善や外国人労働者の受入れ、さらには永住権付与や移民といった論点が引き続き重要な課題になるのは当然である。

先進Ｇ７主要国と比べてそれほど遜色ない日本の近年の生産性伸び率は、すでに確認したようにデフレという本来生産性を向上させるにはまったくの逆風下で達成しているものです。これは過小評価されるべきではないでしょう。そして、デフレからの完全脱却を積極的なマクロ政策運営で実現し、よりノーマルな経済情勢になれば、近年よりは生産性も向上しやすくなるのではないかと想像できます。企業が人的資源や技術革新への投資を増やす姿勢へと転じ、より少ないインプットでより多いアウトプットを実現する状況を期待しやすくなるわけです。

日本企業の生産性は低いのか

日本の生産性が低いというイメージは、企業の収益率が低いというデータから想起されている面もあるかもしれません。株式市場では、企業の収益性が世界的に横比較されます。するとたしかに、日本は欧米先進国と比べて上場企業の平均的なＲＯＥ（株主資本利益率）が低いことはよく知られた事実です。

かつては日本的経営の特質として、文化的な背景から株主（シェアホルダー、shareholder）より利害関係者（ステークホルダー、stakeholder）を重視し、取引先である銀行や労働者への配慮を優先する結果、利益率よりマーケットシェア拡大（つまり規模）の指向性が強いなどと説明されていました。いまでもその傾向が少し残っているといえるかもしれません。また、たしかに日本では企業が儲け主義に走ることが社会的な批判の対象となることが多く、より良いものをより安くという精神を称賛する文化も強いように感じられます。結果として、利益マージンに対する圧縮圧力が働きやすくなります。

日本は国際比較で労働者の質が相対的に高く、丁寧な仕事を評価されることが多いように感じられますが、クオリティーの高さは必ずしも生産性の高さにつながりません。たとえ質の高い製品やサービスを価格競争力のある（低めの）値段で提供するとしても、その品質が顧客の望むような内容でなければ、売上げにつながりません。いわゆる〝ガラパゴス〟現象といわれ、顧客が望まない品質を追求し過ぎている面があるということです。その結果、日本の企業は利益率を高める、つまり「売上高÷投入コスト」という意味での生産性においては、必ずしも良いパフォーマンスを生んでいないという現実もあるのではないでしょうか。

それでも、グローバル化が進み、ファイナンスの知識も広がり、日本でも会社が収益性をより重視するのは当然のことという認識が社会的に共有されつつあるのは間違いありません。少なくとも上場企業の多くは海外の投資家が株主になることが多くなり、市場の圧力によってその意識も変わってきたと思われます。実際、投資家から金融市場を通じて利益マージンの拡大を望まれ、企業自身もその拡大に向けて努力している姿勢が観察されます。にもかかわらず、依然として国際的にみて日本企業のＲＯＥが低いということは、やはりデフレ的な経済環境と無関係ではないと考えられます。

ＲＯＥはよく、当期利益率×総資産回転率×自己資本比率という三つの経営指標に分解されます（「デュポン分析」）。これにより、利益マージン、資産活用の効率性、財務レバレッジという三つの要因を見比べるわけです（注10－9）。日本企業のＲＯＥは、欧米企業と比べて、この三つの要因のどれが主因になって低いのかを調べてみると、当期利益率（利益マージン）が目立って低いことが確認できます。マーケットシェアを追求する経営姿勢の強弱を示しそうな総資産回転率も、金融取引の保守性を示す自己資本比率も、欧米企業とそれほど大きな差があるとはいえない水準です。つまり、利益マージンの小ささがＲＯＥの相対的な低さの主因になっています。利益マージンが他の先進国と比べて顕著に低いという状況について考えてみましょう。それは、はたして日本企業の本質的な生産性の低さを表しているのでしょうか。

（注10－9）　当期利益÷自己資本＝当期利益÷売上高×売上高÷総資産×総資産÷自己資本

企業の利益はインフレ率の関数

日本を拠点とする企業にとって利益マージンを大きくしやすい状況、あるいは逆に縮小方向へ圧力がかかる状況というのは、一般論としてどのような環境でしょうか。個別企業のレベルで考えれば、提供できる製品やサービスの需給（人気度）、企業のブランド力などが主たる要因になります。しかし、マクロレベルでみた場合、企業の価格決定力は経済環境に大きく左右されてしまうはずです。全体の市場（名目ＧＤＰ）が縮小気味で、消費者も節約ムードからどうしても安いものを選好しがちな状況では、多くの企業が生き残りをかけて価格競争に突入せざるをえません。そのような環境では、利益マージンが拡大する余地は非常に限られます。

そう考えると、ＲＯＥは物価動向（インフレ率）の関数であることを免れないのではないでしょうか。つまり、日本企業は、日本経済が長くデフレ的な環境にあるなか、非常に不利な条件のもとで活動していることになります。実際に、インフレ率を調整すると日米における企業全体の利益水準は足元で大きな差はないという分析や、日米ＲＯＥ格差のかなりの部分が貨幣錯覚（つまりインフレの影響）によって説明されるという分析が、すでに実務家によって示されていま す（注10－10）。日本企業の生産性が低いかどうかは、マクロ経済的な前提を調整したうえで検証・議論される必要もあるということでしょう。

（注10－10）阿部健児ほか「日本株式投資戦略：日本銀行の変化 インフレ率２％を目指す?」（シティグループ・グローバル・マーケッツ・インク、二〇一二年七月一〇日）、および、新井亮一「ブルームバーグセミナー」（ＩＲフォーカスデー「グローバルＩＲの最前線」における資料、二〇一四年一二月八日）、さらに、同氏による「日本の上場企業の業績と株価」（アライキャピタル・マネジメント、二〇一六年五月）を参照。さらに補足すれば、ＲＯＥの平均水準は産業の成熟度などによって異なるので、株式指数に含まれる企業の平均ＲＯＥを国際的に比較する場合、本来は産業構成の差異も調整するのが望ましい。

もっとも、日本企業の生産性や利益率の問題を考えるときに、日本がそうしたマクロ経済的な前提を考慮・調整しなくてもすむような経済環境、より一般的かつノーマルな状況になっていることが望ましいことはいうまでもありません。日本企業はマクロ的に厳しい環境下、実際には相当に健闘しているということがわかります。さらに、アベノミクスによって以前から日本企業が直面している〝六重苦〟を是正する動きが徐々に進展していることから、日本企業の〝稼ぐ力〟はかなり改善してきているという指摘もできるでしょう（注10―11）。

（注10―11）諸外国と比べて厳しい日本企業のビジネス環境として、円高、高い法人税率、自由貿易協定への対応の遅れ、製造業の派遣禁止などの労働規制、環境規制、高いエネルギーコストの六つが二〇一〇年頃から経団連などにより主張されている。大企業の視点だという指摘もあるが、中小企業にも大きな障害となる項目もあり、大企業の苦戦は取引先の中小企業にも波及するため、それなりに日本企業全体にかかわる問題を表しているといえる。

企業の〝稼ぐ力〟はかなり改善した

政府は二〇一四年六月に公表した改訂版「日本再興戦略」のなかで、〝日本の「稼ぐ力」（注10―12）を取り戻す〟という点に焦点を当てました。それ以降、コーポレートガバナンスを通じた企業の体質改善、公的年金の運用見直しを通じた成長資金の供給促進などが注目されています。これらが非常に大切な役割を果たすことはいうまでもなく、その方向性の正しさを否定するものではまったくありません。それでも、ここまで確認してきたように、〝日本の「稼ぐ力」〟にとってマクロ経済環境が重要であることを正しく認識しておく必要があります。

（注10－12）第九章で確認したように、稼ぐ力とは国際収支における経常収支の黒字を増やすことではない。逆に経常収支の黒字が減ったり赤字になったりすることは、日本が稼ぐ力を失っていることを示すものでもない。

そうした観点から、低いといわれる日本企業の〝利益率〟は意外にも改善がかなり進んできたことを示す証拠を一つ紹介しておきましょう。利益率を計算する際、分母が自己資本であればROE、総資産であればROAとなり、両指標ともに引き上げることが日本企業の課題とされています。一方、日銀の資金循環統計でみると、企業のバランスシートの左側（資産側）には金融資産（Financial Assets：FA）があり、右側（負債側）には金融負債（Financial Liabilities：FL）、つまり資金調達手段である債務と株式・出資金があります。企業部門は本来的には他部門から資金調達をして事業を行う主体であるため、事業のための金融資産（Business Financial Assets：BFA）より債務と株式・出資金を足し合わせた金融負債のほうが大きくなっているはずです。その差が、筆者らが重視する企業部門のネット資金調達額（Net Financial Obligation：NFO）になります。これは企業の実物資産に相当するような概念です。企業が事業で稼働するためのネットの金融負債であり、たとえば仮にキャッシュなどで保有していれば実質的には稼働していないということもありえます。資金循環統計でいう、「金融資産・負債差額」という項目に該当します。もちろん、事業のための金融資産とネット資金調達を合わせた金融資産（FA）は金融負債（FL）と同額です。

これを式で表現すると、企業部門では、

事業のための金融資産(BFA)＋ネット資金調達額(NFO)＝金融負債(FL)

金融負債(FL)＝債務(Debt)＋株式・出資金(Shares and other equities)

というかたちで資金循環表がバランスすることになっています（図表10－2）。株式で資金を調達しても、現金で保有しているだけであれば、右側と左側が同時に増加するだけであり、NFOは増加しません。NFOは、実際に企業で働いている資本（Working Capital）であるともいえます。ここ二〇年間のトレンドでみると、企業利益は増加している一方で、総資産と株式・出資金も増加してきました。したがって、企業利益の両者に対する比率であるROAとROEという一般的な利益率は、まだ低い状態ということになります。

図表10－2　資金循環表で示す企業のバランスシート

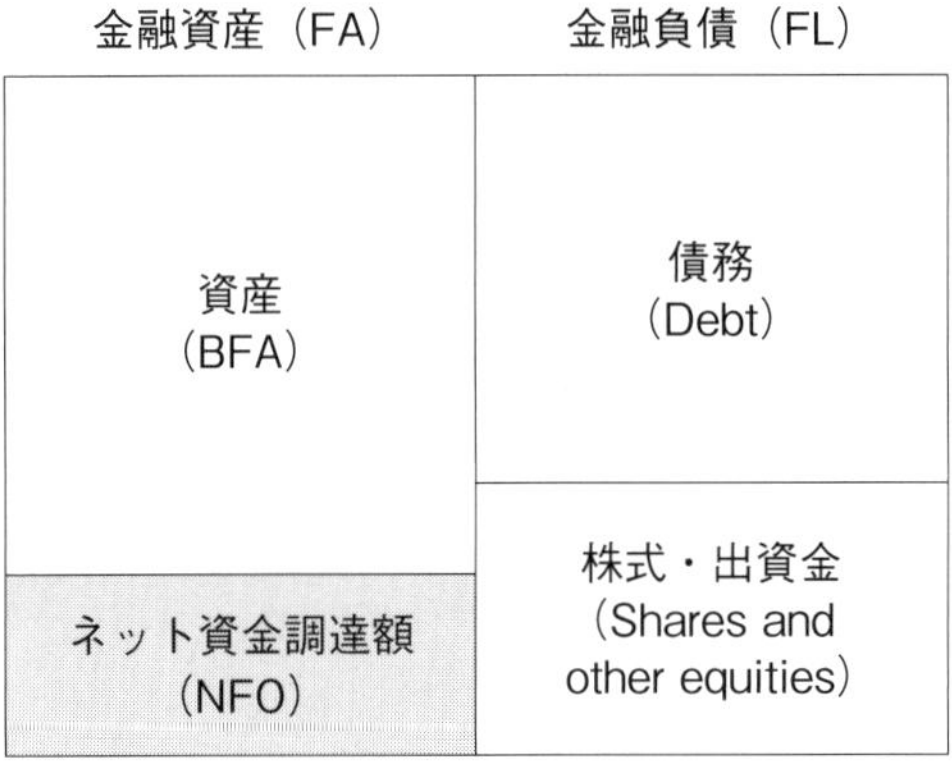

一方、日本経済の大きな問題は、マイナスであるべき企業貯蓄率が恒常的なプラスの異常な状態が継続し、企業のデレバレッジによる弱いリスクテイクやリストラの流れが総需要を破壊する力となり、内需低迷とデフレの長期化の原因になっていることです。

企業貯蓄率が恒常的にプラスになっていることは、トレンドとしてNFOが減少してきたことを意味します。NFOは一九九六年四－六月期の一〇七・二％（GDP対比）をピークとして、二〇一七年一－三月期には七九・一％まで減少しました。会計やマーケット（金融投資）というミクロの世界ではROEやROAが重視されますが、企業が実際に働いている資本をどれだけ効率的に使えているかをマクロ面からみるには、このNFOに対する利益率のほうがより重要だという考え方もできるでしょう。

企業のネット資金調達額に対する利益率（Return

図表10－3　ネットの資金調達とRoNFO

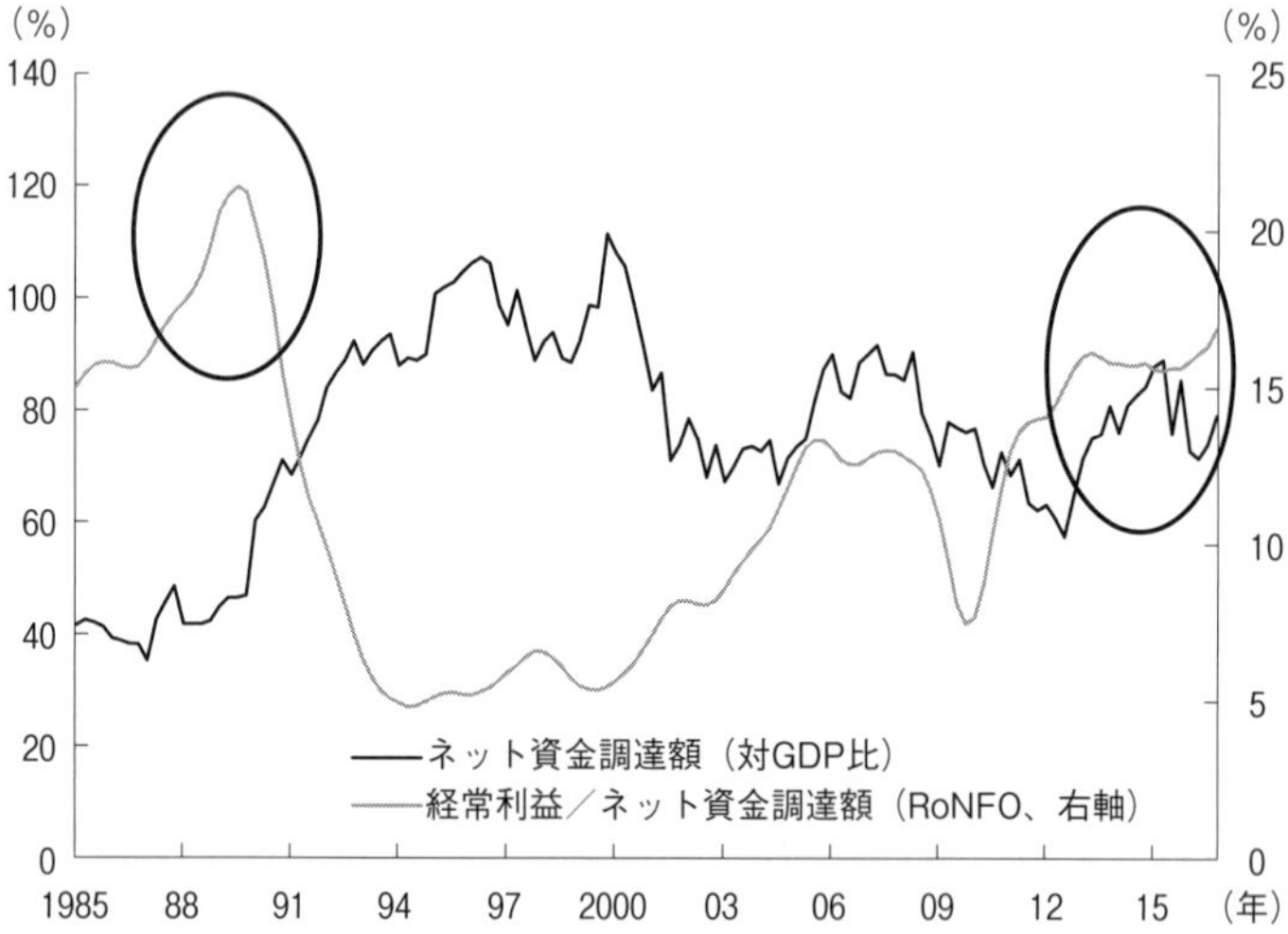

（注）　2005年から2007年は民営化などの影響を調整。売上高経常利益率でみても、製造業だけではなく、非製造業も含めて、過去最高の水準まで上昇していることが確認できる。
出所：財務省、内閣府、日本銀行

on NFO：RoNFO）をみると、二〇一七年一－三月期には一八・〇%となり、一九九〇年前後のバブル期（二〇%程度）以来の高さになっています。分子の経常利益は法人企業統計を使っていることから分母の標本と一致しないため、ほかの利益率との単純な比較はできませんが、ＲｏＮＦＯ自体の時系列による過去との比較は有効です。

　株価が強く上昇すると、株式・出資金が時価評価でふくらむためにＮＦＯが増加し、ＲｏＮＦＯを下押しすることになりますが、その下押しに十分に耐えてプラス一八％程度を維持しているわけです（図表10―3）。長年のリストラや事業再編・再構築、または新規企業の興隆などによる構造改革により、日本企業は全体としてかなりの高利益体質になってきました。そればかりではなく、資本の利用の仕方も改善し、より資本効率的になっていることが確認できます。

ミクロ的にみたＲＯＥやＲＯＡだけでは、日本企業の実力を過小評価することになってしまうかもしれません。マクロ面でみた日本企業のＲｏＮＦＯはすでに高いため、企業貯蓄率がマイナスとなってＮＦＯが増加する環境となれば、日本経済の拡大は思った以上に顕著なものになる可能性があると考えられます。ＲｏＮＦＯは、アベノミクス開始後にその上昇が加速しているようにみえ、企業が収益をあげやすい経済環境をつくることを目指しているアベノミクスの成果ではないかと思われます。

企業の資金を使う効率が高いということは、もう一つの資金調達をして事業を行う主体である政府部門が、企業部門と資金を取り合うクラウディングアウトの問題が深刻にならず、国債などでファイナンスしながら、大きめの財政支出を維持することが可能となることも意味します。言い換えれば、企業部門の資本効率が高いという恩恵により、市場経済の失敗の是正、教育への投資、生産性の向上や少子化対策、長期的なインフラ整備、防災対策、地方創生、そして貧富の格差の是正と貧困の世代連鎖の防止などを目的とした財政支出の増加の余裕があるということになります。そのような財政拡大で、社会厚生を向上させたり、所得を増加させたりすることができるわけです。

しばしばアベノミクスの成長戦略による構造改革の動きは鈍いなどの指摘が聞かれます。もっとできるという意味ではそうかもしれません。しかし、批判は表面的な印象論で、構造改革の進展度合いについてはなんら基準のないままに語られることが多いと思われます。企業が収益をあげやすい経済環境かどうかを、構造改革の進捗状況を評価する基準にすれば、近年における過去の政権より安倍政権においてのほうが構造改革が進展しているといえるのではないでしょうか。適切なポリシーミックスのマクロ政策により最も重要なデフレ状況からの完全脱却を果たし、企業がより積極的に活動できて収益をさらにあげられるような環境にすることこそ、生産性の向上につながる、いま必要な構造改革だといえるのです。

もっとも、リフレ政策による名目GDPの拡大が、日本経済の復活の十分条件ではないことも当然です。アベノミクスも「新三本の矢」として、希望を生み出す強い経済（第一の矢）、夢を紡ぐ子育て支援（第二の矢）、そして安心につながる社会保障（第三の矢）を打ち出しています（注10－13）。つまり、デフレ状況からの完全な脱却は、第二章でみたように日本経済が直面している多くの課題や社会問題を幅広く改善させるための必要条件にすぎず、個々の問題の解消やより良い状態への転換は、それぞれの対応策を必要とします。十分条件でなくとも、必要条件である以上、適切なリフレ型マクロ政策によって名目GDP拡大の継続にまず取り掛からない限り、持続的な生産性向上も含めた日本経済の復活は期待できないのです。

（注10－13）具体的には、①二〇二〇年頃に名目GDPを六〇〇兆円にする、②希望出生率一・八を二〇二〇年代初頭に実現する、③二〇二〇年代中頃には介護離職をゼロにする、を指す。一部の識者から、いずれも的（目標）であって矢でないと指摘されているように、実現を目指す経済社会の状況だと考えることができる。安倍首相自身も、「五〇年後も人口一億人を維持し、より豊かで活力あふれる日本をつくる」という「国家としての明確な意思」を示したものだとしている。

生産性と潜在成長率

あらためて生産性に関する論点に戻ると、マクロ的な生産性はミクロ的な生産性の延長で考えることはできないということでした。そして、マクロ的には、その改善・悪化の原因は必ずしも論理的にはっきりと詳しくわかっていない一方、少なくとも経済情勢・景気が良いときのほうが改善しやすい点は明らかだといえます。本章の冒頭でみたように、潜在成長率は生産性（全要素生産性）を一つの項として含む加算の式に分解できる（あとは資本投入と労働投入）のですから、生産性が景気の良いときに改善しやすい性質である以上、潜在成長率もそうであることに違いはありません。

近年の日本にはなかった完全雇用と需要超過という状況のなかで、生産性の改善を目指す投資活動が強くなったときに潜在成長率が上昇し、経済成長率が持続的に強くなる好循環が生まれるというのが経験則です。足元で、ようやく完全雇用と需要超過の状況だと一部で判断されるようになってきたところで、財政を緊縮にしてしまうと、好循環に入れぬまま景気がピークアウトしてしまうリスクが大きくなります。

第五章で内閣府による潜在成長率の推計結果に触れました。潜在成長率の三要素それぞれによる上昇率の寄与をみると、アベノミクス開始前と足元二〇一七年四―六月期を比較して変化が読み取れます（図表10―4）。まず、労働投入量がマイナス〇・一％からプラス〇・三％へ改善し、最近の成長戦略の柱である女性・高齢者・若年層の雇用拡大の寄与がかなり大きいことが確認されます。少子高齢化と景気低迷などにより労働投入量の寄与は一九九〇年四―六月期以降ずっとマイナスが続いてきましたが、二〇一四年四―六月期にそれ以来のプラスに転じています。そして、徐々に雇用不足感が広がるなかで、過去最高に上昇した売上高経常利益率を今後も維持していこうとの意欲が企業の投資行動を刺激したのでしょう。資本投入量もマイナス〇・一％からプラス〇・二％へ、リーマンブラザーズ破綻後の二〇〇八年一〇―一二月期以来ようやくプラスに回復しました。

図表10－４　内閣府による潜在成長率推計の内訳

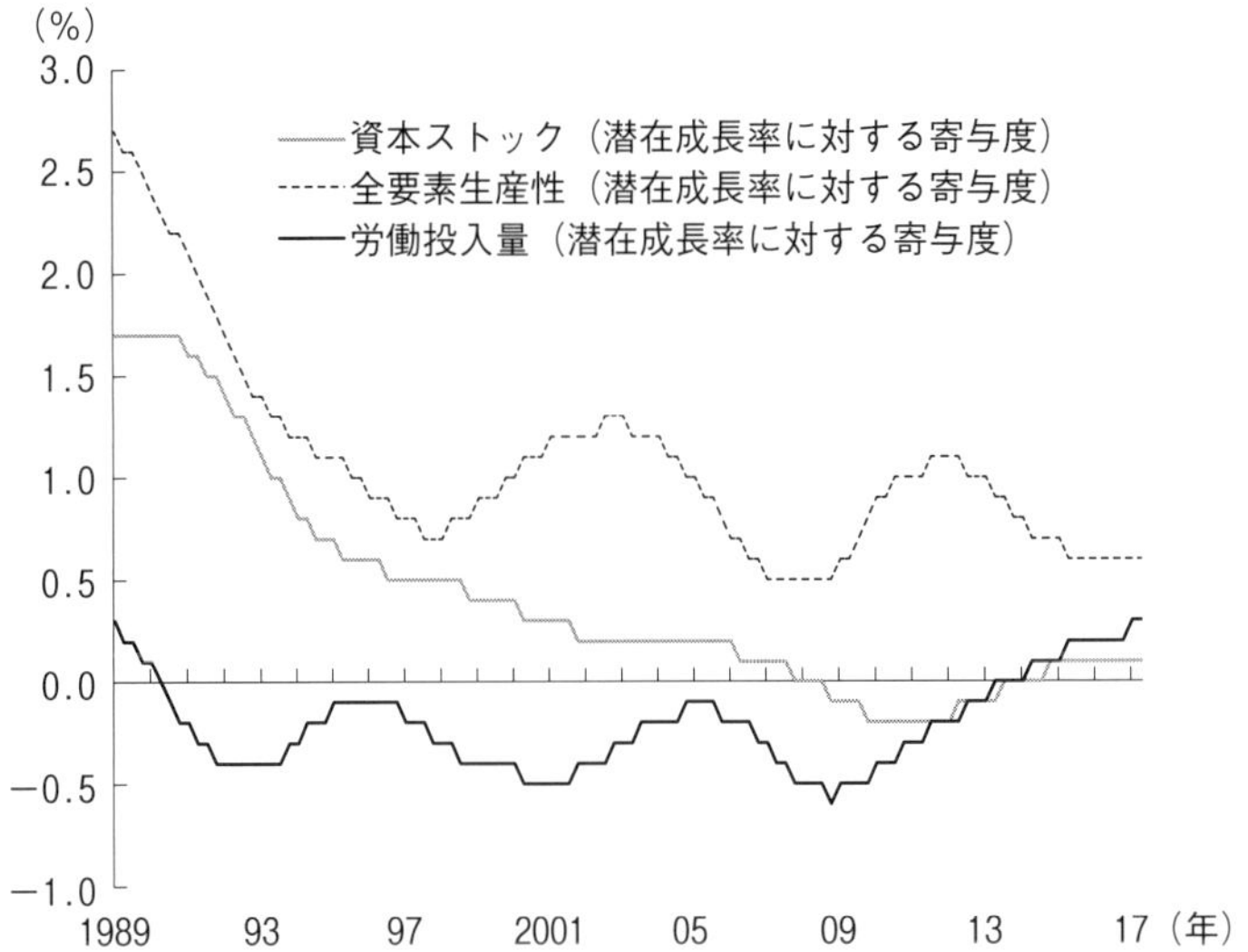

（注）　この３要素を足し合わせると、図表５－３で示した潜在成長率（2017年９月時点）になる。バブル崩壊以降にはなかった景気回復局面の投資拡大による生産性の上昇が確認されれば、日本経済の復活といえる。その必要条件を整えるのがアベノミクスである。
出所：内閣府

一方で、全要素生産性はプラス一・〇%からプラス〇・六%へ逆に低下してしまっています。しかし、これは先ほどから指摘している「経済情勢・景気が良いときのほうが改善しやすい」という点を否定するものではないでしょう。潜在成長率の上昇は通常、景気拡大の初期はインプットの増加が主導し、後期になると生産性が向上するという流れになります。現下の景気回復期は期間こそ歴史的にかなり長い循環になっていますが、内容的な面では経済成長率が持続的に強くなる好循環にはまだ入っていない段階であり、この先に労働者がラーニングカーブを登るとともに投資活動が強くなり生産性の改善が確認されていくことになるものと思われます。それまで、政策を拙速に引き締めてはいけないことを明確に示しているともいえます。

生産性は、マクロ的にコントロールすることが容易ではない概念ですが、総合的なリフレ政策による需要の拡大策が継続されることが趨勢的な改善への必要条件である点は否定しようがないと思われます。そうすれば今後、生産性の改善を目指す投資活動による資本の蓄積とともに、生産性の改善による潜在成長率の上昇という本格的な日本経済の回復が確認されてくるのではないでしょうか。生産性の向上を目指す成長戦略とともに、マクロ政策が重要なカギを握っているのです。

終章

マクロ分析とデフレ脱却の道筋

本書で紹介した日本経済の「観察」「判断」「基準」

本書では日本経済のマクロ的な論点を幅広くカバーし、金融市場・経済分析の実務からみえるそれらの実像に迫ってきました。おさらいを兼ね、筆者らが実践分析に欠かせないと考えている手法を整理して振り返りながら、本書の大きなテーマであったデフレ脱却の道筋はどう表現されるのかをみてみましょう。

金融市場・経済の動きを適切にとらえるにはどうすべきか。実務から経験的に得た必要な手法として、経済学というツールを正しく柔軟に理解し、それを利用して現実を分析する際に三つの主要な手続をきちんと踏むことでした。それが第一章で示した「観察」「判断」「基準」です。最初の「観察」は、程度の差は別にして、ある程度はだれでもすることかもしれません。経済学者もエコノミストも、その他多くの職務においても、データや世の中の動きを観察するところから、それをどう考えるかというプロセスが始まります。ただ、「観察」のなかで重要なのはデータ間の関係性、つまり相関関係を発見することです。

さらに、二番目の二つ以上の事象のなかに存在する関係性についての正しい「判断」や、三番目のあるデータをほかのデータと比較して検討する際などの適切な「基準」の見極めは、案外無頓着に議論されているケースが少なくありません。「判断」でポイントとなるのは、因果関係の向き、つまり原因なのか結果なのかを正しくとらえていなければ完全に誤った考え方をしてしまうという点です。三つ目の「基準」では、リンゴとミカンを同じ土俵に乗せて間違った比較をしているような状況を避けたり、適切な判断に基づく行為の拠り所になる指標を明確にしたりすることなどを指しています。最終的に政策や投資行動を決定するうえで、正しい「基準」に立脚して検討されなければならないのはいうまでもありません。

例として、企業貯蓄率と財政収支には相関関係（この場合は逆相関）が存在するという点を認識することが非常に重要だと指摘しました（図表4－3）。日本経済の大きな問題は、マイナスであるべき企業貯蓄率が恒常的なプラスの異常な状態が継続し、企業のデレバレッジや弱いリスクテイク力、そしてリストラが総需要を破壊する力となり、内需低迷とデフレ状況が長期化する原因になっていることです。企業活動が弱くなり、企業貯蓄率が上昇して総需要が破壊されていけば、税収が減少し、景気対策も必要となり、財政赤字は増加します。逆に、企業活動が強くなり、企業貯蓄率が低下して総需要を生み出す力が出てくれば、循環的に景気は回復して税収が増加し、財政赤字は縮小します。こうして逆相関が形成されているわけです。

さらにこの逆相関の全体をみると、恒常的なプラスとなっている企業貯蓄率に対して、マイナス（赤字）である財政収支が何とか相殺している程度で財政拡大が不十分といえ、企業貯蓄率と財政赤字の合計である国内のネットの資金需要（貯蓄率がマイナスの場合に強い）が消滅した状態が長く続いていました（図表5－1）。この状況下では、財政赤字が企業の異常な貯蓄行動とそれに伴う需要不足を埋めるだけであるため、財政赤字が大きくても国債金利は低位安定し、財政不安が金利の高騰につながるリスクは非常に小さくなります。ネットの資金需要がなければ、量的金融緩和もマネタイズすべき対象がないために効果を発揮できず、円高圧力も生じがちな環境になってしまいます。このように、企業貯蓄率と財政収支の相関関係からいろいろな見極めが可能となり、アベノミクスの政策が方向性として正しいという結論が導き出されます。

この逆相関がなぜ、そして、現状の環境においてはどちらの方向で生じているのかを適切なマクロのロジックでとらえているかどうかが決定的ポイントです。企業貯蓄率と財政収支の相関関係に気づいても、アベノミクスではうまくいかず、別の政策が必要であるという真逆の結論を導いてしまうかもしれません。因果関係が企業貯蓄率から財政収支の方向に強いのであればアベノミクスをサポートしますが、逆方向に向いているなら財政緊縮による財政収支の改善が企業活動を刺激するという論でアベノミクスを否定することになるからです。この因果関係の方向に対する判断・認識の違いが、同じ相関関係のデータをみても、経済学者やエコノミストのなかで真逆の結論になることがある一つの原因だといえます。図表4－2で確認したように、デフレ的な環境下では、因果関係が企業貯蓄率から財政収支に向かっていることは間違いありません。因果関係における方向性の「判断」を間違えると、国民に必要のない負担を増やしてしまうことになりかねないでしょう。

そして、国としてのマクロ経済政策や金融市場における投資行動といった実践へつなげる際に必要なのが「基準」です。ネットの資金需要という一つの「基準」は、政策面において適切な経済財政政策を運営することを可能にして経済厚生をより向上させ、政策の間違いを防止するものだといえます。もちろん、そうした「基準」があれば、投資行動の面においても、さまざまなニュースによる一時的なノイズに左右されない、より良い選択をもたらす可能性が高いでしょう。

ネットの資金需要の水準は、企業の貯蓄率を前提として財政政策がどれだけ景気刺激的なのかを示す政策変数のように利用できる点を指摘しました。実際に二〇〇〇年代は企業貯蓄率が大きく変動していても、ネットの資金需要はゼロ％近くに張り付いていたので、成長を強く追求せずに安定だけを目指す財政政策の姿勢であったという評価ができます。ネットの資金需要によって、支配的な景気や金利の状況を考えることが可能だったわけです。ネットの資金需要、すなわち企業貯蓄率と財政収支の合計（マイナスのときに強い）の動きをみると、バブル期にはGDP対比マイナス一〇％程度、平均ではマイナス五％程度、デフレ期はゼロ％程度、そしてプラス五％程度になると信用収縮を伴うデフレスパイラルになるというように全体の構図を考えることができます。

アベノミクスにおいて機動的な財政支出が実施され、ネットの資金需要を強める企業貯蓄率と財政収支の合計水準をゼロ％程度から若干のマイナス側に押し込み、資金が循環して貨幣経済が拡大する力を復活させたのがデフレ脱却への推進力になりました。しかし、消費税率引上げを含む財政緊縮などにより、ネットの資金需要はまたゼロ％に逆戻りして消滅し、その推進力が喪失してしまったのが二〇一四年から二〇一五年です。今後、再び適切な財政政策をとることにより、ネットの資金需要を復活させ、アベノミクスの方向性を再稼動させることが期待されます。そこで、筆者らの考えるデフレ脱却への道筋として、具体的にネットの資金需要がどのように国内経済の総賃金（所得）と連関し、それがどのように物価動向と連関しているかを最後にまとめとして示しておきます。

ネットの資金需要が総賃金を支える

日銀の黒田総裁は、二〇一四年八月二三日に開催されたジャクソンホール・シンポジウムにおいて「デフレーション、労働市場、量的・質的金融緩和」という題目で講演し、「賃金上昇には〝見える手〟が必要である」という興味深い表現をしました。

「厄介な問題は、デフレが長引くもとで賃金決定の慣行が変質したことです。もともと終身雇用の割合が高く、労働移動が少ない日本では、労働需給がすぐには正規の労働者の賃金に反映されにくい傾向があります。こうしたもとで賃金を引き上げるには、なんらかの仕組み、つまり〝見える手〟のサポートが必要です。今後とも賃金が適正なペースで上昇していくためには、賃金を引き上げるための協調メカニズムを構築することが必要です」

すでに指摘したように、日本経済は信用サイクルの影響を受ける度合いが強まっています。日銀短観の中小企業貸出態度判断DIは、信用サイクルのなかで雇用の拡大を牽引するサービス業の動向を表し、失業率に明確に先行する点も確認しました（図表5－4）。足元では、企業活動の拡大を十分に促進するほどにDIは大幅に上昇し、失業率も三％程度まで低下し、労働需給はかなり引き締まり、人手不足も深刻になりつつある状況です。労働需給が引き締まれば賃金上昇が起こるというのは、経済メカニズムのなかでの労働市場の〝見えざる手〟の効果だといえます。

しかし、単純に労働需給が引き締まっても賃金上昇が鈍く、〝見えざる手〟の効果が十分に感じられていないのも事実でしょう。日銀が目標としている二％の安定的な物価上昇が実現するほどの賃金上昇が起こるためには、失業率の水準がさらに低下し、〝見えざる手〟がしっかり効果を発揮するとともに、なんらかの〝見える手〟のサポートも強くならなければなりません。〝見える手〟の一つは、政府の企業への賃上げ要請や最低賃金の引上げなどの政策の実施です。

ただ、それより重要な経済メカニズムのなかでの〝見える手〟は、企業と政府の支出する力が強くなることだといえます。マクロ経済では支出されたものはだれかの所得となるため、企業と政府の支出する力が強くなると、家計に回ってくる所得も大きくなります。恒常的なプラスとなっている企業貯蓄率（デレバレッジの傾向）が表す企業の支出の弱さに対し、マイナス（赤字）である財政収支がかろうじて相殺している程度（企業貯蓄率と財政収支の和＝合計貯蓄率がゼロ）では、国内の資金需要・総需要を生み出す力、資金が循環して貨幣経済とマネーが拡大する力が失われています。

この構図は、総賃金（名目雇用者報酬、労働者の賃金の合計）（注終－1）が、失業率（労働需給）を左右する貸出態度判断ＤＩの〝見えざる手〟と、企業と政府の支出力であるネットの資金需要の〝見える手〟で、比較的うまく説明できることからわかります（一九九六年からのデータ、図表終－1）。

総賃金＝－0.35＋0.19×貸出態度判断DI（2四半期先行）－0.25×ネットの資金需要－0.43×総賃金（4四半期先行）：R^2=0.80

（注終－1）平均賃金（総賃金を雇用者で割ったもの）は、景気回復によりパートタイマーが増加した場合、正社員の賃金に変化がなくてもミックスの悪化で数値としては下落してしまうため、

図表終－1　名目雇用者報酬

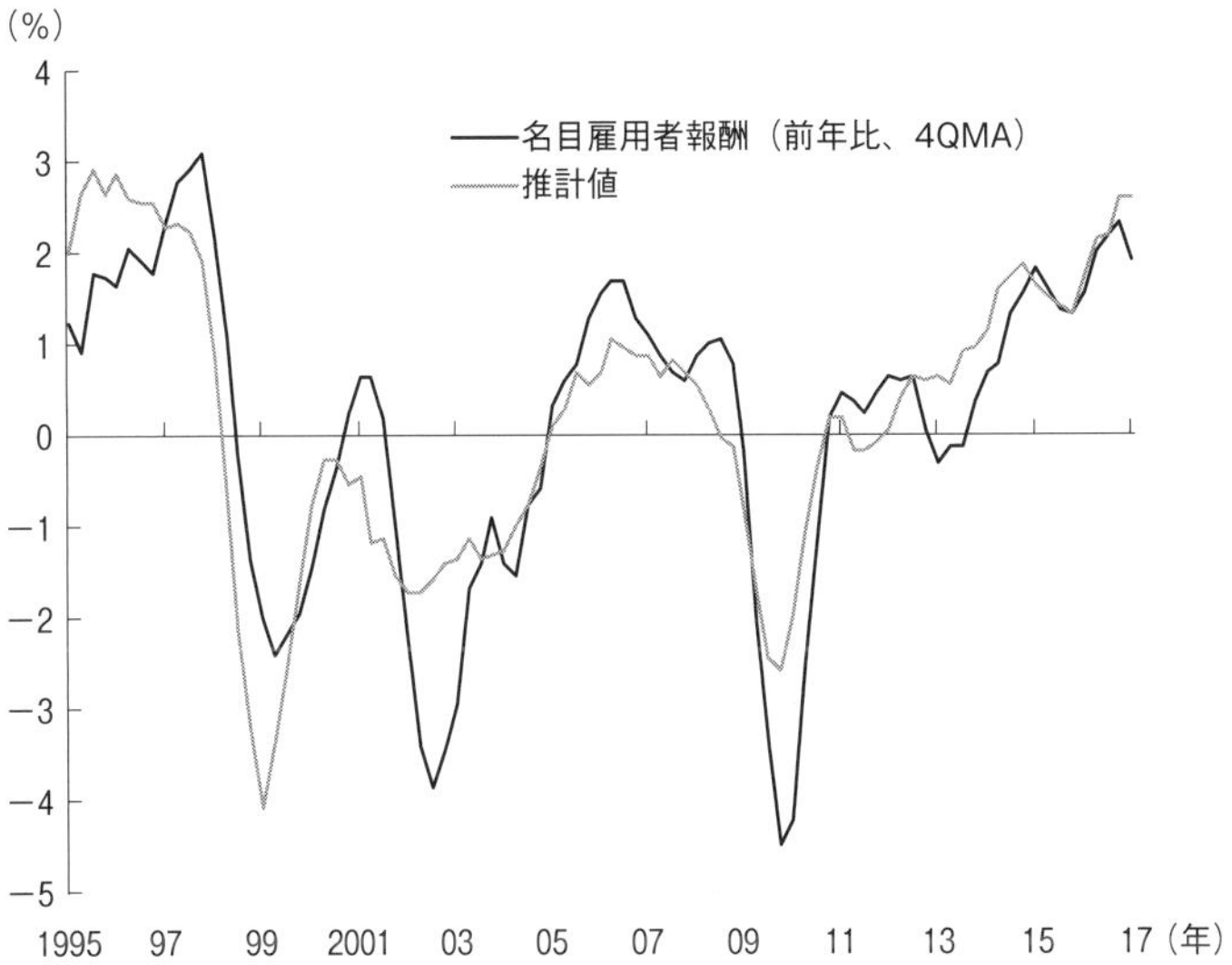

出所：内閣府、日本銀行

マクロ経済の分析としては総賃金を使うのが正しい。

総賃金の縮小トレンドは、長らく少子高齢化を含む人口動態が原因と考えられてきましたが、その影響は定数（構造）の年率マイナス〇・三五％程度と考えられる（景気動向を示す説明変数を中立的なゼロにしたときに残るもの）ことから、実際にはそれほど大きくありません。ネットの資金需要をふくらますリフレ政策により十分にオフセットできるといえます。

二〇〇〇年代に失業率が大きく低下しても総賃金が縮小トレンドから

脱却できなかったのは、ネットの資金需要が消滅していたからであると考えられます。失業率の低下とともにネットの資金需要が復活した頃から、総賃金が拡大トレンドに転じたことも、これによって説明できます。そして、人手不足の深刻化が叫ばれるほど失業率が低下したにもかかわらず、まだ総賃金の拡大トレンドが一％台と弱いのは、二〇一四年度の消費税率引上げを含む財政緊縮と、グローバルな景気・マーケットの不安定化により企業の支出する力が一時的に弱くなり、ネットの資金需要がまた消滅してしまっていることが原因と考えられるでしょう。

すでにグローバルな循環的な景気回復の動きもあり、企業活動は回復を始め、政府は緊縮から景気重視型の財政運営に転じています。今後は、失業率が三・〇％程度から二・五％程度までさらに低下するなかで、ネットの資金需要が復活し、企業と政府の支出する力が強くなって家計に所得が回るメカニズムが動き始めることが期待されます。こうした好循環をマクロ政策でしっかりと支えることができれば、総賃金の拡大トレンドが一％台から二％台に上昇し、家計が景気回復をより実感しやすくなっていくでしょう。

二％の物価安定目標は達成されうるのか

マーケットでは、いまのところまだ政府・日銀が掲げる二％の物価安定目標を達成するのは困難であるという見方が強いようです。なかには達成が困難だという判断のもと、現行の緩和政策の継続には限界があるとみて、早期の出口を警戒する論者もいます。市場参加者は、なぜ達成が困難であると感じるのでしょうか。

物価上昇率（インフレ率）のトレンドがどのように決まるのか、しっかりと確認しておくことが必要です。コアＣＰＩ（生鮮食品と消費税による影響を除く）の前年比は、国内の物価上昇圧力を示す総賃金前年比、海外からの物価上昇圧力を示す米国ＣＰＩ前年比、そしてドル・円の動きでうまく推計できることがわかっています（一九八一年からのデータ、図表終―2）。総賃金を使うことで、その所得を支出する需要面と、賃金上昇によるコスト面の両面から物価上昇圧力をとらえられるのです。そして米国ＣＰＩは、エネルギーや食料価格などのグローバルな物価上昇圧力をとらえる変数となります。また、ドル・円は三年前比が最も有効であり、単年の動きではなく、トレンドが形成されるとようやく企業も価格を改定し、物価に影響を与え始めると理解できます。

コアCPI（前年比％）＝－0.72＋0.24×総賃金（前年比％）＋0.31×米国CPI（前年比％）＋0.02×ドル円（3年前比％）＋0.99×アップダミー（誤差がプラス側に1SD以上＝1）－0.68×ダウンダミー（誤差がマイナス側に1SD以上＝1）；R^2＝0.95

図表終－2　コアCPIインフレ率、前年比

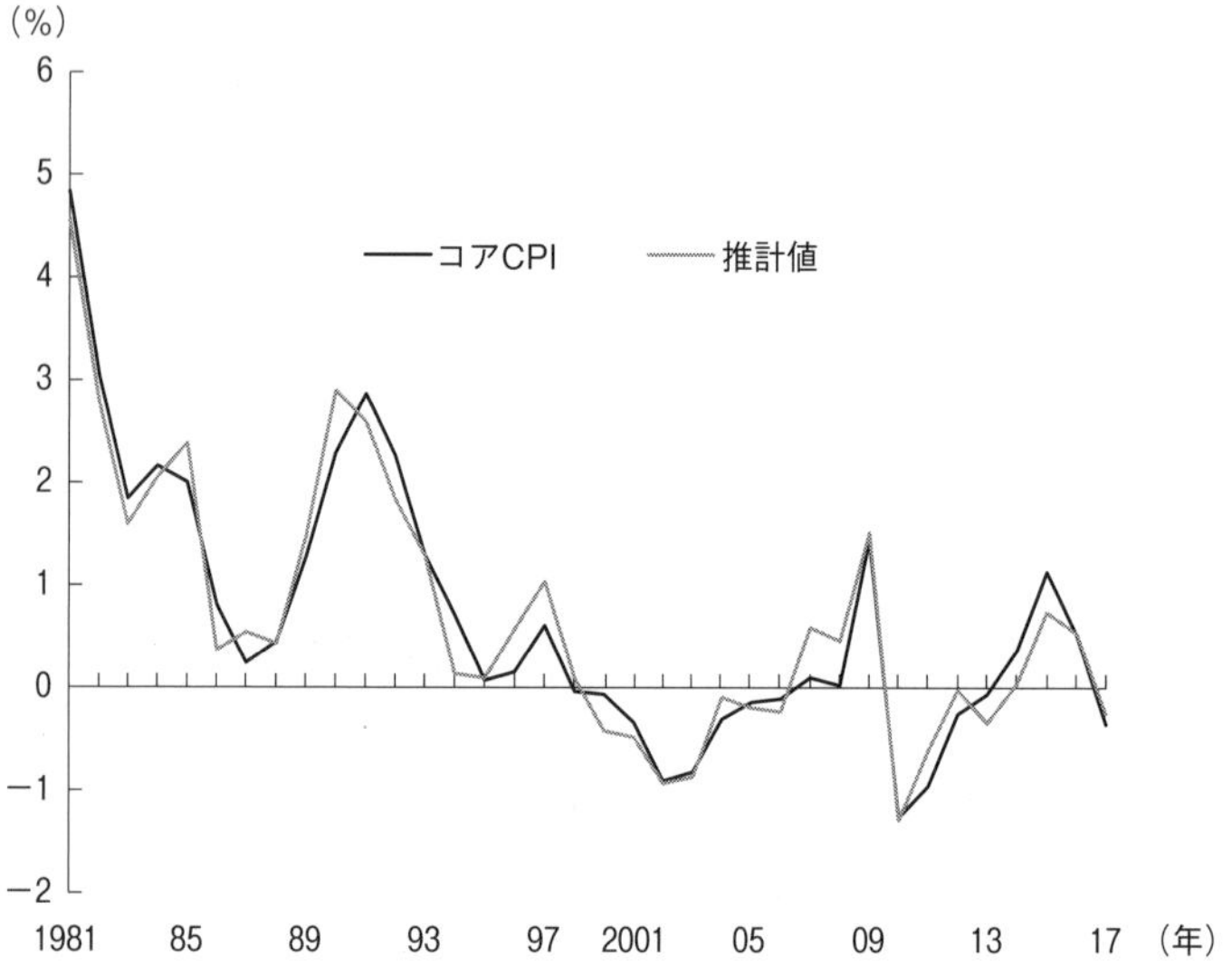

（注）　ここでのコアCPIインフレ率は生鮮食品を除いた消費者物価指数の前年比で示す。消費税率変更による直接的な影響は除外してある。
出所：総務省、内閣府、Bloomberg

たとえば仮に、総賃金の拡大が三％程度、米国のＣＰＩの上昇が二・五％程度、そしてドル・円が一二五円程度という強めの前提をおいても、コアＣＰＩ前年比の推計値は一％程度の上昇にしかなりません。過去のデータ、すなわち経験則では、二％の物価上昇率のシミュレーションをつくるのがむずかしく、実感として二％の物価目標の達成は困難であるということになるのでしょう。

では、日銀はなぜ達成が可能だと考えているのでしょうか。総賃金、米国のＣＰＩ、そして

ドル・円に変化がない、すなわち国内・海外・為替からの物価上昇圧力がゼロであるときのコアCPI前年比の水準を意味するモデルの定数項はマイナス〇・七二％となっています。このマイナスの定数項は、日本経済に染み付いたデフレ期待と、二％の物価安定目標を導入する以前までの抑制的な日銀の金融政策（デフレファイターではなく、いつでもインフレファイターであった）によるものであると考えられます。

この定数項を前記のような一九八一年からの期間全体における推計ではなく、一二年間のローリング推計（一年ごとにずらして計測する）にして動きを観察してみます（図表終－3）。すると、一九九〇年代半ばまで定数は若干のプラスになるので、当時はまだインフレ期待が残っていたことを示すものと考えられます。ところが一九九七年から一九九八年の金融危機以降から企業のデレバレッジが激しくなり、企業貯蓄率の高まりに反映された過剰貯蓄が総需要を破壊していくことでデフレ圧力が強まり、インフレ期待も消滅して定数はマイナスに入っていきました（マイナス〇・五％程度）。そしてリーマン・ショック後に企業の貯蓄率は急上昇し、マネーが急激に縮小するなかでデフレ期待が拡大し（定数がマイナス一・五％程度）、日本はデフレ・スパイラルの瀬戸際まで追い詰められたのです。

その後、財政・金融政策を総動員したグローバル経済の持ち直しやアベノミクスの効果もあり、国内のデフレ期待は多少縮小しています（定数はマイナス〇・五％程度）。つまり、物価に対

図表終－3　コアCPI推計における定数項の推移

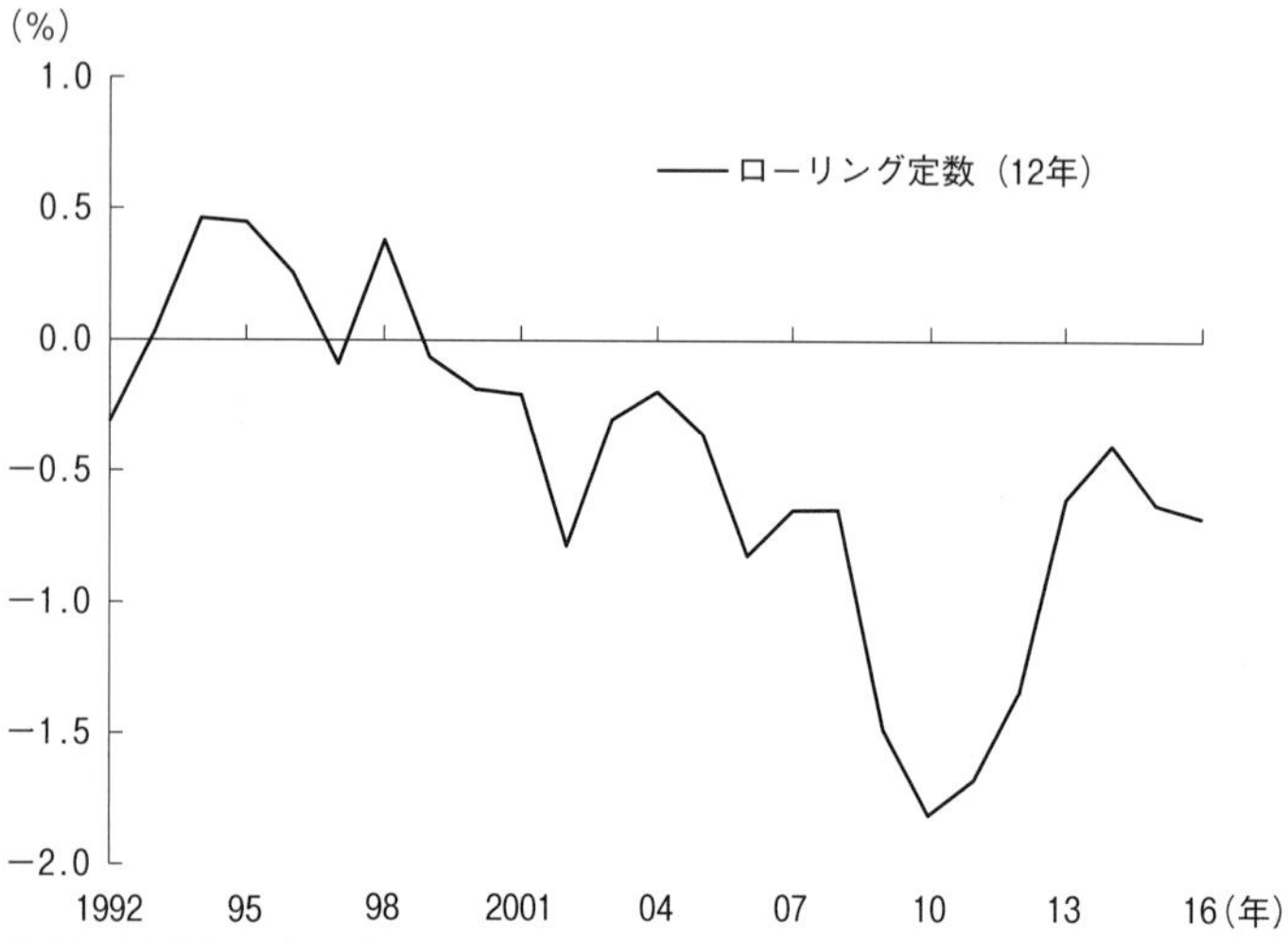

出所：総務省、内閣府、Bloomberg

する期待は必ずしもデフレに固定されてしまっているのではなく、状況に反応して動いていると確認できます。さらに国内の景気拡大が相当強くなり、景気・物価のオーバーシュートを許容するという政策コミットメントの持続に対する信認がもっと強くなれば、デフレ期待が払拭され、理論的には定数項は少なくともゼロになるはずです。そして、物価上昇が継続し、デフレ期待がインフレ期待に転じれば、定数項は若干のプラスになる可能性もあるでしょう。

それは、失業率（または需給ギャップ）と物価上昇率の関係であるフィリップス・カーブの期待インフレ率上昇に伴う上方シフトを意味します。これが日銀の物価目標達成の理論的な裏付けになっていると考えられます。この上方シフトが起こり、定数項が若干でもプラスになれば、推計値は一％程度上方にシフトすることになります。そうなれば、総賃金の拡大が三％程度、米国のＣＰＩの上昇が二・五％程度、そしてドル・円が一二五円程度という前提でも、政府・日銀の二％の物価目標は達成することができるわけです。

政府・日銀がアベノミクスのもとで二％の物価安定目標に明確にコミットし、日銀は明らかなデフレファイターに転じたといえます。しかし問題は、このような構造的なシフトにはかなりの時間がかかるとみられることです。財政と金融の強力な政策コミットメントが、十分に継続しなければなりません。政府は、いまのところまだプライマリー・バランス（ＰＢ）黒字化へのこだわりが強く、財政政策による本格的なデフレからの完全脱却という意思はマーケットに信用されていない状況です。それが期待インフレ率の上昇を妨げているのでしょう。

この点からすれば、日銀が予想する二〇一九年度辺りの二％の物価目標の達成は困難だとみられます。実際にそのような定数項の大幅な上方シフトはまだ確認できていないからです。しかし、今後数年間にわたってマクロ政策を適切にコントロールすれば、実質ＧＤＰ成長率は潜在成長率を上回って推移できる可能性も小さくなく、「マクロ的な需給バランス」はさらに改善していく可能性が高いといえます。

失業率が異次元ともいわれる二％台に定着していくなかで、賃金上昇がパートから正社員に明確に波及し、企業の人材争奪戦ももっと強まれば、賃金上昇が加速する局面に入ります。すると、消費者の生活防衛意識が緩み、デフレマインドからインフレマインドに変化していくでしょう。二〇年ほどの間に埋め込まれてしまったデフレマインドの払拭は容易ではなく、やはりかなりの時間がかかることではあると思われますが、本当に矛盾なく一貫して粘り強くマクロ政策で支えていけば、徐々にインフレ期待が生まれ、定数項が上方シフトし、二%の物価目標が達成されることは可能であると考えられるのです。もちろん、その間にもそうした政策による経済社会へのプラス効果は少しずつ広がっていくに違いありません。

マクロ事象間の関係性という肝

ネットの資金需要から総賃金、総賃金から物価というデフレ脱却の道筋は以上のように整理できます。マクロ経済や金融市場の動きには多面性があり、いろいろな論点について解説していると、それが他の論点にもおおいにかかわっており、一つのことを独立して語ることが非常にむずかしいことがわかります。ある事象が生じれば、その裏で同時に別の事象が生じているというのがマクロであるため、そうした性質からは逃れられないのです。それがマクロ分析の神髄だといえます。因果関係や波及効果・フィードバック効果、複式性などを理解して全体像を把握しなければ、適切な先行きの見極めや政策判断は下せません。

しかし、この多面性（複雑系の考え方）は往々にして十分意識されず、一つひとつの問題として論じられてしまいます。経済学の理論でも、複雑な状況を解明するために「他の条件を一定として……」と一つの事象を取り上げて研究するため、現実世界の多面性が忘れられてしまいがちです。金融市場や現実の経済の動きを実践としてとらえることにおいて、事象間の関係性はまさに肝になります。

本書では、冒頭から企業の貯蓄率と長期金利、企業の貯蓄率とインフレ率、企業の貯蓄率と財政収支などの高い相関（または逆相関）をみてきました。逆に、政府債務残高と長期金利、家計の貯蓄率と高齢化、貿易収支と製造業の収益などには関係性がないことを確認しました。

これらの関連性をしっかりととらえれば、財政収支の改善には何が必要か、長期金利が大幅に上昇するのが現実的なのはどのような環境においてか、高齢化で家計の貯蓄率はますます低下していくのか、貿易黒字を増やせば製造業は潤うのかといった問いに対して、正しく考えることができるはずです。事象間の関係性というマクロ分析の肝をしっかりと見極めているか否かで、判断が真逆になることを念頭に置いておく必要があります。より正しい見通しの判断や政策の考え方は、そうした意識なくしてはなされえません。

経済や金融市場の分析においては、「悲観的な見方のほうが賢く思われ、楽観的な見方は考えが浅いと思われる」という傾向があるといわれます。楽観論は能天気に聞こえ、警鐘を鳴らすような論評は深く考えた証左のように感じられるからでしょう。しかし、たとえば国を家計にたとえるような誤った理解に基づく悲観論や、そこから導き出される対応策は、かえって状況を望ましくない方向に向かわせてしまいます。

　経済学の理論をそのまま当てはめることが、必ずしも現実の世界で良い結果をもたらすとは限りません。道理ある悲観論なのか、誤解やなんらかの別の目的に基づくアルマゲドンの喧伝なのかは、「観察」「判断」「基準」という三つの手続を経ることによっておのずからみえてくるものだと思われます。

あとがき

最後まで目を通してくださった皆様、どうもありがとうございました。本書は、ずっと金融業に身を置き、金融市場経済の分析を職業にしてきた筆者らが、仕事に取り組む傍らで長らく感じてきた経済学における主流的な理論と市場動向を通じて実感する現実の間にあるギャップを埋めるための橋渡しをねらったものです。世の中には同様の問題意識をもった方も少なからずいらっしゃるでしょう。ただ、筆者らはそのなかでも自分たちが特に既存の経済学についての実践性をずっと問いながら歩んできたという自負があります。

会田は米国大学の経済学博士課程を履修中、まるで数学の問題解法を探すことを目的にした「計算大会」のような経済学の現実に嫌気がさし、博士論文を提出する権利を取得したにもかかわらず、現実的な経済に触れたいと考えて大学院を飛び出し、金融業に入りました。以来、経済学で現実の社会に応用できる有為な部分を抜き出して駆使しつつ、使えない部分に染まっている一般的な見方に挑戦する論考を提供しています。説明資料にずっと使ってきたタイトルは、まさに本書の題名にもなった「日本経済の新しい見方」です。

榊原はそもそも経済学部という経済学の本丸を学ぶ場には身を置いたことがありません。米国で得た経済政策分析の修士号も、ビジネスや公共政策をどう実践するかに主眼が置かれ、その必須知識として経済学その他を履修するプロフェッショナル・スクールから取得したものです。そして金融業に入り、理論を現実に当てはめる分析より現実を適切にとらえるのに理論がどう役立つかに軸足を置いて同僚や顧客に向き合ってきました。直近は資産運用会社で一五年近く、まさに実践的な分析が運用（投資の成果）に役立っているかを問われる立場にありました。

筆者らはメリルリンチ日本証券に同時に在籍した期間があり、それ以降、それぞれの道を歩みながら時折意見交換し、自分たちの考え方が非常に近いことを確認してきました。本書の内容は二人でずっと一緒に考えてきたのではなく、それぞれが自分の良いやり方を追求した結果、ほぼ同じような考え方にたどりついたものです。そして、離れてから一五年ほどを経て共同作業を実現させようと思い立ちました。その動機は、内外の投資家と討論するほどに感じる理論と現実の間にあるギャップを埋めるための橋渡しがしたいという思いであり、それは経済学というツールをより使いやすいものにする意義があるとの考えでもあります。また、理論や暴論に振り回されることのない、より適切な経済や政策の議論がなされる土壌づくりに寄与したいという願いもありました。

ちょうど日本にアベノミクスが導入され、筆者らが最もまずいと考えているデフレ状況からの脱却を目指す本格的な動きがとうとう始動したように思われる一方で、その政策の方向性に対する表面的な批判や早期の財政健全化が必要と信じる一部専門家の固執が、かえって望ましい動きを中途半端にしてしまう危険性を抑えるべきとの思いにも触発されています。あるいは、〝アベノミクス後〟に気迷いや揺り戻しが出てしまう危険性はおおいに懸念されるところであり、適切な方向性を明示しておく必要性も強く感じたところです。

本論でも触れましたが、「日本は近いうちにギリシャのようになる」「金利が暴騰して財政破綻する」というセンセーショナルな警告が繰り返し喧伝されるなか、現実にはそのような展開へ近づいているようなようすはまったくみられません。また、「日本経済は競争力をどんどん失っており、また人口減少も深刻さを増し、一時の需要をもたらす東京オリンピックが終わった後には成長への希望がもてない」というような悲観論も頻繁に聞かれます。しかし、そうした多くの主張はデータの適切な観察や因果関係の正しいとらえ方、何かと比較する基準の妥当な整理・統一がなされていない場合がほとんどで、本質的な説得性を欠いているといえましょう。

筆者らはいたずらに楽観論を振り撒こうとしているわけでは決してありません。たしかに将来的な問題は多々あることも否定できない事実です。しかし、適切なマクロ分析に基づいて経済政策のあり方をいまから見直すことにより、二〇二一年以降も持続的な成長とそれによる人々の生活水準向上を実現するための道を開くことにつながる議論の余地がおおいにあると考えています。また、日本経済の置かれた現状において、できるだけ早くデフレ状況からの完全なる脱却を確実にするため当面は拡張型財政政策の必要性を繰り返し強く主張していますが、デフレ状況でない経済においては逆に緊縮型の財政政策が必要となる局面も間違いなくあるでしょう。現実に正しく当てはまる前提や条件によって金融市場経済の展望や適切な政策の判断は変わって当然、という点も重要な実践論になります。

こうした思いや考えを表現したいと本書の執筆を始めましたが、完成作を世に出すプロセスは思った以上に困難な道でした。本格的な議論で、中級向けの実践的な分析手法とそれに基づく日本経済の客観的で適切なとらえ方を提示するという、これまであまり既存の類書がない領域へ切り込む意図は、多くの出版社にはなかなかむずかしい企画だったようです。なかなかまとまらず、挫折の連続となるなか、「きんざい」の花岡博出版部長には内容に意義があると快く引き受けていただき、念願の世に出すという道が開けることになったわけです。そして、われわれの実務に基づいた小難しい記述を、それでもできるだけ一般読者にわかりやすいようにと根気よく多大な編集の労をとっていただきました。この場をお借りし、あらためて御礼申し上げたいと思います。

その花岡部長へ筆者らの出版企画の話をつないでくださったのが、文教大学経営学部の鈴木誠准教授でした。鈴木先生のおかげで実現したのはいうまでもありません。とても感謝しております。また、そもそも、こうした内容での書籍の出版を初めに後押ししてくださったのは毎日新聞社デジタルメディア局の平野純一氏です。筆者ら二人とも、平野さんが毎日新聞『週刊エコノミスト』誌の編集をされていた頃からお世話になっており、筆者らがどのような論述をするかをご存知のうえでプロジェクトの実行を勧めてくださったため、非常に心強い応援になりました。また、筆者らをメリルリンチ日本証券在籍時につないでくれたのが、当時、同社のチーフ債券ストラテジストだった現松阪市参与の小林益久氏（前松阪市副市長）でした。その出会いがなければ、当然この執筆プロジェクトもなかったことでしょう。筆者らが小林さんから吸収した金融市場分析の大切な勘所は、本書にも反映されています。そして、会田が勤務先ソシエテ・ジェネラル証券でエコノミストの職務をしながら執筆活動することを支援し、普段から自由なリサーチアイディアを尊重する環境を提供してくださったのが同社代表取締役社長の島本幸治氏です。

さらに、日本経済調査協議会（日経調）専務理事の杉浦哲郎氏、三菱ＵＦＪモルガン・スタンレー証券参与・景気循環研究所長の嶋中雄二氏、ソニー銀行チーフエコノミストの菅野雅明氏、モルガン・スタンレーＭＵＦＧ証券シニアアドバイザーのロバート・フェルドマン氏、同社チーフエコノミストの山口毅氏、イェール大学名誉教授・内閣官房参与の浜田宏一先生、駐スイス大使・前内閣官房参与の本田悦朗先生、慶應大学大学院システムデザイン・マネジメント研究科教授・内閣官房参与の谷口智彦先生、京都大学大学院工学研究科教授・内閣官房参与の藤井聡先生には、原稿に目を通していただいたり出版社を探すお手伝いをしていただいたりという多大なご支援を賜りました。示された見解や残された誤り等は筆者ら二人のみに帰属することはいうまでもありませんが、非常に参考になるコメントやアドバイス、出版社の方のご紹介などにおいて、それぞれのご協力が大変ありがたかったです。

先ほども触れたとおり、本文の推敲は花岡部長がリードしてくださいましたが、原稿の細かいチェックと図表の作成やデータの収集・確認は会田のもとで一緒に仕事をしているソシエテ・ジェネラル証券リサーチ・アナリストの大藤新君が全面的に請け負ってくれました。サポートしてくださった皆様、本当にありがとうございました。本書が職務を通じて筆者らを成長させてくれた金融市場や経済分析にかかわるコミュニティへのわずかばかりの還元になることと、日本における経済議論が少しでもより良くなり、その結果として日本経済自体の将来もずっと良くなるよう貢献できることを願ってこのプロジェクトの締めくくりとします。

【著者紹介】（50音順）

会田　卓司（あいだ　たくじ）

埼玉県立浦和高校卒、スワースモア大学経済学部・数学部卒、ジョンズ・ホプキンス大学経済学博士課程単位取得退学（経済学修士）。メリルリンチ日本証券シニアエコノミスト、バークレイズ・キャピタル証券チーフエコノミスト、ブレヴァン・ハワード・ジャパン（ヘッジファンド）チーフエコノミスト、UBS証券シニアエコノミストを歴任。現在、ソシエテ・ジェネラル証券調査部長チーフエコノミスト（四二歳）。

榊原　可人（さかきばら　よしと）

名古屋市立向陽高校卒、国際基督教大学（ICU）教養学部卒、カリフォルニア大学サンディエゴ校国際政策・戦略研究大学院（GPS）卒／国際関係学修士（MIA、経済政策分析専攻）取得。ソロモン・ブラザーズ・アジア証券エコノミスト、ゴールドマン・サックス証券シニアエコノミスト、メリルリンチ日本証券シニアエコノミスト、JPモルガン・アセット・マネジメント運用本部主席エコノミスト兼ストラテジストを歴任。現在、ソレイユ・グローバル・アドバイザーズ インベストメント・ディレクター／ストラテジスト（五三歳）。

ヘリコプターマネー／ヘリマネ……293,310
貿易総額……326
ポピュリズム……150
ポリシーミックス……52,270,273,277,295

【ま行】

マイナス金利政策……149,190,192,269,296,307
マネタイズ……171,188,339,378
マンデルフレミング・モデル……47,92,121,126,268,278
ミーシー（MECE）……8,11
ミクロ的基礎……15,24,43

【や行】

輸出競争力……335
与謝野・竹中論争……220,271
予算制約……206
予備的貯蓄……167,257,268,300

【ら行】

リカーディアン……342
リスクプレミアム……113,190,303
流動性のわな……128,268,273,291
ルーカス批判……15
ルービン（ロバート）……131,132
ロールオーバー／借換え……102,107
60年償還ルール……106,115

【わ行】

ワニの口……86

当座預金残高……188,191,297
動（学）的……21,24,158
トータルレバレッジ／ネットの資金需要／合計貯蓄率
……161,183,185,186,191,197,247,306,339,377
ドーマーの条件……221
特例公債法……108

【な行】

ネット資金調達額（NFO）……366
ネットの金融負債（企業の）……144,252
ネットの資金需要／トータルレバレッジ／合計貯蓄率
……161,183,185,186,191,197,247,306,339,377

【は行】

波及効果／フィードバック効果……7,18,20,26,354
箱物行政……120
バランスシート……245
非ケインズ効果……128,133
フィードバック効果／波及効果……7,18,20,26,354
フィッシャーの交換方程式……283
フィッシャー方程式……302
フィリップス・カーブ……286,389
不換紙幣……105,164,225,294
複雑系……17,21,391
複式……9,22,104,331
双子の赤字……341
物価安定目標／インフレターゲット（インフレ目標）
……64,75,143,275,286,287,289,296,303,384,389
物価水準の財政理論（ＦＴＰＬ）……310,342
プライマリー・バランス（PB）／基礎的財政収支……223
フリードマン（ミルトン）……285,293

資金循環（統計）…… 138,170,182,243,365
自然利子率 …… 304,340
実質（長期）金利 …… 147,197,302,305,315
シニョリッジ／通貨発行益 …… 313,342
社会支出 …… 234,254
需給ギャップ／GDPギャップ …… 125,172,184
出生率 …… 258,262
乗数（政策金利の）…… 193
乗数効果 …… 18,237
信用サイクル …… 186,187,299,381
信用乗数／貨幣乗数 …… 18,281,282
信用創造 …… 18,164,280,282
税収中立 …… 207
成長通貨 …… 105,164,225
セイの法則 …… 292,314
潜在GDP …… 173,174,179
潜在成長率 …… 168,175,179,302,347,371
前提 …… 7,31,34,47,134,248,290,320,340
総合的リフレ政策 …… 197,198,374
総賃金 …… 20,158,252,382
ソロー・パラドックス …… 176,352

【た行】

単年度主義 …… 209
中立的な金利水準 …… 306
貯蓄投資バランス …… 7,9,22,93,123,156,211,217,245,249,331,341
通貨発行益／シニョレッジ …… 313,342
通貨安競争 …… 321
デフレ・ギャップ（需要不足）…… 173
デュポン分析 …… 361
デレバレッジ …… 137,163,188,227,367,377

貨幣錯覚 …… 363
貨幣乗数／信用乗数 …… 18,281,282
貨幣数量説 …… 284,290,293
借換え／ロールオーバー …… 102,107
企業（の）貯蓄率 …… 13,124,126,134,142,162,191,217,226,367,377
基礎的財政収支／プライマリー・バランス（PB） …… 223
期待インフレ率 …… 148,197,303,389
キャッシュフロー …… 245
ギリシャ …… 34,81,113
クラウディングアウト …… 109,133,237,369
クルーグマン（ポール・クルーグマン） …… 27,78,123,314,350
グローバル・セービング・グラット …… 329
景気（の）自動安定化装置 …… 136,139,224,226
景気中立的な財政収支 …… 167,185
経常収支 …… 12,157,217,328,329,341
ケンブリッジ方程式 …… 283
合計貯蓄率／ネットの資金需要／トータルレバレッジ …… 161,183,185,186,191,197,247,306,339,377
高坂正堯 …… 242,264
合成の誤謬 …… 19,104,350
構造的基礎的財政収支 …… 224,228
高齢化率 …… 246,251,253,254
国富 …… 249,251
国民負担率 …… 89,234

【さ行】

財政危機宣言 …… 169
財政試算（中長期の経済財政に関する試算） …… 216
財政ファイナンス …… 227,294
三面等価 …… 7,8,22,177
資金過不足 …… 183

事項索引

【英字】

DSGE……24
FTPL（物価水準の財政理論）……310,342
GDPギャップ／需給ギャップ……125,172,184
IS-LMモデル……47
MECE（ミーシー）……8,11
NFO（ネットの資金調達額）……366
PB（プライマリー・バランス）……223
ROA……365
ROE……360,363,365
RoNFO……368

【あ行】

アニマルスピリット……122,126
アフィリエーション……46
アベノミクス……64,75,138,170,181,192,197,258,357,364
安心効果……129,132,257
因果関係の向き……4,29,62,136,376
インフレ・ギャップ（需要超過）……173
インフレターゲット（インフレ目標）／物価安定目標
……64,75,143,275,286,287,289,296,303,385,389
横断性条件……311

【か行】

家計（の）貯蓄率……135,217,243,247
貸出態度判断DI……186,297,300,381
貸付資金市場……122
家族・子ども向け公的支出……262

日本経済の新しい見方

2017年12月21日　第1刷発行
2023年3月10日　第3刷発行

著　者　会田卓司
　　　　榊原可人
発行者　加藤一浩
印刷所　文唱堂印刷株式会社

〒160-8520　東京都新宿区南元町19
発　行　所　一般社団法人 金融財政事情研究会
企画・制作・販売　株式会社 き ん ざ い
出 版 部　TEL 03(3355)2251　FAX 03(3357)7416
販売受付　TEL 03(3358)2891　FAX 03(3358)0037
URL https://www.kinzai.jp/

ISBN978-4-322-13229-8